AÇÃO, TEMPO E CONHECIMENTO:
A ESCOLA AUSTRÍACA DE ECONOMIA

Ubiratan Jorge Iorio

AÇÃO, TEMPO E CONHECIMENTO:
A ESCOLA AUSTRÍACA DE ECONOMIA

2ª Edição

Mises Brasil

Editado por:
Instituto Ludwig von Mises Brasil
R. Iguatemi, 448, cj. 405 – Itaim Bibi
CEP: 01451-010, São Paulo – SP
Tel.: +55 11 3704-3782
Email: contato@mises.org.br
www.mises.org.br

Impresso no Brasil/*Printed in Brazil*
ISBN – 978-85-62816-25-3

2ª Edição

Capa
Neuen Design

Projeto gráfico:
André Martins

Imagem de capa:
agsandrew /Shuterstock

Ficha Catalográfica elaborada pelo bibliotecário
Sandro Brito – CRB8 – 7577
Revisor: *Pedro Anizio*

I643a Iorio, Ubiratan Jorge.
Ação, tempo e conhecimento: A Escola Austríaca de economia / Ubiratan Jorge Iorio. -- São Paulo : Instituto Ludwig von Mises. Brasil, 2011.
234p

1. Economia 2. Escola Austríaca 3. Liberalismo
4. Epistemologia 5. Praxeologia I. Título.

CDU – 330.83

À minha família, aos pouquíssimos colegas e aos muitos alunos que me incentivaram a estudar e a desvendar a riqueza intelectual da Escola Austríaca de Economia.

SUMÁRIO

Prefácio do Autor

Quando aceitei o desafio proposto por meu amigo Helio Beltrão, presidente do Instituto Mises do Brasil, para publicar um segundo livro sobre a Escola Austríaca de Economia, três pensamentos assomaram de relance à superfície do tonel onde estão arquivadas minhas lembranças.

O primeiro – que procurei afastar imediatamente – é que estou ficando velho... De fato, já se vão dezesseis anos desde a publicação da primeira edição de *Economia e Liberdade: a Escola Austríaca e a Economia Brasileira*, pelo Instituto Liberal de São Paulo. Mas, como tudo tem um lado bom, (*omnia in bonum*, como escreveu São Paulo) pensei imediatamente que, decorrido esse tempo e mais uns cinco ou seis anos desde que comecei a ler os *austríacos*, minha experiência e domínio sobre o assunto devem ter aumentado consideravelmente. Felizmente, o tempo também joga a favor, especialmente para quem é acadêmico...

A segunda lembrança foi de quando – já sendo um economista com alguns anos de doutorado e com razoável experiência de ensino e de mercado – Og Leme e Donald Stewart Jr. me apresentaram à Escola Austríaca de Economia, com o reforço de peso, meses depois, de Roberto Campos. À memória dos três credito o fato de terem instigado minha curiosidade, o que me transformou, já nas primeiras páginas de *Ação Humana,* de Mises, de um *monetarista* ex-aluno de Alan Meltzer e *novo clássico* devorador dos artigos de Robert Lucas e Thomas Sargent, em um *austríaco*.

E a terceira foi efeito da segunda: muitos colegas passaram a me olhar intrigados, como se desejassem me perguntar algo como "o que aconteceu com você, Iorio"? Confesso que algumas vezes senti que me consideravam como algo semelhante a um *OVNI*, um objeto voador não identificado. E desconfio até hoje que alguns devam ter pensado com seus botões em aconselhar-me a procurar um psiquiatra. A vida de um economista *austríaco*, no mundo inteiro, definitivamente, não é fácil, principalmente nos meios ditos acadêmicos... Lembrei-me de que essas atitudes me incomodavam na época, mas que, há alguns anos, aprendi a aceitá-las com bom humor, a melhor atitude para quem sabe que *eles*, os críticos, não sabem bem do que estão falando, simplesmente porque não leram os *austríacos*...

Perguntam-me frequentemente o que vem a ser a Escola Austríaca de Economia. E essa questão não vem apenas de meus alunos dos cursos *austríacos* que venho ministrando há bastante tempo na Faculdade de Ciências Econômicas da Universidade do Estado do Rio de Janeiro (UERJ), nem de outros cursos de pós-graduação em que costumo dedicar algumas aulas para tratar do tema. São, também, jornalistas, administradores de empresas e muitos colegas economistas (professores e não professores), bem como profissionais de outras áreas das ciências sociais e, até, de outros ramos das ciências, como engenheiros e físicos.

O que pude concluir desde muito cedo – ilação que só tem se robustecido com o passar dos anos – é que existe uma enorme ignorância a respeito de Menger, Böhm-Bawerk, Mises, Hayek, Kirzner e outros brilhantes economistas da tradição *austríaca*. O "conhecimento" máximo que a maioria costuma revelar é que os membros dessa escola "defendem o livre mercado", ou que "são contra o estado[1]", ou, ainda, "que querem privatizar tudo o que encontrarem pela frente". Quando se trata de economistas, a única informação que demonstram ter sobre o assunto, adquirida em uma ou duas aulas da disciplina de História do Pensamento Econômico, é que o fundador da Escola Austríaca, Carl Menger, foi um dos descobridores da *teoria da utilidade marginal* (os outros foram Walras e Jevons). Tenho percebido também com os anos que muitos economistas a criticam sem sequer conhecê-la, uma atitude, digamos, "pouco científica"...

Até os anos 1930 do século XX, quando aconteceu o famoso debate entre Hayek e Keynes sobre as causas da *Grande Depressão*, os economistas *austríacos* eram estudados nos currículos dos cursos de economia em pé de igualdade com os neoclássicos e os marxistas. Mas, como a versão de Keynes acabou prevalecendo, a Escola Austríaca foi jogada injustamente no deserto do ostracismo. Apenas em 1974, quando o mundo experimentou pela primeira vez a *estagflação* (que a *teoria austríaca dos ciclos* previa desde 1912, quando Mises publicou a *Teoria da Moeda e do Crédito*), é que se voltou a dedicar alguma atenção a ela, com a concessão a Hayek do Nobel – que, mesmo assim, teve que dividir com um economista socialista sueco, Gunnar Myrdal. Na década seguinte, o pensamento da Escola Austríaca influenciou a po-

---

[1] N.E.: O editor, Instituto Ludwig von Mises Brasil, em todas as suas obras, opta pela a grafia "estado" com letra "e" minúscula, embora a norma culta sugira a grafia "Estado". Assim como o Instituto Mises Brasil, a revista Veja adota a grafia "estado" desde 2007. À época, Veja argumentou que "*se povo, sociedade, indivíduo, pessoa, liberdade, instituições, democracia, justiça são escritas com minúscula, não há razão para escrever estado com maiúscula.*". Este editor concorda. A justificativa de que a maiúscula tem o objetivo de diferenciar a acepção em questão da acepção de "condição" ou "situação" não convence. São raros os vocábulos que somente possuem um único significado, e ainda assim o contexto permite a compreensão e diferenciação dos significados. Assim como Veja, o editor considera que grafar estado é uma pequena contribuição pra a demolição da noção disfuncional de que o estado é uma entidade que está acima dos indivíduos.

lítica econômica de Margaret Thatcher e também, indiretamente, a de Ronald Reagan, mas foi só isso... A vida dos economistas *austríacos* continuava difícil...

E segue assim até os dias atuais, mesmo depois do estouro da *bolha imobiliária* nos Estados Unidos em 2008, cujas causas foram exatamente as que os *austríacos* sempre identificaram – e os fatos atestam isto sobejamente – como os germes deflagradores dos ciclos econômicos. Mas a crise mundial de 2008 e 2009 nos ensinou que é tempo de virarmos o jogo e colocarmos a Escola Austríaca no lugar de destaque que merece.

Três grandes motivos – que fui descobrindo, entre encantado e perplexo – forjaram a convicção de que a Escola Austríaca precisa ser novamente estudada sistematicamente pelos economistas, desde a sua formação nas universidades.

O primeiro é que os fatos atestam sobejamente que ela tem muito a dizer e a ensinar, o que me impõe a obrigação, como economista e professor, de estimular o maior número possível de futuros profissionais do ramo – e também de outras áreas – a conhecê-la. O segundo é que ela *funciona* mesmo –"*it works!*" –, como me afirmou o economista *austríaco* Mark Thornton por ocasião do *I Seminário de Economia Austríaca* promovido pelo Instituto Mises do Brasil, em Porto Alegre, em abril de 2010, porque explica corretamente a ação humana no mundo real, ao preocupar-se, mesmo em suas formulações teóricas, com a economia do dia a dia, (*economy*), e não apenas com os aspectos teóricos (*economics*). E o terceiro é o seu caráter humanista, porque analisa a economia não como um compartimento estanque e sem comunicação com outros setores, mas de uma forma integrada com as demais atividades sociais de natureza política, jurídica, psicológica, histórica, antropológica, ética e cultural, ao amparo da filosofia e no bojo de uma *teoria geral da ação humana*. A Escola Austríaca rejeita o *homo oeconomicus* a que se restringe a quase totalidade dos livros-textos da teoria econômica convencional, porque considera o homem, a *pessoa humana*, em sua plenitude – e não apenas suas ações econômicas.

Somando tudo isso e um *algo mais*, aceitei o desafio de publicar este segundo livro sobre o tema. O *algo mais* é o estímulo triplo representado (a) pelo convite do Helio; (b) pelo incentivo de muitos alunos, especialmente os da Faculdade de Ciências Econômicas da UERJ, que mostraram, para minha surpresa e alegria, uma vontade grande de conhecê-lo e estudá-lo, seja nas disciplinas eletivas em que o abordo, seja nas dezenas de monografias de conclusão de curso com temas *austríacos*, apresentadas ao longo dos anos; (c) e, por fim, por mensagens que recebo frequentemente de estudantes de economia de todo o Brasil, queixando-se da orientação *keynesiana* e *marxista* que eiva os currículos de nossa ciência e pedindo que os oriente de alguma forma.

Sobre o livro, cabe mencionar que o título – *Ação, Tempo e Conhecimento* – representa o coração da Escola Austríaca de Economia. Enfeixa uma introdução e dez capítulos. A introdução e seis desses capítulos foram escritos recentemente (de outubro de 2009 até agosto de 2010), desde que encarei o desafio do Helio; os quatro restantes foram escritos entre 2003 e 2009, na forma de artigos para meu *site* pessoal (www.ubirataniorio.org) e de *papers* apresentados em conferências e palestras, a que dei nova forma e roupagem, para efeitos de padronização. Mesmo assim, é inevitável que alguns conceitos sejam eventualmente abordados em mais de um capítulo, embora a revisão final tenha buscado evitar o excesso de repetições. Mas, por outro lado, um dos benefícios da repetição é ajudar a fixar melhor os temas relevantes. No intuito de tornar mais leve a leitura de um assunto normalmente pesado, achei por bem não dar tratamento acadêmico formal ao livro e, por essa razão, não coloquei notas de rodapés e registrei apenas as referências bibliográficas estritamente necessárias, mas sempre no corpo do próprio texto.

Expresso minha sincera gratidão ao Helio Beltrão, que tem feito um trabalho extraordinário de divulgação da Escola Austríaca em nosso país à frente do Instituto Mises do Brasil. Agradeço também aos meus alunos da UERJ, pela motivação que me passam ano após ano. Eles me fazem acreditar que, mesmo em um país que maltrata a educação e os que a ela se dedicam, sempre é gratificante ensinar.

O autor

Rio de Janeiro,
19 de março de 2011

Introdução

A Escola Austríaca de Economia

1
Introdução

A tradição iniciada por Carl Menger com a publicação, em 1871, de *Grundsätze der Volkswirtschaftslehre* (Princípios de Economia Política), é um vasto, fascinante e formidável campo do conhecimento humano, que transcende a economia para abastecer-se sistematicamente no âmbito mais abrangente das ciências sociais, nutrir-se continuamente com a discussão filosófica e impregnar-se permanentemente da boa cultura humanista. Não foi por acaso que Hayek afirmou que um economista que só enxerga dentro dos limites estritos da teoria econômica, por mais apurados que sejam seus conhecimentos técnicos, nunca será um economista completo. Para a tradição *austríaca* não basta que ele domine o estado das artes em sua ciência: é preciso ir muito mais além, é preciso ser, mais do que qualquer outra coisa, um humanista. No entanto, mesmo em se tratando de um campo muito abrangente do conhecimento humano, a Escola Austríaca guarda uma simplicidade que chega a impressionar, que se explica pela lógica irrepreensível de suas proposições e postulados. Como escreveu Mises, *"good economics is basic economics"*!

A esse respeito, pode-se afirmar que os grandes economistas *austríacos* do século XX – especialmente Mises e Hayek – foram de um destemor exemplar, porque, mesmo tendo vivido em uma época em que seus colegas faziam questão de progressivamente se tornarem crescentemente especializados em áreas cada vez mais restritas da economia, não permitiram, em nenhum momento, que o modismo os fizesse abrir mão de serem generalistas, não no sentido mais vulgar que essa palavra vem adquirindo ultimamente, mas no de valorizarem a vasta cultura e o humanismo. Infelizmente, os economistas, desde a segunda metade do século XIX, com o abandono da tradição humanista, ao mesmo tempo em que dominavam mais conhecimentos técnicos específicos, foram se tornando cada vez menos cultos, e hoje em dia é lamentável verificarmos que raros são aqueles realmente eruditos, no sentido de dominarem conhecimentos que ultrapassem aqueles contidos nos manuais de microeconomia e de macroeconomia. Muitos, infelizmente, chegam a tratar com desdém as demais ciências sociais, porque, em sua maneira obnubilada de encarar o conhecimento – que lhes foi ensinada desde os cursos de graduação – estas não seriam "científicas".

Mas a afirmativa de que a infinidade de ações que caracterizam a economia do mundo real costuma ser muito diferente e muito mais complexa do que a que se encontra nos livros- textos deverá se tornar mais clara na medida em que o leitor for avançando nesta introdução, que tem como propósito exatamente relatar todos esses motivos, ou, pelo menos, os mais importantes e, naturalmente, ao longo do livro.

Quando se estuda a Escola Austríaca, analisa-se não apenas a economia, mas as relações desta com a epistemologia, a política, o direito, a história, a sociologia, a psicologia, a antropologia e a filosofia política. Examina-se, de um lado, como a economia é influenciada por todos esses ramos do conhecimento e, de outro, quais as suas implicações sobre eles, ou pelo menos sobre alguns deles. Aquele típico *homo oeconomicus* a que todos os estudantes da economia tradicional são apresentados no início das estruturas curriculares dos cursos de ciências econômicas em todo o mundo, simplesmente, não existe. É fruto da imaginação, é um fantasma, um espectro, sem qualquer relação com a realidade do dia a dia.

Não significam essas observações que a teoria convencional deva ser descartada, nem que o *homo oeconomicus* precise ser esconjurado. Expressam apenas que os aspectos humanistas da economia não podem ser deixados de lado, como se não fossem importantes ou "científicos", ou como se no máximo fossem meras evocações de um passado nostálgico, repleto de certa melancolia do apogeu do império austro-húngaro, época em que Menger a fundou e que Wieser, Böhm-Bawerk, Mises, Hayek e outros conheceram de dentro. Na verdade, o humanismo em economia é muito anterior a Menger: remonta a São Tomás de Aquino e, depois, aos autores da chamada *Escolástica Tardia* e prossegue com David Hume e Adam Smith e só foi "descartado" a partir do século XX, com o avanço das ideias positivistas. Tanto na vida do dia a dia quanto no mundo da ciência, o que importa não é o *homo oeconomicus*, mas o *homo agens*.

O quadro sinóptico seguinte é uma tentativa de apresentar uma visualização da extraordinária complexidade que constitui o cerne da Escola Austríaca de Economia. Evidentemente, se trata de um ensaio simplificado, apenas para tentar mostrar ao leitor quais são as peças, o papel que cada uma desempenha e como se encaixam no tabuleiro. A grande tarefa dos economistas é construir modelos teóricos que consigam explicar razoavelmente a realidade da economia, formada pela ação ao longo do tempo de bilhões de pessoas humanas de carne e osso, com todos os desejos, aspirações, motivações, qualidades e defeitos característicos. Vejamos em seguida um resumo de cada um dos elementos constitutivos do quadro, que serão naturalmente expostos com mais pormenores ao longo do livro.

2
A TRÍADE BÁSICA OU NÚCLEO FUNDAMENTAL

A Escola Austríaca tem como fundamentos uma tríade concomitante e complementar, formada pelos conceitos de ação humana e de tempo dinâmico e pela hipótese acerca dos limites ao nosso conhecimento. Esses três elementos formam o seu núcleo fundamental e se transmitem por meio de seus elementos de propagação para os diversos campos do conhecimento humano. Essa propagação e suas implicações na filosofia política, na epistemologia e na economia serão analisadas nas seções seguintes. Nesta, tratamos da tríade constitutiva do núcleo fundamental.

Como o título sugere, esses três elementos são por assim dizer a pedra angular do monumental edifício teórico que constitui a Escola Austríaca de Economia. Por analogia com a biologia, representam os *elementos* essenciais, ou seja, aqueles necessários para o desenvolvimento e a manutenção do organismo, e são a um só tempo os *macronutrientes* ou os *micronutrientes* de todo o sistema. Deles emanam os elementos de propagação e neles se assentam todos os elementos essenciais às deduções lógicas e às propostas de natureza prática.

núcleo (tríade básica)

ação humana
concepção dinâmica do tempo
limitação do conhecimento

↓

elementos de propagação

utilidade marginal
subjetivismo
ordens espontânias

↓

Filosofia Política	**Epistemologia**	**Economia**
crítica aos sistemas mistos	individualismo metodológico	processo de mercado
evolução nas ciências sociais	modelos vs. fatos nas ciências sociais	função empresarial
democracia e divisão de poderes	características das ciências sociais	debate sobre o cálculo econômico
contenção do poder	previsão em ciências sociais	teoria monetária
crítica ao construtivismo		teoria do capital
		teoria dos ciclos econômicos

Ação

Ação, para a Escola Austríaca, significa qualquer ato voluntário, qualquer escolha feita deliberadamente com vistas a se passar de um estado menos satisfatório para outro, considerado mais satisfatório no momento da escolha. A *praxeologia* (de práxis)[2] é a ciência geral que se dedica ao estudo da ação humana, considerando todas as suas implicações formais. Ora, todos os atos econômicos, sem exceção, podem ser reduzidos a escolhas realizadas de acordo com o conceito seminal de ação humana. E a proposição básica, o primeiro axioma da Praxeologia, é que o incentivo para qualquer ação é a insatisfação, uma vez que ninguém age a não ser que sinta alguma insatisfação e avalie que uma determinada ação venha a melhorar seu estado de satisfação, ou seja, aumentar seu conforto, sensação de alegria ou de realização, diminuindo, portanto, seu desconforto, frustração ou insatisfação.

Este axioma é universal: onde quer que existam pessoas existirá ação assim definida. Portanto, a ciência econômica construída com base na *praxeologia* é, por corolário, universal. Não há teorias econômicas específicas ou particulares para cada país ou região, mas uma teoria econômica epistemologicamente correta, que é a que se monta peça por peça a partir da observação e do estudo sistemático da ação. Mises denominou o conceito de *ação humana* de *axioma praxeológico número um*, no sentido de que a partir dele podem-se deduzir as principais leis comportamentais que regem a economia.

Concepção dinâmica do tempo

O segundo componente da tríade é a concepção *dinâmica do tempo*, ou *tempo subjetivo*, ou, ainda, *tempo real*, em que o tempo deixa de ser uma categoria estática que possa ser descrita por um simples eixo horizontal, para ser definido como um fluxo permanente de novas experiências, que não está *no* tempo, como na concepção estática ou newtoniana, mas que *é* o próprio o tempo. Quando consideramos o tempo dinâmico, estamos implicitamente aceitando o fato de que algo de novo sempre está acontecendo e assumindo suas três características: continuidade dinâmica, heterogeneidade e eficácia causal.

O tempo dinâmico real é irreversível e sua passagem acarreta uma *evolução criativa*, ou seja, implica alterações imprevisíveis. O conceito de tempo real é fundamental para que se possa entender a natureza da

[2] Praxeologia: do grego *praxis* — ação, hábito, prática — *e logia* — doutrina, teoria, ciência. É a ciência ou teoria geral da ação humana. Optamos pela grafia "praxeologia" no lugar de "praxiologia" para manter o padrão utilizado pelo tradutor da obra *Ação Humana* para o português, Donald Stewart Jr.

ação humana: agindo, os indivíduos acumulam continuamente novas experiências, o que gera novos conhecimentos, o que, por sua vez, os leva a alterarem frequentemente seus planos e ações.

Limitação do conhecimento

O terceiro elemento da tríade básica da Escola Austríaca de Economia é o tratamento epistemológico do fato – indiscutível – de que o *conhecimento humano* contém sempre componentes de indeterminação e de imprevisibilidade, o que faz com que todas as ações humanas produzam efeitos involuntários e que não podem ser calculados *a priori*. Existem, para os *austríacos*, limites inescapáveis à capacidade da mente humana que a impedem de compreender integralmente a complexidade dos fenômenos sociais e econômicos. Os sistemas formais possuem certas regras de funcionamento e de conduta que não podem ser previamente determinadas. É como escreveu José Ortega y Gasset: *"o olho não se vê a si mesmo"*.

Como não é possível quantificar todo o nosso conhecimento, a Escola Austríaca não analisa os mercados como estados de equilíbrio, mas como processos de descoberta e articulação de conhecimentos que, normalmente, na economia do mundo real, permanecem calados, silenciosos, escondidos, espalhados e desarticulados, à espera da inteligência humana subjetiva exatamente para despertá-los, exibi-los, organizá-los e articulá-los. Esta terceira hipótese nucléica da Escola Austríaca, para diversos estudiosos de epistemologia, é a mais importante. No entanto, preferimos considerá-la em pé de igualdade com as duas primeiras, por acreditarmos que assim procedendo fica mais fácil destacar as interações e a interdependência existentes entre as três.

3
Os elementos de propagação

Utilidade marginal

O primeiro elemento de propagação da Escola Austríaca não é exclusivo dela. Trata-se do conceito ou doutrina da *utilidade marginal* que, como se sabe, foi a resposta correta, encontrada isoladamente, no ano de 1871, por três economistas, à denominada *questão do valor*, que vinha desafiando todos os que se interessaram pela ciência econômica, desde São Tomás de Aquino, ainda no século XIII. Cerca de seiscentos anos depois da *Suma*, Carl Menger, Leon Walras e William Stanley Jevons, o primeiro em Viena, o segundo em Lausanne e o terceiro em Londres, perceberam que o valor de um bem ou serviço é determinado por sua *utilidade marginal* em cada momento do tempo, isto é, que o valor depende de uma combinação simultânea da utilidade com a escassez.

Embora o conceito tenha sido introduzido na teoria econômica pelos três, cada um deles o trabalhou individualmente segundo sua própria convicção: Menger adotou uma postura subjetivista, enquanto Walras (o precursor da chamada *escola de equilíbrio geral*) e Marshall (o pai da *escola de equilíbrio parcial*) dispensaram-lhe tratamento matemático, já que o conceito de unidades *marginais* ou adicionais de bens e serviços encaixava-se perfeitamente no aparato do cálculo diferencial. Para os austríacos, o *princípio da utilidade marginal*, a ação, o tempo dinâmico e o subjetivismo são inseparáveis.

Subjetivismo

O *subjetivismo* da Escola Austríaca não se limita à teoria subjetiva do valor ou à percepção de que as teorias que lidam com o campo humano seriam pessoais e, portanto, não sujeitas a testes, mas refere-se a uma pressuposição básica: a de que o conteúdo da mente humana – e, portanto, os processos de tomadas de decisão que caracterizam nossas escolhas ou *ações* – não são determinados rigidamente por eventos externos.

Assim, o *subjetivismo* enfatiza a criatividade e a autonomia das escolhas individuais e, por conta disso, subordina-se ao individualismo metodológico, à concepção de que os resultados do mercado podem ser explicados em termos dos atos de escolha individuais. Para os *austríacos* a teoria econômica deve considerar prioritariamente o emaranhado de fatores que explicam as escolhas e não limitar-se a simples interações entre variáveis objetivas.

O *subjetivismo*, então, analisa a ação humana levando em conta que essa ação se dá sempre sob condições de incerteza genuína, não mensurável, e, também, que ela necessariamente acontece ao longo do tempo dinâmico. Quando um agente escolhe um curso de ação, os resultados de sua escolha vão depender dos cursos de ações executadas e a serem potencialmente executadas por outros indivíduos. Prevalecendo a autonomia nas decisões individuais, isto quer dizer que o futuro não pode ser conhecido e nem aprendido.

Ordens espontâneas

Ordens espontâneas são classes intermediárias de fenômenos que são específicos da ciência da ação humana ou *Praxeologia*. São, por assim dizer, instituições que se situam entre o instinto e a razão, resultantes da ação humana, mas não da execução de qualquer desígnio humano. Com efeito, para os pensadores da Grécia antiga, existiam dois tipos de fenômenos, correspondentes aos termos – introduzidos pelos sofistas do século V a. C. – *physei*, que significa "por natureza" e *thesei*, que significa "por decisão deliberada".

Para os *austríacos*, entretanto, essa dicotomia não é condizente com as ciências sociais. No dizer de Hayek, em *The Counter-Revolution of Science: Studies on the Abuse of Reason* (Collier-Macmillan, New York--London, 1964, p.39): *"alguma espécie de ordem aparece como resultado da ação individual, mas sem ser intencionada por qualquer indivíduo"*. Exemplos característicos dessas ordens são o sistema monetário, os mercados, as manifestações culturais e a linguagem.

Como salienta o professor português José Manoel Moreira, da Universidade de Aveiro, em sua tese doutoral apresentada na Universidad Pontifícia Camillas (Madri), publicada em edição revista e abreviada pela Universidade do Porto em 1994, *"o contraste é entre uma ordem espontânea ou auto-gerada ou endógena, e uma ordem construída ou exógena ou ordem artificial, ou mesmo uma organização, quando se trata de uma organização social dirigida"* (*Filosofia e Metodologia da Economia em F. A. Hayek*, p.187). Continua o Professor Moreira na mesma página:

> Hayek, apesar da conotação autoritária que o próprio termo "ordem" tem, em especial para as pessoas que se negam a admitir uma ordem que não seja deliberadamente criada pelo homem, insiste em manter o termo "ordem", ou melhor, "ordem espontânea" ou "kosmos" para definir o objeto das ciências sociais e que nascem da descoberta da existência de estruturas ordenadas que são o resultado da ação de muitos homens, embora não sejam o resultado do desígnio humano.

A economia do mundo real, desde que os homens descobriram que poderiam obter ganhos com o processo de trocas até os nossos dias é uma grande *ordem espontânea*, semelhante ao universo, em que há permanentemente forças em expansão e em contração, razão pela qual os austríacos costumam denominar a economia de mercado de *cataláctica* ou *cataláxia*.

4
Filosofia política

A filosofia política da Escola Austríaca deve ser vista como uma tentativa de compreender e explicar a história e as instituições sociais à luz dos limites naturais ao conhecimento humano. Como escreveu o filósofo italiano Raimondo Cubeddu, professor em Pisa, *"a história e as instituições sociais aparecem frequentemente como produtos das ações humanas individuais, voltadas para a consecução de fins subjetivos"* (*The Philosophy of the Austrian School*, Routledge, London-New York, 1993, p. x do Prefácio). Portanto, Menger, Mises, Hayek e outros *austríacos* não foram apenas economistas que mergulharam no mundo da política, ou sonhadores de um mundo melhor de cunho utópico, mas pensadores que elaboraram uma *teoria* do *melhor regime* baseada em uma concepção da ação humana e da natureza da sociedade.

Na verdade, o início da chamada era moderna foi marcado pela emancipação da economia da ética e da política, ou seja, pela suposição de que a economia, diferentemente desses dois outros campos do conhecimento, teria o *status* de "ciência". Mas também é verdade que, nos dias atuais, as discussões sobre o *melhor regime* sempre aparecem entremeadas com as questões econômicas. Porém, quando Mises e Hayek recusaram-se a aceitar a separação da economia da ética e da política, os acadêmicos, embevecidos pelo canto da sereia do positivismo, não pensavam assim. Quando os dois *austríacos* publicaram suas críticas ao socialismo, advertindo que sua adoção acabaria gerando o caos ou a tirania, precisamente porque jamais seria possível conciliar planejamento e liberdade, eram como que vozes solitárias clamando no deserto. Naquela primeira metade do século XX havia uma crença geral de que os perigos apontados por Mises, Hayek e outros com relação ao socialismo, simplesmente, não existiam, que suas críticas tinham tão somente motivações de natureza ideológica e que embutiam uma visão errada dos mecanismos que proporcionam o crescimento das economias.

É espantoso que ainda hoje, depois do fracasso de todas as experiências socialistas, ainda haja predominância nas academias, em todo o mundo, de intelectuais que simpatizam com o socialismo. Há olhos que se recusam a enxergar. A filosofia política não é uma forma de ideologia e não pode ser reduzida a um mero conhecimento da história, nem representa uma simples expressão de uma "luta de classes". Ela é um desafio filosófico, guiado pela razão e pela experiência em busca do melhor regime político. Em suma, é o que a Escola Austríaca jamais deixou de sustentar.

Crítica aos sistemas mistos

Com base na antítese entre *ordens espontâneas* e *ordens dirigidas* Hayek faz uma distinção importante a cerca das normas do sistema político e institucional. As primeiras, do tipo *nomos*, são as que evolvem de maneira não deliberada, em que o sistema jurídico vai paulatinamente, em consonância com os usos, costumes e tradições, estabelecendo as garantias às liberdades individuais básicas para que os casos concretos de violação a essas liberdades sejam solucionados. Trata-se da *common law*. Essas normas devem servir de base ao direito, por serem regras gerais de justa conduta, aplicáveis a todos de modo igual e, ao fim e ao cabo, representam o fundamento para a proposição de que o poder do estado precisa e deve ser limitado.

As regras do tipo *thesis*, em contrapartida, são deliberadas, planejadas no campo do direito positivo, para a obtenção de objetivos específicos de interesse do poder do estado e dos grupos que ocupam o poder ou que se beneficiam dele. Exemplos de normas desse segundo tipo são: a obrigatoriedade de se usar cintos de segurança dentro de um automóvel, os orçamentos públicos e as alíquotas de impostos.

Por outro lado, às economias de mercado aplica-se o paradigma *cosmos* e às economias dirigidas ou planificadas o paradigma *taxis*. Direito e economia são, na concepção austríaca, inseparáveis e precisam ser complementares, quando se busca uma ordem social adequada.

Portanto, *cosmos-nomos representa* uma ordem social em que prevalece a economia de mercado regida por normas de justa conduta que atendem à tradição da *common law*. Já uma ordem dirigida no direito e na economia pode ser sintetizada pelo paradigma *thesis-taxis*, que traduz uma economia dirigida pelo estado, que faz o seu intervencionismo ser suportado por comandos e ordens no campo jurídico.

Para os austríacos, quaisquer formas intermediárias entre uma ordem espontânea e uma ordem dirigida são inviáveis, porque sofrem, por definição, de inconsistências lógicas internas fatais. Os sistemas mistos – economia de mercado sob comandos legais ou economias dirigidas sob a *common law* – são inviáveis por sua inconsistência interna, já que uma economia de mercado pressupõe ausência de ordens e controles, enquanto uma economia dirigida não admite as normas características da *common law*. Sendo assim, no longo prazo, essas formas mistas de organização jurídica e econômica não conseguem ser sustentadas e tendem a convergir para uma ordem dirigida ou totalitária do tipo *thesis-taxis*.

Evolução nas ciências sociais

Para a Escola Austríaca as sociedades sempre foram *ordens espontâneas*, desde os primeiros agrupamentos tribais até a moderna civilização de nossos dias. Sendo assim, as sociedades evolvem não como resultado exclusivo da razão planejada, mas mediante processos de mutações permanentes, de *processos evolutivos*, que em nada se assemelham ao evolucionismo biológico de Darwin. O evolucionismo em ciências sociais não é uma extensão do evolucionismo biológico darwiniano. A verdade é exatamente o oposto: foi Charles Darwin quem aplicou à biologia o conceito de evolução.

A crença de que a teoria da evolução social consiste de "leis de evolução" é completamente equivocada, uma vez que não se pode falar em leis ou sequências definidas, às quais a evolução das instituições sociais deveria estar subordinada. Logo, não é possível estabelecer modelos de previsão das trajetórias futuras dos fenômenos sociais. Em outras palavras, a evolução das sociedades não segue um curso pré-determinado; é antes um processo de tentativas e erros e, fundamentalmente, de natureza cultural, ao não resultar nem do instinto e nem da razão. Como ressaltou Hayek: *"a cultura não é um bem natural nem artificial, nem geneticamente transmitida nem racionalmente planejada. É uma tradição de normas de conduta aprendidas que nunca foi "inventada" e cujas funções os indivíduos que atuam normalmente não compreendem. Há certamente tanta justificação para falar da sabedoria da cultura como da sabedoria da natureza – ainda que, talvez, por causa dos poderes do governo, os erros da primeira sejam menos facilmente corrigidos"* (*Law, Legislation and Liberty,* The University of Chicago Press, Chicago, 1973, vol. 3, p.155)

Democracia e divisão de poderes

A democracia não pode ser vista como um fim em si, mas como simples meio de assegurar que os governantes eleitos exerçam o seu papel de governar por meio de *normas gerais* e não se valendo de decretos que expressam seus próprios desígnios. A democracia deve, por outro lado, conter mecanismos de prevenção contra os abusos da vontade da maioria parlamentar e impor limites à atuação do partido ou coligação que esteja eventualmente no poder.

A finalidade da democracia, para Hayek, é garantir uma verdadeira separação entre os três poderes tradicionais, algo que, apesar das boas intenções do estado constitucional moderno, nunca foi realizado, dado que, tradicionalmente, o poder de legislar e o poder de dirigir o governo – o legislativo e o executivo – sempre se misturaram nas assembleias legislativas e, com o passar do tempo, as instituições democráticas existentes foram se moldando às necessidades dos governos democráticos mais do que à de descobrir sistemas apropriados de regras gerais de justiça para atender ao interesse público.

Assim, as atribuições de legislar têm passado cada vez mais para o âmbito do executivo, restando ao legislativo um papel meramente fiscalizador, servindo a democracia como simples vestimenta ou disfarce, embora indispensável para dar aparato de legalidade a eventuais arbitrariedades do executivo. Este fato se constitui em uma inversão de valores e, segundo Hayek, é reflexo da transformação da *lei (nomos)* em *legislação (thesis)*, fazendo com que o compromisso com princípios e normas de conduta gerais fosse substituído por consensos a respeito de medidas particulares.

A democracia, portanto, não pode ser ilimitada; ela precisa possuir mecanismos de divisão de poderes, inclusive para impedir que governos fiquem reféns de diversos grupos de interesse.

Contenção do poder

Para a tradição *austríaca*, o grande desafio na organização de uma ordem social que assegure as liberdades individuais e o respeito às *normas gerais* de conduta é o de limitar efetivamente o poder. Liberdade, razão e estado são essenciais no processo de conformação da ordem nas sociedades, porque as duas primeiras são inseparáveis das normas de conduta e estas, por sua vez – mesmo que isto nos incomode –, são mais facilmente respeitadas por coerção implícita do que por acordos voluntários.

Hayek propôs duas assembleias, uma para cuidar das normas de conduta *(nomos)*, e outra a quem caberia, exclusivamente, a legislação *(thesis)*. A primeira deveria refletir uma representação de acordo com o peso eleitoral dos partidos políticos e a segunda funcionaria de maneira independente destes. Essas diferentes funções e composições atenderiam concomitantemente ao princípio da separação dos poderes e ao Estado de Direito, estabeleceriam de modo mais efetivo uma verdadeira primazia da lei sobre os indivíduos e impediriam os detentores do poder executivo de usar o seu poder para atender aos interesses partidários ou pessoais, disfarçando-os com argumentos de "interesse público" ou de "justiça social". Adicionalmente, esse sistema bicameral impediria que a maioria parlamentar seguisse comportamentos discricionários, de acordo com as conveniências de cada momento político.

A filosofia política de Hayek está longe de ser um modelo abstrato, porque está baseada na evolução da *common law* inglesa, um sistema jurídico que, mediante a solução para casos concretos, foi ao longo do tempo e desde muitos séculos descobrindo as liberdades individuais. A evolução das instituições políticas limitativas dos poderes do estado está assentada nessa mesma base. Na Inglaterra, o surgimento do poder legislativo não foi resultado de nenhuma concepção segundo a qual o direito deve ser deliberadamente "planejado" por uma assembléia colegiada, mas uma medida de caráter mais prático do que teórico para tentar limitar os poderes do rei. O fato de existirem duas câmaras, a dos *lordes* e a dos *comuns*, também se explica pelo mesmo princípio: enquanto aquela se incumbe de defender o direito, mesmo que não sancionado sob a forma de leis escritas, mas já existente na *common law*, a câmara dos *comuns* deve preocupar-se com as normas do tipo *thesis* que, na nomenclatura de Hayek, significa *legislação* e se diferencia do direito (*nomos*). Ao legislativo, pois, não compete elaborar o direito, mesmo porque este já existe na *common law*.

Com a forte influência de Rousseau, contudo, esse entendimento foi se degenerando, mas ele é claro ao exprimir que as liberdades individuais devem ser, na maior medida possível, autônomas em relação à vontade arbitrária dos poderes do estado, sejam o executivo ou o legislativo. Ninguém, nem uma maioria, nem uma minoria, de acordo com a concepção de Hayek, deve possuir qualquer poder decisório sobre o direito, porque este deve basear-se nas liberdades individuais.

Crítica ao construtivismo

Muitas das controvérsias existentes no campo científico e, principalmente, no político, derivam das diferenças filosóficas básicas entre duas escolas gerais de pensamento. Como ressaltou Hayek, embora seja costumeiro referir-se a ambas como racionalismo, deve-se distinguir entre o *racionalismo evolutivo* (ou, na nomenclatura de Karl Popper, *racionalismo crítico*) e o *racionalismo construtivista* (ou *ingênuo*, no dizer de Popper).

O racionalismo cartesiano, ao ser transplantado para as ciências sociais, gerou a idéia de que a mente e a razão humanas seriam capazes, por si só, de permitir ao homem construir de novo a sociedade. Essa pretensão racionalista, que Hayek denominou de *construtivismo* ou de *engenharia social*, teve suas origens em Platão, fortaleceu-se com Descartes e encontrou seguimento em Hegel e Marx. Confrontado, com o racionalismo evolutivo característico do pensamento liberal, o racionalismo construtivista – fonte das utopias, do socialismo, do nazismo e do totalitarismo em geral – desponta como ingênuo em suas crenças, extremamente arrogante em sua gnosiologia e perigoso em suas experimentações práticas nas sociedades modernas, como a história do século XX atesta. Para compreender esse fenômeno, recomendamos a leitura da obra do filósofo alemão Eric Voegelin, especialmente *Hitler e os Alemães*.

A posição da Escola Austríaca – o racionalismo crítico ou evolutivo – baseia-se em uma visão de mundo extremamente mais realista em sua observação dos fatos, humilde em relação às limitações dos poderes da mente humana e cética no que diz respeito aos experimentos de *engenharia social*, um resultado natural da utopia racionalista cartesiana.

Em resumo, há limites claros ao conhecimento e esses limites impedem que as experiências construtivistas obtenham êxito. Isto não significa, evidentemente, que o corpo teórico da Escola Austríaca não seja constituído por um conjunto de proposições racionais, apenas que o tipo de racionalismo que utiliza é evolutivo ou crítico.

5
Epistemologia

A epistemologia ou estudo do conhecimento científico costuma dividir as ciências em *factuais*, quando se baseiam na observação e na experimentação; têm objetos reais de estudo e juízos geralmente sintéticos, isto é, em que o predicado não se verifica a partir da análise do sujeito (por exemplo, "o torcedor do Fluminense", pois não se pode, a partir da análise do conceito de "torcedor", inferir que ele tenha amor ao "Tricolor"); e *formais*, quando têm como objeto *entes de razão*; utilizam o método axiomático-dedutivo (que consiste em inferir uma série de teoremas a partir de alguns axiomas ou proposições não demonstrativas); e elaboram juízos analíticos de valor (que são aqueles em que o predicado se infere a partir da análise do sujeito, como, por exemplo, o predicado da oração "Deus é infinitamente sábio" se infere a partir da análise do conceito "Deus").

A economia, de acordo com a Escola Austríaca, é uma ciência factual-dedutiva, uma vez que, embora não estude *entes de razão* como fazem as ciências formais e também não empregue o método experimental, como fazem as ciências factuais, é, rigorosamente, uma ciência dedutiva, na medida em que suas leis não são derivadas do que foi observado em diversos casos, mas se inferem a partir de premissas gerais. A análise austríaca parte do exame das implicações formais da *ação humana*, considerada como a característica essencial de tudo o que é "econômico". Sobre essa base, que é estabelecida por axiomas, ela prossegue, deduzindo suas implicações lógicas, até construir os teoremas correspondentes, que são as leis econômicas.

Uma das características da Escola Austríaca é que ela vê as leis econômicas como relações indicativas de causa e efeito, isto é, apenas como indicativas de tendências, sem exatidão matemática. Isto decorre do fato de que não existem, em economia, constantes, como existem na física. Sendo assim, as leis da física, não podendo ser deduzidas do nada, devem ser induzidas, mediante um processo de experimentos prévios, ao passo que, em economia, as medições realizadas não são mais que simples dados da história econômica, sem significado maior para a teoria econômica pura. Por essas razões é que os economistas da Escola Austríaca sempre sustentaram que o método experimental, utilizado corretamente por ciências como a física e a química, não pode ser utilizado pela economia, cuja metodologia deve necessariamente basear-se em procedimentos dedutivos.

Individualismo metodológico

O *individualismo metodológico* da Escola Austríaca remonta a Menger – que elaborou um tratado sobre a essência e os métodos das ciências sociais – e está associado ao seu conteúdo subjetivista que, ao lidar com o espírito individual e com as escolhas individuais, conduz naturalmente ao estudo do indivíduo. Assim, os resultados dos mercados devem ser explicados em termos dos atos individuais de escolha praticados nesses mercados.

A economia deve tratar, antes de qualquer outra coisa, com pensamentos e avaliações individuais que antecedem e servem de base para as escolhas e não de inter-relações entre magnitudes objetivas. Esta compreensão do *individualismo metodológico* já embute, então, críticas aos excessos de quantificação e aos *insights* holistas (como a macroeconomia, por exemplo) e coletivistas.

É importante frisar que *individualismo metodológico* não é sinônimo de egoísmo, já que não existe nenhuma dicotomia entre o *individual* e o *social* (este último sendo "altruísta") e que, além disso, não tem por objetivo reduzir as sociedades a meros somatórios de indivíduos.

O objeto da economia, assim como o das chamadas ciências sociais – deve ser prioritariamente o indivíduo, a pessoa humana com toda a dignidade que tal condição lhe outorga e não um ente abstrato – a "sociedade" – que, embora possa ser considerada como o conjunto de todos os indivíduos que a compõem, não pensa, não fala, não vai às compras, não poupa e não investe. Quando muito, essas ações são feitas em seu nome, mas por pequenos grupos formados por *indivíduos* que ocupam de alguma forma o poder. A "sociedade" é, por assim dizer, uma *abstração real*, no sentido de que ela existe, mas não tem vida própria, porque não é mais do que um amontoado dos desejos, aspirações, escolhas, sucessos e frustrações, muitas vezes conflitantes, de milhões de indivíduos.

Expressões comumente utilizadas, como "a sociedade civil organizada deve decidir sobre este ou aquele assunto", de inspiração *grams-*

ciana, não têm o menor cabimento dentro do contexto do *individualismo metodológico*.

Modelos *vs.* fatos nas ciências sociais

Em *Scientism and the Study of Society*, Hayek pergunta o que são os *fatos* nas ciências sociais, frisando que estas não podem ser manejadas como objetos físicos tal como as ciências naturais o fazem, mas sim com conceitos que devem surgir da vontade das pessoas quando estão agindo. Isto significa, por exemplo, que para a economia não interessa se uma determinada moeda é de cobre ou de ouro, nem se uma cédula emitida pelo Banco Central é verde ou azul, mas sim que a moeda é um meio de troca, ou seja, o que importa é como ela é utilizada nas ações humanas. A moeda, como conceito geral, não pode ser explicada sem que se refira a interações entre indivíduos. Trata-se, como vemos, do individualismo metodológico.

O filósofo argentino Gabriel Zanotti, no brilhante artigo *Hayek y la Filosofía Cristiana* (*www.cepchile.cl/dms/archivo_811_1314/rev50_**zanotti**.pdf*) demonstra que a perspectiva gnosiológica de Hayek – ao defender *quais são os fatos* das ciências sociais e, ao mesmo tempo, o *individualismo metodológico* – é nominalista e neokantiana, ou seja, relaciona o *individualismo metodológico* com o *individualismo ontológico*, para o qual somente existem indivíduos e as essências universalizadas em nossa mente não possuem fundamento real. Para Zanotti, "os conceitos gerais segundo os quais estudamos as interações individuais não se referem a uma essência realmente existente, mas a *modelos* gerais mentalmente formulados antes de qualquer observação, a que Hayek, por sua vez, relaciona com a limitação do conhecimento e com a ordem espontânea" (p.60).

Características das ciências sociais

Como mencionamos anteriormente, uma das características mais fortes da epistemologia da Escola Austríaca é a idéia de que as ciências sociais precisam ser conduzidas com objetivos e métodos distintos daqueles utilizados pelas ciências naturais, porquanto não devem utilizar o método indutivo daquelas ciências, mas sim modelos gerais de análise das complexas interações sociais, que possam servir de base para a dedução de conclusões que têm, entretanto, pouca utilidade para prever com precisão os resultados precisos de situações particulares. Esses resultados não podem ser verificados por meio de experimentos controlados, mas podem ser negados (*falsificacionismo*) pela observação dos fatos.

Portanto, os *austríacos* rejeitam veementemente o método positivista nas ciências sociais e, portanto, na economia. Essas ciências não têm por que copiar os métodos das ciências naturais, nem os seus cientistas precisam sentir-se "inferiorizados" por isso, já que a questão central – que muitos economistas parecem ignorar – é que os seus métodos de estudo, suas características e seus objetivos são completamente diferentes daqueles das ciências naturais, tanto sob o ponto de vista ético quanto do antropológico.

Previsão em ciências sociais

Em *Scientism and the Study of Society*, uma publicação de 1942, Hayek já antecipava seu ceticismo quanto à capacidade de previsão de "modelos de informação incompleta". O contexto geral das ciências sociais implicaria modelos de previsão sobre cada ordem espontânea a ser analisada. A limitação do conhecimento, no entanto, não é apenas um fenômeno existente do lado dos atores ou agentes, mas também no dos cientistas sociais encarregados da elaboração desses modelos.

Ora, como esperar, então, que alguém que não tem conhecimento de todos os fatores relevantes em fenômenos tão complexos como os estudados pelas ciências sociais possa ter capacidade para prever a trajetória futura desses fenômenos? Trata-se, como observa Zanotti, do "indeterminismo intrínseco à conduta humana", como diria Popper, ou, simplesmente, do "livre arbítrio", como escreveria São Tomás de Aquino.

A capacidade de previsão das ciências sociais é restrita a previsões gerais e jamais a previsões particulares e específicas. E a única possibilidade de testes empíricos é a pura observação de acontecimentos que, segundo o resultado geral da previsão, seriam impossíveis.

Por isso, quando ainda não conhecia a Escola Austríaca e jornalistas ou alunos me perguntavam, por exemplo, qual seria a taxa de inflação em determinado ano, eu – treinado na macroeconomia e na econometria – sempre tinha um número "pronto" revelado "cientificamente" por algum modelo. Mas, desde que li *Ação Humana* e decidi estudar os economistas *austríacos*, minha resposta a esse tipo de pergunta passou a ser: *a tendência da inflação é de alta (ou de queda, se for o caso), mas nem eu e nem ninguém tem capacidade para dizer de quanto será a alta (ou a queda)...*

6
Economia

A economia da Escola Austríaca, assim como a epistemologia e a filosofia política, também deriva do que denominamos de *tríade básica* – ação, tempo e conhecimento – e se propaga por meio dos conceitos de utilidade marginal, subjetivismo e ordens espontâneas, que são os seus *elementos de propagação*.

Com base no núcleo seminal e nesses elementos propagadores, os economistas *austríacos*, desde os primórdios com Menger, erigiram uma obra extraordinariamente rica sob o ponto de vista científico, mas que funciona perfeitamente – evidentemente, naquilo que se pode chamar de "perfeição" em uma ciência social – quando tenta explicar o mundo real.

Vejamos resumidamente cada um dos seis campos da teoria econômica que consideramos essenciais para a compreensão do pensamento *austríaco*.

Processo de mercado

A Escola Austríaca não estuda, ao contrário da *mainstream economics*, mercados em estado de equilíbrio. Nem tampouco utiliza a famosa classificação dos mercados segundo as suas "formas" (concorrência perfeita, oligopólio, concorrência monopolista e monopólio). Ela trabalha com a hipótese de que os mercados são *processos* que tendem ao equilíbrio (porque os agentes são racionais e aprendem com os erros), mas que, em cada momento distinto do tempo dinâmico, não estão em suas "posições" de equilíbrio.

Para entender isto, basta mencionarmos os principais elementos da teoria. Em primeiro lugar, os mercados são movimentados pela ação humana de seus participantes, tanto no lado da demanda quanto no da oferta. Em segundo lugar, a ação humana se dá ao longo do tempo dinâmico, em que cada instante é uma oportunidade de aprendizado. Terceiro, as transações nos mercados se realizam sob condições de limitação e de dispersão do conhecimento. Quarto, os mercados são ordens espontâneas, sujeitando-se, portanto, a permanentes mutações. Quinto, a ação humana é subjetiva.

Como esperar, então, que o mundo real possa apresentar mercados em "equilíbrio"? Este é um dos principais pontos da teoria *austríaca*. Os mercados são processos de erros e tentativas, um permanente procedimento de descobertas de novas oportunidades, com uma dinâmica que não dá espaço para o equilíbrio.

Função empresarial

A *função empresarial* é a capacidade individual subjetiva de perceber as possibilidades de ganhos existentes nos mercados. Portanto, ela nada mais é do que uma categoria de ação. Sendo assim, a ação humana pode ser considerada como um fenômeno *empresarial*, mais especificamente aquela que realça as capacidades perceptiva, criativa e de coordenação do agente.

Como em qualquer ação humana, a ação empresarial acontece em ambiente de incerteza genuína, dadas as limitações de nosso conhecimento. Requer, por sua vez, criatividade e desprendimento, já que o futuro é incerto e uma ação empreendedora tanto pode dar bons resultados como maus resultados. A *ação empresarial* é um conjunto de escolhas ao longo do tempo em ambiente de incerteza e, como tal, implica em um conjunto de outras ações alternativas a que se deve forçosamente renunciar e o *custo* é o valor subjetivo dessas ações a que se renuncia.

Como os meios sempre são escassos face aos fins, os agentes buscam primeiro os fins aos quais dão maior valor e apenas depois os demais, relativamente menos importantes. Cada ação é motivada pela crença subjetiva de que os fins escolhidos possuem um valor maior do que o valor dos custos da escolha de uma ação e a diferença entre ambos é o *lucro*, o elemento que explica a ação.

Para a Escola Austríaca toda ação embute um componente empresarial puro e criativo em sua essência, que não requer qualquer custo e que é exatamente o que permite aproximar o conceito de ação do conceito *de função empresarial.*

Debate sobre o cálculo econômico

Mises, ainda nos anos 1920 do século passado, percebeu claramente que o sistema socialista impossibilita o *cálculo econômico.* Seu argumento era simples: *o cálculo econômico* requer que os planejadores conheçam os preços; estes, por sua vez, para que possam ser considerados como preços de fato (e não pseudopreços) pressupõem a existência do processo de mercado, em que as ações de demandantes e ofertantes possam fluir normalmente; e os mercados, para que possam existir, requerem a propriedade privada. Ora, o socialismo não contempla a propriedade privada; portanto, não faz sentido falar em mercados em num sistema socialista; se não há mercados efetivos, não pode haver preços e, não havendo preços, o cálculo econômico torna-se impossível. Por essa razão, Mises afirmava categoricamente, em seu debate com os economistas socialistas, que o sistema que defendiam guiava-se às cegas e estava, portanto, fadado ao fracasso, pela desorganização social e econômica que embute. A história comprovou – e ainda está comprovando – que Mises estava certo.

Os órgãos centrais nesses sistemas são formados por pessoas, e não é razoável admitir que por melhores e mais "puras" sejam suas intenções, possuam o dom da *onisciência*, que lhes permita conhecer e interpretar os conjuntos dispersos de informações individuais, que estão se alterando e renovando ininterruptamente ao longo do tempo.

Os planejadores nem conseguem saber qual o seu o *grau de ignorância* sobre as informações necessárias para promover o cálculo correto e a consequente coordenação. E quanto maior o grau de coerção imposto, menores são as possibilidades de realização dos planos, porque a maior repressão tende a aumentar a ausência de coordenação, provocando distorções nos mercados que são progressivamente crescentes com o tempo.

Teoria monetária

Os pontos principais da Escola Austríaca a respeito da teoria monetária podem ser resumidos em cinco: o primeiro é que os efeitos das variações do estoque de moeda afetam desigualmente os preços relativos, a estrutura de capital, os padrões de produção da economia e alteram os níveis de emprego dos fatores de produção. Já em 1912, em sua obra monumental *Teoria da Moeda e do Crédito*, Mises chamava a atenção para o fato de que aumentos na oferta de moeda não produzem benefícios para a sociedade, porque eles não possuem capacidade de alterar os serviços de troca proporcionados pela moeda, apenas reduzem o poder de compra de cada unidade monetária.

O segundo é que os ciclos econômicos são fenômenos que, embora se manifestem no chamado setor real da economia, têm causas exclusivamente monetárias.

O terceiro é que a moeda, como qualquer outro bem, tem o seu valor decretado pelo princípio da utilidade marginal, como demonstrou Mises naquela obra, ao resolver o então denominado *problema da circularidade austríaco*, com o seu famoso *teorema da regressão*, como veremos no capítulo dedicado à teoria monetária da Escola Austríaca.

E o quarto é que os *austríacos* definem a inflação não como um simples "aumento contínuo e generalizados de preços", uma vez que essa, na verdade, é a manifestação da inflação; eles a definem como uma queda permanente no poder de compra da moeda, provocada, em última instância, pela emissão de moeda e pela consequente diminuição de sua utilidade marginal.

O último ponto é que a moeda, vale dizer, o sistema monetário, é uma ordem espontânea, um fenômeno que passa permanentemente por evoluções que são resultantes da ação humana, mas não de qualquer planejamento.

Teoria do capital

A *teoria do capital* austríaca, sem dúvida, é um elemento que diferencia essa escola de pensamento de todas as demais, pelo simples fato de que estas não possuem algo que se possa denominar de teoria do capital.

Quem mais contribuiu para uma concepção *austríaca* do capital foi, sem dúvida, Böhm-Bawerk, que seguiu a tradição iniciada por Menger. Mises, Hayek e outros *austríacos* trabalharam fortemente para o seu desenvolvimento.

Seu ponto central é o conceito de *estrutura de capital* ou *estrutura de produção*, que considera que um bem, desde que começa a ser produzido até ficar acabado na forma de um bem final, passa por várias etapas no processo produtivo. Esses diversos *estágios* correspondem à estrutura de capital da economia. Portanto, o capital não é homogêneo e muto menos constante, como os modelos macroeconômicos o consideram. Ele é essencialmente heterogêneo e varia com os demais fatores de produção ao longo do tempo.

A heterogeneidade dos bens de capital e o fato de que as economias possuem *estruturas de capital* levam, entre outras hipóteses (como a do individualoismo metodológico) os economistas *austríacos* à rejeição da análise macroeconômica.

Teoria dos ciclos econômicos

A ABCT (*Austrian Business Cycle Theory*) foi desenhada por Mises em seu tratado de 1912, posteriormente desenvolvida por Hayek nos anos 1930 e depois aperfeiçoada por outros economistas da tradição de Menger, dos quais o mais criativo é o americano Roger Garrison.

É, ao mesmo tempo, uma teoria da moeda, do capital e dos ciclos econômicos. Mostra como a emissão de moeda produz o efeito de diminuir a taxa de juros e, inicialmente, enganar os agentes – que, acreditando que se trata de maior poupança, embarcam em investimentos de maturação mais longa, alargando, assim, a estrutura de capital da economia. Posteriormente, quando esses agentes descobrem que na realidade não se tratava de poupança, mas de moeda "fantasiada" de poupança, a taxa de juros sobe e isso leva a um encolhimento da estrutura de produção, fenômeno que produz desemprego (e que ficou conhecido como *efeito concertina* ou *efeito sanfona*), que é maior nos setores mais afastados da produção de bens finais, que foram exatamente aqueles setores inicialmente beneficiados pela expansão monetária.

Assim, a inflação – ou seja, aquela quantidade adicional de moeda que entrou na economia sem lastro – acabará provocando o desemprego de fatores de produção. Como disse Hayek, não há escolha entre comer demais (emitir moeda sem lastro real) e ter indigestão (recessão), porque ambas são inseparáveis, a primeira acarretando a segunda. Essa conclusão – de que o desemprego é a causa natural da inflação – mostra quão equivocadas são as análises *keynesianas* que ficaram conhecidas como *a curva de Phillips*, que postulavam a existência de um *trade-off* ou *dilema* entre inflação e desemprego, de modo que, se algum governo desejasse combater a inflação, teria que aceitar uma taxa de desemprego de mão de obra maior ou, se quisesse reduzir o desemprego, seria forçado a aceitar uma taxa de inflação mais elevada.

7
Conclusões

Procuramos neste capítulo resumir a multiplicidade de fatores cujo conjunto constitui a Escola Austríaca de Economia, mostrando a importância de cada um deles na construção do edifício e também como se integram entre si.

Ao núcleo seminal ou tríade básica, formada pelo conceito de *ação humana*, pela *concepção dinâmica do tempo* e pelo reconhecimento de que o *conhecimento* possui limitações, acrescentou-se o que se pode denominar de elementos de propagação, a saber, a *doutrina da utilidade marginal*, o *subjetivismo* e o conceito de *ordens espontâneas*. É interessante para o leitor parar neste ponto e fazer o exercício de certificar-se de que cada um desses três últimos elementos decorre dos três primeiros, em maior ou menor intensidade, o que permite que sejam denominados de propagadores.

De posse desse aparato, mostramos suas implicações nos campos da filosofia política, da epistemologia e da economia.

Ação, tempo e conhecimento: eis o universo fascinante da Escola Austríaca de Economia!

Capítulo 1

A Questão do Conhecimento

1
Introdução

Uma das características epistemológicas mais importantes da Escola Austríaca de Economia e que reflete com clareza um núcleo de identidades básicas é a convicção de que o conhecimento humano apresenta um inevitável componente de indeterminação e de imprevisibilidade. A consequência disso é que o futuro não apenas é difícil de ser previsto, mas, principalmente, é essencialmente imprevisível e, em função dessa inescapável incerteza, todas as ações humanas intencionalmente levadas a cabo produzem efeitos involuntários, que não podem ser calculados, previstos ou esperados e que tanto podem gerar benefícios não esperados como produzir custos não desejados.

Carl Menger (*Problems of Economics and Sociology*, Scheider, Urbana, University of Illinois, publicado pela primeira vez em alemão em 1883) já observara que muitas das instituições sociais conhecidas haviam se desenvolvido espontaneamente e que seus resultados, embora não planejados, frequentemente revelavam-se inegavelmente benéficos. Tais frutos, no seu entendimento, constituíam-se nos "resultados não intencionais do desenvolvimento histórico". Ao mesmo tempo, o fundador da Escola Austríaca enfatizava o fato de que muitas das ações humanas, em decorrência da ignorância associada à imperfeição do conhecimento, resultam em erros.

Mises, na introdução de seu tratado sobre a evolução social e econômica, *Theory and History*, publicado em 1957, ressaltava o fato de que "o conhecimento humano é condicionado pelo poder da mente humana e pela amplitude do campo em que os objetos despertam sensações humanas". Para mostrar a harmonia do pensamento de Mises com o do fundador da Escola Austríaca, basta transcrever parte da introdução daquele trabalho (que pode ser lida na íntegra em: http://www.mises.org.br/Article.aspx?id=741).

> Talvez haja, no universo, coisas que nossos sentidos não podem perceber e relações que nossa mente não pode compreender. Também podem existir fora da órbita daquilo

> que chamamos de universo, outros sistemas de coisas sobre as quais nada podemos aprender, pois, até o presente momento, nenhum vestígio de sua existência penetrou nossa esfera de ação de modo a poder modificar nossas sensações.
>
> Também pode ser que a regularidade na conjunção dos fenômenos naturais que estamos observando não seja eterna, mas apenas passageira, e que ela prevaleça somente no presente estágio (o qual pode durar milhões de anos) da história do universo, podendo um dia ser substituída por outro arranjo.
>
> Esse e outros pensamentos similares podem induzir em um cientista escrupuloso uma cautela extrema na formulação dos resultados de seus estudos. Cabe ao filósofo ser ainda mais comedido quando ao lidar com as categorias apriorísticas da causalidade e com a regularidade na sequência dos fenômenos naturais.
>
> As formas e categorias apriorísticas do pensamento humano e da razão não podem ser remontadas a algo do qual elas pareceriam ser a conclusão necessariamente lógica. É contraditório esperar que a lógica possa ter alguma utilidade em demonstrar a exatidão ou a validade dos princípios lógicos fundamentais. Tudo o que pode ser dito sobre eles, os princípios lógicos fundamentais, é que negar sua exatidão ou validade parece ser algo absurdo para a mente humana, e que o pensamento, quando guiado por eles, levou a modos de ação bem sucedidos.
>
> O ceticismo de Hume era a reação a um postulado de certeza absoluta, a qual para sempre será inalcançável para o homem. Aqueles teólogos que viram que somente a revelação poderia dar ao homem a certeza perfeita estavam corretos. Investigações científicas humanas não podem avançar para além dos limites determinados pela insuficiência dos sentidos do homem e pela estreiteza de sua mente. Não há nenhuma demonstração dedutiva possível do princípio da causalidade e da inferência ampliativa da indução imperfeita; pode-se apenas recorrer à afirmação não menos indemonstrável de que há uma regularidade estrita na conjunção de todos os fenômenos naturais. Se não nos referíssemos a essa uniformidade, todas as afirmações feitas pelas ciências naturais aparentariam ser meras generalizações apressadas.

Hayek, combinando a linha iniciada em Viena por Menger e desenvolvida por Mises com a tradição clássica britânica calcada na liberdade individual derivada de John Locke, Bernard de Mandeville, David Hume e Adam Smith, desenvolveu uma teoria do conhecimento que, juntamente com as importantes contribuições de Karl Popper, pode ser colocada entre os fundamentos de maior influência no pensamento austríaco no que se refere à assim denominada *teoria do conhecimento*.

Um ponto essencial da teria hayekiana do conhecimento é que existem claros limites à capacidade da mente humana, que a impossibilitam de compreender integralmente a complexidade dos fenômenos sociais e econômicos. Por analogia com o teorema de Gödel – que sustenta ser impossível demonstrar-se a consistência de um sistema formal quando se vive dentro desse próprio sistema – Hayek argumentava que todos os sistemas formais possuem necessariamente algumas regras de funcionamento e de conduta que não podem ser previamente determinadas ou, mesmo, que sequer podem ser estabelecidas conscientemente. Tais afirmações mostram sintonia com a reflexão do filósofo espanhol José Ortega y Gasset, em *"Ideas y Creencias"*, de que *"o olho não se vê a si mesmo; não podemos observar nada na penumbra subterrânea de nós mesmos. A nossa vida é com freqüência a comédia em que fingimos modos de ser. Existe sobretudo o contágio. A vida social penetra em nós de tal maneira que a maior parte de nossas inclinações não são senão produto de contágio"*. Isto significa, em outras palavras, que nós sabemos mais do que aquilo que pensamos saber e que, portanto, é impossível quantificar ou estabelecer concretamente todo o nosso conhecimento. Por essa razão, os mercados, ao invés de serem encarados como simples estados de equilíbrio, devem necessariamente ser analisados como processos, mecanismos de descoberta e articulação de um conhecimento que se apresenta oculto, tácito, escondido e, além disso, desarticulado no mundo real.

Existe um forte contraste entre a postura austríaca a respeito do conhecimento, denominada de *falsificacionismo* ou concepção *negativa* de conhecimento, uma vez que nega a possibilidade de um conhecimento completo dos fenômenos sociais, e a posição contrária, a do *justificacionismo* ou concepção *positiva* do conhecimento.

O positivismo em teoria do conhecimento, que remonta a Platão e ganha força com Descartes e, posteriormente, com Comte, sustenta, em linhas gerais, que só se pode qualificar de conhecimento aquilo que se consegue demonstrar através da razão ou que pode ser explicado empiricamente, a partir de observações concretas e neutras em relação a qualquer teoria. É fácil perceber que essa forma extremada de racionalismo que caracteriza a vertente *justificacionista*, ao tender a identificar como razão de ser de todo o conhecimento uma pretensa certeza acarretada pelas demonstrações lógicas e pela confiança nas observações empíricas, faz brotar a crença no construtivismo, isto é, em uma suposta capacidade da mente humana de construir sistemas econômicos, políticos, jurídicos, éticos e culturais tão somente em acordo com o que fosse considerado "justificado" racionalmente. Daí à *engenharia social* é apenas um curto passo.

A crítica dos austríacos é que é precisamente na arrogância de tal postura que se pode encontrar a origem das utopias, desde aquelas mais extremadas, como a que caracterizou o ideal socialista, até as mais brandas, mas nem por isso menos insensatas, como, por exemplo, a crença dos *keynesianos* de que os economistas do governo, conhecendo melhor do que os demais cidadãos o que é melhor e o que é pior para todos, podem e devem intervir no sistema de preços e no processo de mercado, com o objetivo de corrigir falhas e gerar "crescimento" econômico. Em outras palavras e parodiando Kant, podemos dizer que o racionalismo construtivista que sustenta essa postura *positiva-justificacionista* a respeito do conhecimento levou e ainda leva muitas pessoas, algumas das quais repletas de boas intenções, a adotarem a atitude presunçosa de julgar que podem fazer os outros felizes à sua maneira, isto é, que é possível construir-se sistemas complexos em que tanto as instituições como os seres humanos que os compõem ajam sempre em conformidade com a definição de felicidade dos planejadores...

O liberalismo da Escola Austríaca e o liberalismo clássico em geral enfatizam a importância da liberdade consciente, não apenas como valor ético fundamental, mas – e isto é extremamente importante – como pré-condição para a geração e distribuição de riqueza. É conveniente frisar que tal ênfase na liberdade, que caracteriza a postura liberal nos campos do direito, da política, da economia, da ética e da cultura fundamenta-se epistemologicamente em uma concepção clara acerca do que é (e do que não é) conhecimento.

A rigor, a teoria austríaca do conhecimento possui quatro traços bem característicos. O primeiro enfatiza os limites que existem à razão. O segundo nega a possibilidade de justificação das teorias como verdades, isto é, repudia o *justificacionismo*, preferindo adotar o *falsificacionismo*, que se baseia na existência e na importância da incerteza e da ignorância, que induzem ao erro. O terceiro reconhece uma inevitável dispersão e fragmentação do conhecimento, isto é, que cada indivíduo dentro da sociedade detém apenas uma pequena fração do conhecimento total existente na sociedade. E o quarto nega a previsibilidade histórica, uma vez que a capacidade de previsão do curso futuro dos acontecimentos exigiria algo que está fora de nosso alcance, que é a própria capacidade de antever a evolução futura de nosso conhecimento.

Ora, se não nos é possível alcançar uma fundamentação positiva para aquilo que julgamos ser nosso conhecimento, tudo o que nos resta é a tentativa de livrarmo-nos dos erros e das falsas hipóteses ou crenças, isto é, resta-nos a postura humilde de reconhecer que, do ponto de vista da teoria do conhecimento, não devemos nos atrever a ir além do método dedutivo que caracteriza o *falsificacionismo-negativismo*.

Esta *primazia da negatividade* epistemológica que caracteriza o pensamento *austríaco*, isto é, esta postura *anti-justificacionista* e, portanto, *falsificacionista*, é transferida então da esfera teórica para o terreno das relações sociais, vale dizer, da política, do direito, da economia e da sociologia. É a partir desse procedimento que os *austríacos* buscam respostas para questões básicas das sociedades, como liberdade, lei, justiça, estado, ordem social, felicidade e muitas outras.

2
Características Gerais do Conhecimento

Hayek publicou dois artigos sobre a questão do conhecimento em economia e nas ciências sociais que estão seguramente entre as contribuições mais importantes para o desenvolvimento dessas ciências. O primeiro, em 1937, foi *Economics and Knowledge* e o segundo, mais conhecido, *The Use of Knowledge in Society*, de 1945. Sem qualquer exagero, deveriam ser leituras obrigatórias em todos os cursos da área de ciências humanas e, especialmente, de ciências sociais.

Quais os limites do nosso conhecimento? O conhecimento é subjetivo ou pode ser medido objetivamente? Quais as características principais da informação e do conhecimento para o exercício da ação humana e, portanto, da função empresarial? Quais as implicações em termos de crítica aos sistemas intervencionistas dos limites ao conhecimento? Jesús Huerta de Soto lista, de forma bastante didática, seis características básicas (*Socialismo, Cálculo Econômico y Empresarialidad*, Unión Editorial, Madri, 1992, pp. 52 e seguintes).

O conhecimento é subjetivo e prático (não científico)

O conhecimento ou informação necessário para a realização da ação humana é essencialmente subjetivo e prático e sua natureza não é científica. Com efeito, ele não pode ser representado formalmente, já que o agente o vai apreendendo por meio de seus atos práticos, de seus acertos e erros ao longo do tempo. É aquele tipo de conhecimento que Hayek denominou de *conhecimento das circunstâncias particulares* no que diz respeito ao tempo e ao espaço. Refere-se tanto às informações sobre os fins buscados por cada agente particular e também às informações deste sobre os fins pretendidos pelos demais agentes. Diz respeito também ao conhecimento prático sobre os meios que cada agente pode utilizar para atingir os seus fins. E também se refere às informações sobre todas as circunstâncias, sejam elas pessoais ou não, que o agente acredite que devam ser levadas em consideração ao estabelecer seu plano de ação.

Mises referia-se ao conhecimento científico como o conhecimento do comportamento de toda uma *classe de eventos*, e ao conhecimento prático como sendo aquele de *eventos únicos*; Hayek referia-se ao primeiro como conhecimento *centralizado* e ao segundo como conhecimento *disperso*. Se um professor de economia – com todo o seu conhecimento científico – tentar, por exemplo, substituir um jornaleiro naquela sua atividade de receber os jornais e colocar cada um dos cadernos em seu devido lugar para montar a forma final na qual o jornal é vendido, quase certamente cometerá muitos erros e gastará muito mais tempo do que o jornaleiro, que já está habituado a realizar essa tarefa e as outras que sua prática exige, desde as primeiras horas da madrugada. E se o jornaleiro for convidado para dar uma aula de teoria econômica, seguramente ficará em dificuldades (embora, em alguns casos, possa dizer coisas mais interessantes e condizentes com a realidade do que do que muitos "cientistas"). Mas não podemos deixar de ter em mente que, no âmbito da ação humana, os que fazem a economia e o mundo dos negócios "rodarem" não são os teóricos e nem os tecnocratas, mas os práticos, como o jornaleiro.

O conhecimento é individual

Logicamente, o conjunto de informações possuídas por cada agente representa apenas um subconjunto do total de informações existentes no nível social. Esse subconjunto é individual, difere de indivíduo para indivíduo e, além disso, cada agente interpreta de maneira única as informações de que dispõe. Portanto, o total de informações existentes na sociedade não é um dado que possa ser disponibilizado para todos.

Suponhamos que duas crianças tenham entrado no mesmo dia para a escola e tenham ao longo da vida estudado nos mesmos colégios e universidades, ou, mesmo, que tenham cursado o mestrado e o doutorado sempre nas mesmas turmas. Nem com todas essas coincidências, contudo, poderemos afirmar que o nível de conhecimento de ambos é idêntico, primeiro, porque são dois indivíduos diferentes do ponto de vista subjetivo, segundo, porque certamente receberam influências familiares diferentes, terceiro, porque cada um deles sempre interpreta de maneira diferente o conjunto de conhecimentos que foi adquirindo durante a vida, e quarto, porque os conceitos de felicidade e os objetivos de um e do outro também diferem, bem como os meios que cada um julgue convenientes para alcançar seus fins específicos.

O conhecimento está disperso

O conjunto das informações disponível na sociedade está sempre disperso, espalhado entre os milhões de agentes que a compõem. Consideremos dois agentes, João e Maria. Cada um deles possui um conjunto próprio e peculiar de informações que o outro não possui. Ora, um observador externo, por exemplo, um terceiro agente, pode afirmar com razão que existe um conhecimento que ele, como observador, não tem, e que se encontra disperso entre João e Maria, significando com isso que João detém uma parte dele e Maria a outra parte. Há casos em que, para alcançar determinado fim, o agente necessite apenas de seu conjunto pessoal de informações, sem necessidade de ter que relacionar-se com outros agentes. Mas estes casos são minoria no mundo real, em que a maior parte das ações envolve uma complexidade muito maior. Por exemplo, suponha que João pretende alcançar um fim F_J, para o qual precisa utilizar um meio M_J que não está à sua disposição e que, além disso, ele não saiba como obtê-lo. Admitamos também que Maria pretenda alcançar um fim F_M, diferente de F_J e que tenha à sua disposição uma quantidade razoável do meio M_J tão útil para João, mas que para ela não seja importante. Porém, Maria não sabe que esse meio é importante para João e este não sabe que Maria o possui e, ainda, que ela não pretende utilizá-lo. O que acontece neste exemplo sucede também na maioria das situações reais: o fato dos fins F_J e F_M serem contraditórios, ou seja, cada agente busca fins diferentes, com intensidades também diferentes e com um conjunto relativo de informações, no que diz respeito a eles e aos meios utilizáveis. Há, claramente, um desajuste e uma ausência de coordenação, motivados pela dispersão do conhecimento e que só desaparecerão por meio do exercício da função empresarial.

O conhecimento é subentendido e não articulável

O conjunto de conhecimentos práticos é, geralmente, do tipo tácito ou subentendido ou implícito e não é passível de articulação. Isto significa que cada agente tem o *know how* de como realizar determinadas ações, mas não tem o *know why*, porque não conhece exatamente quais são os elementos ou partes do que está fazendo, nem se o que está fazendo é o certo ou o errado. Um exemplo de conhecimento implícito não articulável no âmbito social é aquele formado pelo conjunto de usos, costumes, tradições, normas e instituições que se constituem nas leis, a que os cidadãos aprendem a obedecer, mesmo sem possuírem capacidade para desenvolver teorias ou para compreenderem inteiramente as suas funções. Outro exemplo é que, mesmo um economista que não possui conhecimentos teóricos de informática sabe perfeitamente que se apertar uma determinada tecla de seu computador, as letras que digitará serão maiúsculas, mas, se alguém lhe perguntar por que, ele não saberá responder. Isto significa que cada agente possui informações próprias, mas que também se utiliza de informações de outros agentes em suas ações.

O conhecimento torna-se criativo por meio da função empresarial

A função empresarial não requer meios financeiros para ser exercida, ou seja, não pressupõe qualquer custo, apenas necessita de criatividade. Esta, ao estimular a atividade empresarial, gera ganhos que se denomina de *lucros empresariais puros*.

Voltemos ao exemplo de João e Maria e suponhamos agora que um terceiro agente – José – percebe a situação de falta de coordenação que foi descrita e se disponha a exercer o empreendedorismo, quando descobre a possibilidade de obter um lucro se procurar Maria, para quem o meio M_J não tem utilidade e propor-lhe que o venda por, suponhamos, 10 reais a unidade. Sem dúvida, um excelente negócio para Maria, que atribuía ao meio um valor zero ou próximo de zero. Após comprar M_J de Maria, José procura João, que está interessado nele para que possa alcançar o seu fim F_J e lhe propõe vendê-lo por, suponhamos, 14 reais a unidade. Observe que José não precisa necessariamente possuir recursos para comprar o meio, bastará que tome um empréstimo cujos juros compensem o negócio.

Assim, José conseguiu obter do nada – *ex nihilo* – um lucro empresarial puro de 4 reais por unidade do meio M_J. Em consequência, a ação empresarial de José produziu três efeitos: primeiro, criou nova informação, novo conhecimento; segundo, transmitiu esse novo conhecimento no mercado; e terceiro, ensinou os outros dois agentes a agirem em um processo de dependência recíproca.

O conhecimento é transmitido pelo processo de mercado

A criação empresarial de conhecimento representa uma transmissão instantânea dessa informação nos mercados. José não apenas transmitiu a Maria a informação de que o recurso M_J, que ela possuía, mas ao qual não atribuía valor, era importante para alguém e que não havia, racionalmente, razão para desperdiçá-lo, mas também transmitiu a João a informação de que poderia prosseguir com a ação para alcançar o seu objetivo F_J e que poderia ter sido abandonada pela falta do meio adequado. O exemplo ilustra também a importância do sistema de preços como um transmissor de informações muito eficiente, que se espalha sucessivamente por todo o processo de mercado, eliminando a falta de coordenação. José, que apenas percebeu que o recurso M_J possuía valor para João, embora não tivesse valor para Maria, nada mais fez do que transmitir ao mercado essa sua percepção, agindo como um empreendedor e auferindo um lucro.

Observemos também que o conjunto relevante de informações tem natureza essencialmente subjetiva, porque depende daqueles agentes empreendedores que sejam capazes intuitivamente de descobri-lo. Mesmo aquele tipo de informações ou de conhecimento que é geralmente encarado como "objetivo", como os próprios preços, por exemplo, é na realidade gerado por informações subjetivas, como a que levou José a procurar Maria, propor-lhe a compra do meio e, depois, a procurar João e dizer-lhe que estava disposto a vendê-lo.

3
Os equívocos do socialismo

Em uma sociedade socialista, em que uma autoridade central leva às últimas consequências o controle sobre a vida dos cidadãos, João, Maria e José terminariam frustrados por serem impedidos de aumentar a satisfação por meio de suas ações. Mesmo que José percebesse que João precisava do meio de que só Maria dispunha, ele não poderia procurar Maria, comprar-lhe o referido meio e depois revendê-lo para João, a não ser que o fizesse no chamado *mercado paralelo*. O socialismo é um desastre completo. E o intervencionismo – definido como uma forma mais branda de socialismo, ou como *social-democracia* – também leva a resultados trágicos no longo prazo. Convém examinarmos essas afirmativas com atenção, primeiro apontando individualmente os principais problemas do socialismo e em seguida mostrando a contradição dos sistemas mistos entre o socialismo e o capitalismo, a chamada *terceira via*, à luz da filosofia política.

O socialismo é um erro intelectual

Em um sistema socialista, existe um *órgão central*, um *órgão de planejamento*, do qual emanam os *comandos* ou *ordens* impostos à vida social, em que se incluem, evidentemente, as ações no campo da economia. A atuação desse órgão é essencialmente coercitiva e se sobrepõe, em nome do *coletivismo*, aos planos individuais de ação e às aspirações de cada cidadão. Não importam os desejos de João, Maria, José ou de quem quer que seja, mas as *necessidades coletivas*, ente tão abstrato quanto atraente para fins populistas e totalitários.

É evidente que um sistema de organização social e econômica fundamentado dessa forma é um enorme erro intelectual, pelo simples fato de que é impossível que o órgão central, ao qual cabe tomar a maioria das decisões, sobrepondo-as às decisões individuais, possa dispor de um conjunto de informações ou conhecimento suficiente para que os seus comandos tenham efeitos coordenadores sobre o sistema social.

Cada agente possui um conjunto de informações individual de natureza prática e não passível de articulação, que está sempre disperso e se apresenta oculto. Sendo assim, não é logicamente aceitável a suposição de que esse conjunto, bem como os dos milhões de outros indivíduos, possa ser transmitido para o órgão central. Isso ocorre tanto porque o volume de informações é muito grande, como, principalmente, porque está disperso na mente dos habitantes da sociedade, sendo, portanto, impossível expressá-lo formalmente e transmiti-lo explicitamente ao órgão de controle.

Ademais, sabemos que a informação importante para a vida em sociedade é criada e transmitida de uma forma implícita, descentralizada e dispersa, não conscientemente deliberada, por ser uma *ordem espontânea*, um processo evolutivo em que os agentes aprendem, mediante tentativas e erros, a disciplinar o seu comportamento em função dos comportamentos dos demais agentes, mas sem se darem conta disso. Esse conhecimento que vai sendo aperfeiçoado continuamente ao longo do tempo real é condição inescapável para que possa ocorrer a necessária coordenação social entre as diferentes ações individuais. Em outras palavras, isto quer dizer que um sistema socialista não tem as condições mínimas para que possa funcionar razoavelmente.

Mais ainda: sob um ponto de vista dinâmico, os agentes estão permanentemente criando ou descobrindo novas informações e conhecimentos e é naturalmente impossível transmitir ao órgão central informações ou conhecimentos que estão por surgir ou surgindo, mas que ainda não existem efetivamente. Por exemplo, suponhamos um agente que esteja pensando em vender suas ações em bolsa para abrir uma padaria, mas que ainda não tenha decidido se vai ou não realizar a operação. Como ele poderia transferir essa informação ou conhecimento latente ao órgão central, se ela ainda está encerrada em sua mente e somente nela? Para os mais radicais, a "solução" seria abolir os mercados de ações e as padarias privadas...

E não é só isso. Quanto mais forte é o poder coercitivo do órgão central, maiores serão os obstáculos ao exercício da função empresarial e maiores as dificuldades para se descobrir as informações práticas de cunho empresarial imprescindíveis para a existência de coordenação social. Como ressalta Soto (*op. cit.*, p.99, tradução livre), "o órgão central se encontra, portanto, diante de um dilema inescapável, pois necessita fortemente da informação que vai sendo gerada pelo processo social, informação que não consegue obter em nenhum caso, porque, ao intervir coativamente em tal processo, destrói a capacidade criadora de informação e, se não intervém, tampouco obtém qualquer informação".

Os órgãos centrais nesses sistemas são formados por seres humanos como outros quaisquer, sejam eles ditadores, caudilhos, sindicalistas, militares, civis, intelectuais ou políticos eleitos pelo povo e, sendo assim, não é razoável esperarmos, por melhores e mais "puras" que possam ser as intenções de seus integrantes, que possuam o dom da *onisciência*, que lhes permita absorver, saber e interpretar ao mesmo tempo todos os conjuntos de informações que se encontram dispersos, de forma individual, nas mentes de todos os agentes existentes na sociedade, conjuntos esses que estão permanentemente se alterando e renovando ao longo do tempo. E observemos que isto é verdade mesmo na presença do extraordinário desenvolvimento da informática, porque esses instrumentos tendem a aumentar fortemente a capacidade dos agentes individuais de descobrir novas informações práticas, dispersas e ocultas, prejudicando ainda mais a capacidade de obter as informações necessárias por parte do órgão planejador. Adicionalmente, são formados por pessoas, isto é, por indivíduos que, como todos os demais, buscam fins particulares e isso os faz buscar com maior disposição as informações importantes para esses fins, e não aquelas relevantes para o "bem comum" ou a "justiça social".

Na verdade, os *planejadores* nem mesmo conseguem saber qual o seu o *grau de ignorância* a respeito das informações necessárias para promover a coordenação. E existe aí um paradoxo insolúvel, o de que quanto maior o grau de coerção por eles imposto, menores são as possibilidades de atingir os seus propósitos, por mais bem intencionados até que possam ser, porque, nesses casos, a ausência de coordenação aumenta, gerando distorções e desajustes nos mercados, que crescem progressivamente com o tempo.

Outros defeitos dos sistemas intervencionistas

A atitude arrogante da pretensão do conhecimento que caracteriza todos os sistemas intervencionistas, desde o socialismo radical até as suas formas mais brandas como a *social democracia* e que leva ao que Hayek denominava de *construtivismo* e *engenharia social*, a par de constituir-se em grave erro intelectual, produz uma série de problemas que, inevitavelmente, determina seu fracasso. Listaremos em seguida alguns desses defeitos intrínsecos e inerentes a essa concepção coletivista da sociedade.

O primeiro deles já foi comentado. Trata-se da impossibilidade desses sistemas de promoverem a coordenação e da consequente desorganização da sociedade que esse fato produz, levando a que muitos dos agentes sejam levados a atuar de maneira contraditória, o que se traduz em uma indisciplina comportamental generalizada, com a ocorrência de erros que não são vistos como tal, exatamente pela inexistência de coordenação. O resultado é uma frustração também generalizada dos planos individuais. Essa situação costuma servir como pretexto aos planejadores para intensificarem as intervenções na vida social e econômica, o que, evidentemente, só faz com que o problema se agrave. Os efeitos obtidos, na maioria das vezes, acabam sendo exatamente opostos aos que os planejadores idealizam. Um exemplo evidente dessas situações são os controles de preços, com o estabelecimento de "preços máximos" e "preços mínimos", em que os resultados, invariavelmente, são, no primeiro caso, pressões altistas e, no segundo, pressões de baixa nos preços controlados.

O segundo é a inibição no processo de criação de conhecimento, provocada pelo desincentivo à geração de informações e à descoberta sobre os desejos efetivos dos consumidores, que se reflete na *baixa qualidade* dos bens e serviços produzidos pelo sistema econômico e na *escassez*. Na verdade, muitas vezes esse estado de escassez nem pode ser percebido, porque sua percepção precisaria ser sentida pela ação empresarial, mas esta ou é impedida de existir ou é fortemente influenciada pelo excesso de regras com o caráter de comandos que emanam do órgão central.

Terceiro, os sistemas intervencionistas são um convite à realização de maus investimentos e ao desemprego de fatores de produção, porque introduzem artificialmente no horizonte uma nuvem imensa de falta de informações e de distorções, que prejudica irremediavelmente a visão dentro dos mercados. Com efeito, o desemprego é um dos efeitos mais típicos da coerção institucional que impede o livre desempenho da ação humana e, portanto, da função empresarial. O "remédio" adotado historicamente pelos governos socialistas é o de mascarar ou, simplesmente, esconder as estatísticas sobre o emprego.

Um quarto efeito perverso do intervencionismo é que ele tende a produzir mais corrupção do que os sistemas em que as liberdades individuais prevalecem e esse vício se manifesta tanto por parte dos que ocupam o poder quanto pelo lado dos demais agentes, por uma razão muito simples: sistemas centralizados tendem a concentrar o poder e a criar uma série de dificuldades para as ações empresariais, o que, em razão das fraquezas humanas, estimula a venda de facilidades. Quando os potenciais empreendedores percebem que será mais fácil alcançar os seus fins se dedicarem o seu tempo a tentar influir nas decisões governamentais, acabam abandonando ou colocando em segundo plano exatamente a essência de sua função social, que é a de descobrir oportunidades de lucros por meio dos mercados e coordenar assim as atividades econômicas. Isto corrompe o processo social espontâneo, substituindo-o por um nefando processo de *luta pelo poder*. Os agentes que não conseguem êxito em sua tentativa de influenciar as decisões dos planejadores, por sua vez, são tentados a despender uma parcela maior de sua atividade empresarial e de sua criatividade para tentar evitar os efeitos prejudiciais a eles impostos pelos comandos, em troca da concessão de vantagens, privilégios, propinas e outras formas de corrupção para os que têm o controle das normas. O socialismo, portanto, promove desvios da função empresarial. Do ponto de vista dos membros do órgão central, ou seja, daqueles que ditam as regras de coerção, o intervencionismo os estimula também a exercer de maneira viciosa sua própria atividade empresarial e sua engenhosidade, porque seu objetivo maior passa a ser o de manter-se no poder para assegurar seus privilégios. Fomenta, portanto, o surgimento e fortalecimento de grupos de interesses – privados e públicos – que sirvam de suporte à manutenção do poder e de todas as benesses que ele proporciona. Não é por outra razão que os sistemas intervencionistas costumam usar e abusar da propaganda oficial, em que os donos do poder tentam passar mensagens fantasiosas de seus feitos, para iludir a população e manter os atuais governantes no poder. O socialismo padece, por sua própria essência, de *megalomania* crônica e contém o germe da propensão à mentira.

Em quinto lugar, o intervencionismo tende a estimular reações por parte dos agentes no sentido de desobedecerem aos comandos e ordens exarados pelo órgão central, que se manifestam em ações à margem da legalidade – ou da pretensa legalidade – imposta pelos comandos. Isto significa que ele estimula o surgimento da *economia informal*, especialmente naqueles setores da economia em que a coerção, sob a forma de regulamentações, é mais forte. Essa reação existe tanto nas sociedades socialistas como naquelas que optam por um sistema mais brando de intervencionismo ou *social democracias*, com a ressalva de que nestas últimas a corrupção e a economia informal tendem a se desenvolver mais depressa exatamente nos setores em que o intervencionismo estatal é mais forte.

Sexto, por indução simples, percebe-se que o intervencionismo impõe diversos obstáculos à criatividade dos indivíduos e, como esta é um fator importantíssimo para o desenvolvimento da economia e da sociedade, provoca atraso econômico, político, cultural e tecnológico. Ao bloquear a criatividade humana, emperra o avanço em todos os setores da vida social.

Por fim – e para não nos estendermos em demasia – há outro efeito corrosivo do socialismo e do intervencionismo: trata-se de um sistema que se constitui em verdadeira aberração moral. Perverte os conceitos de lei e de justiça, ao instituir hábitos e concepções viciosos e agride os mais elementares direitos inerentes à pessoa humana, a começar pelas liberdades individuais, como veremos no item seguinte. Além disso, por ser fundamentado no conceito de "luta de classes", o socialismo é extremamente desagregador: é característico de seu *ethos* lançar patrões contra empregados, pobres contra ricos, brancos contra negros, mulheres contra homens, heterosexuais contra homossexuais, porque, para que possa encontrar eco entre as *massas* de Ortega y Gasset e mergulhar todos na *segunda realidade* de Voegelin, é preciso desagregar, fomentar o ódio, lançar irmãos contra irmãos, porque, sem esse vício moral, ele, simplesmente, não pode vicejar.

Mas sua imoralidade vai além. Ao estabelecer a igualdade de resultados, o socialismo desestimula a ética do trabalho, por razões óbvias: se João, trabalhador, dedicado, bem preparado e com espírito de iniciativa, sabe de antemão que vai ganhar o mesmo que Inácio, preguiçoso, desleixado, sem estudo e que prefere viver às custas dos outros, é evidente que João não se sentirá estimulado a colocar em prática as suas habilidades, limitando-se a fazer o essencial, que lhe garantirá a renda estipulada pelo estado.

Como veremos no último capítulo deste livro, o socialismo não é compatível com uma ordem social que estimule a liberdade e a virtude dos indivíduos, nem em suas formas mais pesadas, nem nas mais brandas.

Hayek e os dois casos polares de organização social, política e econômica

Hayek observou que, para compreender o funcionamento da sociedade, devemos tentar definir a natureza geral e o grau de nossa ignorância ou imperfeição de conhecimento. Em muitos de seus trabalhos, o grande pensador austríaco criticou severamente a crença bastante generalizada, porém equivocada, no *construtivismo*, isto é, em que as instituições sociais e a própria civilização, uma vez que foram criadas pelo homem, podem ser alteradas por ele ao seu arbítrio, de modo a satisfazer seus desejos, vontades e aspirações.

À primeira vista, a crença construtivista parece correta: quantos milhões de pessoas não nasceram, viveram e morreram acreditando piamente na idéia de que o objetivo de se construir uma sociedade melhor pode ser alcançado mediante um planejamento que substitua as normas, instituições e valores existentes por outros previamente calculados? De fato, as aparências sugerem que, se as instituições, normas e valores foram criados pelo homem, por que não poderiam ser alterados – para melhor – por ele? No entanto, essa opinião, por estar baseada em um grande equívoco quanto às reais características da vida em sociedade e das instituições, não tem fundamento e equivale a defender a construção de castelos de areia.

O ponto central para a compreensão do enfoque *hayekiano* é a idéia de que a transformação, ao longo dos séculos, das sociedades tribais primitivas nas sociedades complexas modernas, foi um processo que se verificou de forma espontânea, isto é, que, embora seja uma consequência da ação humana, não foi produzido pela vontade humana, expressamente concebida. Em outras palavras, as sociedades não foram planejadas pelo homem; foram, simplesmente, evoluindo, evolvendo ao longo do tempo, desde as primeiras tribos até as formas mais modernas de vida social. Não foram, portanto, fruto exclusivo da razão, mas resultado de um processo de mutações permanentes, de um *processo evolutivo*, que se pode dizer *darwiniano*, mas cuja consideração em teoria social antecedeu o evolucionismo biológico de Darwin.

O conceito de evolução social é de importância fundamental para que se compreenda a ideia de *ordem espontânea*. Hayek aponta duas fontes de confusão a respeito do evolucionismo. A primeira é que não é correto que o evolucionismo em ciências sociais seja uma extensão do evolucionismo biológico darwiniano; na verdade, o que ocorreu foi o oposto: Charles Darwin foi quem aplicou à biologia o conceito de evolução, anteriormente usado no estudo das sociedades humanas e suas instituições, pelos filósofos-morais do século XVIII, especialmente os que estudaram as leis e a linguagem sob o ponto de vista histórico, que foram, a rigor, "darwinianos" antes de Darwin.

Essa precedência do evolucionismo social sobre o biológico não tem qualquer conotação com o chamado *darwinismo social*, que foi uma tentativa fracassada, ocorrida já no século XIX, no sentido oposto, isto é, de levar o evolucionismo biológico para as ciências sociais. Seu fracasso deveu-se a terem seus teóricos desprezado o fato de que existem diferenças entre os processos de seleção que ocorrem na transmissão cultural e que levam à formação e mutação das instituições sociais e os processos de seleção que se realizam pelas transformações das características biológicas e que se transmitem hereditariamente. Ao ignorar essas diferenças, o darwinismo social enfatizou processos de seleção de caráter biológico para tentar explicar a evolução social, o que, evidentemente, resultou em fracasso.

A segunda fonte de confusão que envolve o evolucionismo, principalmente a teoria da evolução social, é a crença errada de que esta teoria consiste de *leis de evolução*. Na verdade, não se pode falar em leis, no sentido que usualmente se entende, isto é, de sequências ou fases definidas, pelas quais deveriam passar os processos de evolução das instituições sociais, que permitiriam, caso fossem identificadas, estabelecer modelos de previsão das trajetórias futuras dos fenômenos sociais. É importante compreender que essa crença erra ao identificar a seleção biológica com as mutações sociais espontâneas (fruto da ação do homem, mas não de sua vontade). Ela fundamenta as concepções historicistas, bem como as abordagens holísticas de Comte, Hegel e Marx, cujo resultado é o chamado *determinismo histórico*, que nada mais é do que a atitude mística de se acreditar que a evolução das sociedades deve seguir um curso pré-determinado.

Devemos entender a evolução social como um processo de tentativas e erros dos bilhões de seres humanos que compõem a sociedade, cuja imensa maioria não se conhece uns aos outros, mas que, mediante uma série de ações voluntárias, porém, não planejadas, de aproximações graduais e sucessivas, evolui ao longo do tempo, em um ambiente necessariamente marcado por um conhecimento humano que, como vimos na seção anterior, além de escasso, encontra-se fragmentado e disperso, o que faz necessariamente com que toda a ação humana seja efetuada sob condições dinâmicas – o tempo não espera por nossas decisões – e de incerteza.

A insuficiência e a dispersão do conhecimento humano entre milhões de pessoas e a busca – que faz parte da própria condição humana – por parte de cada indivíduo, de seus interesses particulares, em regime de liberdade (ausência de coerção) é que desencadeiam um processo espontâneo, que vai se desenrolando ao longo do tempo, de maneira essencialmente imprevisível, subordinado a regras e normas gerais. Portanto, a atitude de acreditar, com base na pretensão fatal de que o homem – ou os que ocupam o poder – possui conhecimentos plenos e que, portanto, pode comandar o processo evolutivo, interferindo em sua espontaneidade em nome de um alegado determinismo histórico – o que leva sempre à supressão da liberdade de escolha e da função empresarial –, apesar de não deixar de ser um exercício intelectual interessante, constituiu-se no maior mal do século XX e, por incrível que pareça, ainda não foi eliminado nesta primeira parte do século XXI.

Dentro desse pano de fundo é que devemos examinar os dois casos polares de organização social, política e econômica, analisados por Hayek em sua famosa trilogia *Law, Legislation and Liberty*. No primeiro desses casos, temos as *sociedades de homens livres*, que se organizam de acordo com uma ordem geral espontânea; e no segundo, as *sociedades totalitárias*, organizadas deliberadamente, com base no racionalismo construtivista. É, mais uma vez, Hayek quem contribuiu para estabelecer de maneira clara as diferenças entre essas duas formas de organização social, encaixando cada uma delas em um aparato característico de regras de conduta.

Abastecendo-se na cultura clássica da Grécia antiga, Hayek denominou as duas formas de organização social de *cosmos* e *taxis* e as duas espécies de normas de conduta de *nomos* e *thesis*. *Nomos* refere-se a regras que regulam a conduta dos indivíduos, aplicáveis a um número desconhecido de situações futuras, que existem para garantir os direitos individuais e às quais todos os indivíduos, indistintamente, devem subordinar-se. É, em poucas palavras, a lei garantidora da liberdade, a autoridade da lei, que deve ser *descoberta*, no sentido de que suas fontes básicas são os usos, costumes e tradições. Já *thesis* refere-se às regras derivadas do conceito positivo de lei, ou seja, a comandos e ordens, aplicáveis de modo desigual sobre as pessoas e nem sempre de modo prospectivo. Se *nomos* significa a lei, *thesis* refere-se à legislação que, não tendo nascido para regular os usos e costumes consagrados, não foi e nem pode ser descoberta, mas sim inventada ou criada, geralmente para servir a propósitos deliberados, para atender a grupos específicos. Essas regras não se impõem por sua autoridade intrínseca (pois não são justas), mas por sua coerção extrínseca: não sendo a autoridade da lei, são as leis das autoridades.

No que se refere às duas formas de organização social, *cosmos* é aquela ordem espontânea, que é fruto de ação, mas não de desígnio deliberado do homem e que resulta de um permanente processo de seleção, de natureza evolutiva, como o que analisamos anteriormente. Por outro lado, *taxis* são as organizações produzidas pela ação e concebidas pelo planejamento do homem, produto artificial do racionalismo construtivista.

Estamos agora preparados para reconhecer os dois casos polares de organização social, política e econômica. O primeiro, denominado de *sociedades livres*, ou *sociedades de homens livres*, tem o indivíduo como sujeito da liberdade e caracteriza-se pela combinação de *cosmos* com *nomos*. Daí resulta uma ordem liberal, caracterizada, entre outros atributos, pela economia de mercado, pela abertura, pelo sistema democrático representativo, pela espontaneidade, pelo respeito aos direitos individuais, sob o amparo do Estado de Direito, definido como a autoridade da lei (*nomos*). A ocorrência simultânea de *cosmos* e *nomos* é, em última instância, o que se deve esperar das instituições, se o que se tem em vista é de fato o crescimento auto sustentado; ambas harmonizam-se naturalmente e complementam-se espontaneamente, liberando assim as energias necessárias para que as forças geradoras do crescimento econômico entrem em permanente operação.

O segundo caso extremo de organização social, política e econômica resulta da combinação de *taxis* e *thesis*. São as *sociedades totalitárias*, semelhantes às dos insetos gregários, como as formigas, abelhas e cupins. Quando se acredita que o estado é que deve ser livre e não os cidadãos ou membros individuais, tudo se passa como se estes se subordinassem a um comportamento altruísta, imposto pelas autoridades ou por uma programação genética. Todos por um (o estado) e um por todos (novamente o estado ou a colméia). No caso dos insetos gregários, o altruísmo é natural, trata-se de algo transmitido biologicamente. A fatalidade desse altruísmo faz parte da natureza dos cupins, das formigas e das abelhas. Mas, evidentemente, impor pela força o altruísmo é violar a condição humana naquilo que ela tem de mais representativo – o livre arbítrio, a busca de si mesmo, a liberdade de escolha pessoal, é, enfim, violar a própria dignidade da pessoa humana. A ocorrência conjunta de *taxis-thesis* produz o totalitarismo: a substituição da lei pela legislação agride o Estado de Direito; a democracia enquanto simples forma de governo cede o seu lugar ao "democratismo", que a vê como um fim, os direitos das minorias são atingidos e o poder concentrado; a economia de mercado é substituída pela economia controlada pelo estado, o sistema de preços é imobilizado e a geração de riqueza desestimulada; o indivíduo é substituído pelo estado e este, usurpando daquele o papel de sujeito da liberdade, agride a condição humana, pois, ao pretender impor o "altruísmo" (busca desenfreada pela igualdade de resultados) pela força, nada mais faz do que forçar seres humanos a se comportarem como insetos. É o caminho mais seguro para a estagnação econômica, para a opressão e para a infelicidade individual – e, paradoxalmente, a coletiva.

Uma vez estabelecidos os traços distintivos das duas formas polares de organização, resta-nos mostrar ao leitor que não existe, depois de certo tempo, possibilidade de uma *terceira via*, que combine *cosmos* com *thesis*, ou taxis com *nomos*.

A inviabilidade dos sistemas intervencionistas brandos no longo prazo

O resultado da aplicação dos comandos do tipo *thesis* ao conceito de *cosmos* resultaria, em termos objetivos, na tentativa de se implantar uma ordem espontânea, caracterizada principalmente por uma economia de livre mercado, mas que fosse regida por comandos ou instruções do estado. O resultado seria semelhante ao que alguns chamam de economia de *mercado socialmente controlada* e, outros, de *liberalismo social*. Além do fato dessas duas expressões serem redundantes, uma vez que toda economia de mercado e todo liberalismo são "socialmente controlados", tal sistema, como é fácil perceber, apresenta um claro conflito interno, que o condena de antemão ao fracasso, uma vez que o funcionamento de uma economia de mercado tem como característica marcante a função empresarial, que se caracteriza essencialmente pela *descoberta*. Em um processo de mercado, que deve caracterizar uma economia livre e competitiva, a ética dos lucros empresariais é justificada pelo êxito de cada empresário, que, necessariamente, deve assumir todos os riscos inerentes ao processo de descoberta de oportunidades inexploradas: aquele que tiver êxito nesse processo satisfará melhor os desejos dos consumidores e receberá destes um prêmio, que se refletirá em lucros; aquele que falhar em atender à demanda dos consumidores, será punido com prejuízos.

O conflito se dá na medida em que o processo de mercado que caracteriza uma economia livre e competitiva deve necessariamente ser suportado por um aparato jurídico-institucional baseado em normas de conduta do tipo *nomos*, isto é, em regras de justo comportamento que sejam gerais, impessoais e prospectivas (*common law*), cujo objetivo maior seja a garantia dos direitos individuais, entre os quais o direito de cada empreendedor de participar competitivamente, em igualdade de condições com os demais, do processo de descoberta. Como o paradigma *thesis* expressa comandos e ordens dirigidas, pessoais, desiguais e inibidoras por definição da competição que caracteriza a economia de mercado, o conflito torna-se inevitável. Mais cedo ou mais tarde, se houver insistência na manutenção da ordem geral *thesis-cosmos*, o que se verificará será sua destruição, com a substituição de *Cosmos* por *Taxis*: com efeito, as normas jurídicas centralizadoras envenenarão a competição, interferirão no processo de mercado e comprometerão a liberdade econômica. Assim, um sistema *thesis-cosmos* convergirá, ao longo do tempo, para um sistema *thesis-taxis*, isto é, para o intervencionismo pleno ou totalitarismo. Conforme demonstrou sobejamente Hayek, ao interferir-se, mediante a aplicação de comandos específicos, em uma economia de mercado, cria-se desordem e agride-se a justiça. O resultado é que a economia de mercado deixa de ter os atributos que se exigem dela. Os consumidores deixam de dirigir o processo de alocação de recursos.

Por outro lado, a tentativa de aplicar às normas do tipo *nomos* o paradigma *taxis* resultaria objetivamente na implantação de uma *economia socialmente controlada*, mas que fosse regida por normas de justa conduta. Ou, em outras palavras, na tentativa de se impor a coexistência do liberalismo político com o intervencionismo econômico, o que corresponde, em suas linhas gerais, às propostas da denominada *social democracia*.

Tal sistema intermediário também é internamente contraditório, uma vez que o intervencionismo econômico que o caracteriza não tem condições de ser sustentado permanentemente por regras de justa conduta, porque o seu funcionamento exige comandos, o que levará paulatinamente a uma substituição compulsória daquelas por estes. Em outras palavras, um sistema *social democrático* do tipo *nomos-taxis* converge necessariamente para um sistema *thesis-taxis*, isto é, converge também para a supressão da liberdade política.

Para Mises, três razões explicam essa convergência (*Ação Humana*, IMB, 1990, p.968):

> Primeira: as medidas restritivas sempre diminuem a produção e a quantidade de bens disponível para consumo. Quaisquer que sejam os argumentos apresentados em favor de determinadas restrições ou proibições, tais medidas em si não podem jamais constituir um sistema social de produção.
>
> Segunda: todas as variedades de interferência nos fenômenos de mercado não só deixam de alcançar os objetivos desejados como também provocam um estado de coisas que o próprio autor da intervenção, do ponto de vista do seu próprio julgamento de valor, considera pior do que pretendia alterar. Se, para corrigir os indesejados efeitos de uma intervenção, recorre-se a intervenções cada vez maiores, acaba-se destruindo a economia de mercado, substituindo-a pelo socialismo.
>
> Terceira: o intervencionismo pretende confiscar o que uma parte da população tem de "excelente" e distribuí-lo a uma outra parte. Uma vez que esse excedente já tenha sido confiscado, torna-se impossível prosseguir com essa política

Existe, então, uma inconsistência lógica fatal nos dois sistemas híbridos que acabamos de comentar. Tal deficiência pode ser entendida de modo claro a partir da famosa demonstração, estabelecida por Mises em 1922 (*Socialism*), de que, no regime socialista de produção, é impossível realizar-se o cálculo econômico. As linhas gerais da demonstração são as seguintes: se a liberdade econômica (propriedade privada) é condição necessária para a existência da economia de mercado, se a economia de mercado é condição necessária para a formação de preços, se a formação de preços é condição necessária para o cálculo econômico, então, se não existe liberdade econômica, não se pode realizar o cálculo econômico, isto é, não é possível averiguar, entre os múltiplos métodos de produção colocados para opção, o que apresenta menores custos. Isto inviabiliza o sistema socialista enquanto sistema econômico, porque nesse sistema não há como existir preços, o que há são *pseudo preços*, que nada mais são do que números estabelecidos pelas autoridades planejadoras, sem qualquer significado econômico. Em outras palavras, como não existem preços econômicos, apenas e necessariamente "preços" políticos, o socialismo é um sistema que se guia às cegas.

Sob o ponto de vista estrito da lógica, a possibilidade de existência de um terceiro sistema, híbrido entre o liberalismo e o socialismo, dos tipos *thesis-cosmos* e *nomos-taxis*, como o social-liberalismo e a social democracia é facilmente refutável. Esquecendo a enorme impropriedade semântica dessas duas expressões, que ganharam tanta popularidade, a possibilidade de uma *terceira via* não existe, porque os problemas de organização econômica da sociedade não se apresentam em termos contrários, mas em termos contraditórios, conforme observou o filósofo argentino Gabriel Zanotti (*Introducción a La Escuela Austríaca de Economía*, CEL, Buenos Aires, 1981, pp. 151-152).

Termos contrários admitem um termo intermediário: entre frio e quente, existe "morno"; entre fechado e aberto existe "semi-aberto"; entre branco e preto, existe "cinza". Mas o princípio lógico da exclusão dos terceiros mostra que, quando os termos são contraditórios, não existe uma terceira possibilidade intermediária entre eles: por exemplo, entre chover e não chover, entre frio e não frio, entre economia de mercado e economia controlada. A formulação metafísica desse princípio é que a única possibilidade intermediária entre ser e não ser, entre dois termos contraditórios, é ser e não ser a um só tempo, o que viola o princípio de não contradição. Logo, não existe uma terceira opção entre economia de mercado e "economia de não mercado". Como os sistemas intervencionistas diferem do socialismo em grau, mas não em essência, ou seja, a diferença entre ambos reside em graus diferentes de controle estatal sobre a economia, a disjuntiva, portanto, é: se o estado controla a economia ou não a controla, se os consumidores dirigem o uso dos recursos ou não, se, enfim, existe economia de mercado ou não existe. Como escreveu enfaticamente Zanotti, "buscar terceiros sistemas é atentar contra a lógica".

4
Conclusões

Talvez o ensinamento mais importante, sob o ponto de vista prático, que podemos tirar da teoria do conhecimento da Escola Austríaca de Economia seja o de que a pretensão do conhecimento e a arrogância que se manifestam sob todas as formas de intervenção do estado na economia são equivocados, mas não têm limites no imaginário das pessoas (e no oportunismo dos políticos e ideólogos de esquerda).

Com efeito, os austríacos adotam uma postura humilde, quando comparada com as escolas de pensamento sociais influenciadas pelo positivismo, desde aquelas mais radicais, como o socialismo, até as mais brandas, como a *social democracia*. A humildade reside no fato empírico de que o nosso conjunto de informações, ou de conhecimentos, jamais pode ser considerado completo e que, além disso, cada agente possui um nível peculiar de conhecimento e o interpreta de maneira também peculiar, bem como dos fatos de que o conhecimento está sempre disperso, que muitas vezes parece estar escondido à espera de ser descoberto, que não é articulável e que tem natureza essencialmente subjetiva.

Não existe "sabedoria" por parte de um diretor de algum banco central que lhe permita decretar, por exemplo, que a taxa de juros necessária para manter a inflação anual dentro da faixa desejada, entre x% e y%, deve ser r_0 e não r_1. Aliás, não é possível ninguém saber por que deve caber ao estado a tarefa de permitir que a taxa de inflação só possa variar, durante qualquer período de tempo, entre dois limites estabelecidos – sempre arbitrariamente, embora as aparências possam revesti-los como tendo sido determinados "tecnicamente". Ou, caso a taxa de câmbio seja controlada pelo governo, quem, em sã consciência, a não ser movido pela atitude arrogante de um pretenso conhecimento "superior", acredita que é "melhor" fixá-la num certo valor e não noutro? Ou, ainda, quem pode crer que os tecnocratas do governo têm condições de saber quais devem ser os preços de todos os bens e serviços em todos os mercados, que é a atitude embutida nas práticas dos controles e congelamentos de preços? Os austríacos mostram claramente que ninguém pode deter o conhecimento necessário para tais medidas e outras do arsenal intervencionista, que se transformaram em práticas utilizadas cada vez com maior intensidade em todo o mundo.

A economia do mundo real é formada por um conjunto de decisões tão complexas quanto imprevisíveis. São bilhões de agentes em todo o planeta tomando diariamente decisões, movidos por planos de natureza essencialmente subjetiva. Neste momento em que você, leitor, está lendo este parágrafo, quantos desses agentes não estarão pensando, por exemplo, em comprar ações, ou em vender seus automóveis, ou em fazer resgates de aplicações realizadas no passado, ou em deixar de criar galinhas para plantar tomates, ou em comprar abóboras amanhã bem cedo, ou em vender os dólares que possui daqui a três dias, apenas para exemplificarmos? A economia – a *caláctica* ou *catalàxia* – é semelhante ao universo, em que há sempre forças em expansão e contração operando concomitantemente. Evidentemente, ninguém é capaz de conhecer com perfeição o presente e, portanto, de prever o futuro.

Se o conhecimento teórico – dos economistas e dos burocratas – fosse pleno, o socialismo teria alguma viabilidade econômica, porque a sabedoria técnica e a prática se confundiriam, mas, mesmo assim, não existiria liberdade para cada agente escolher as ações que subjetivamente pretende adotar e, portanto, não haveria campo para a função empresarial. Não haveria, assim, mercados e nem preços, na acepção verdadeira dessas palavras. E, sob o ponto de vista moral, a ausência de liberdade individual não se justifica sob qualquer hipótese. Por essas razões, o socialismo é um erro intelectual, um logro teórico, uma aberração moral e um embuste calcado em uma atitude arrogante, que é a pretensão do conhecimento.

Apenas o processo de mercado, movido pela ação humana de milhões e milhões de indivíduos e pela ação empresarial dos empreendedores, é capaz, no decorrer do tempo subjetivo e sempre sob condições de incerteza genuína, de promover a coordenação social e econômica e, portanto, o desenvolvimento econômico, cultural, político e tecnológico, ao mesmo tempo em que, sob leis gerais, prospectivas e baseadas em usos e costumes consagrados pela tradição, estimula virtudes e desencoraja vícios.

Capítulo 2

Ação, Tempo, Incerteza e Processo de Mercado

1
Introdução

Podemos sintetizar o universo da teoria econômica da Escola Austríaca na frase: "a economia é ação humana ao longo do tempo, nos mercados, sob condições de incerteza genuína". Vamos discutir essa afirmativa analisando cada um dos elementos que a formam e mostrando, de um lado, a sua importância para explicar os fenômenos da chamada "economia do mundo real" (*economy*) e, de outro, como a teoria econômica convencional ou "não-austríaca" (*economics*) tem perdido oportunidades de prover melhores explicações para os mesmos fenômenos, exatamente por não incorporar de maneira adequada aqueles elementos, a saber: os conceitos de ação humana e de ordens espontâneas, a limitação e dispersão do conhecimento, a incerteza decorrente dessa imperfeição, o subjetivismo e a definição de tempo real ou subjetivo ou dinâmico.

É conveniente analisarmos um a um esses elementos, pois, assim procedendo, entenderemos no final, tal como ao terminarmos de montar um quebra-cabeça, porque os mercados são processos que tendem a convergir para estados de equilíbrio, sem, contudo, conseguir atingi-los, porque as condições subjacentes alteram-se com a passagem do tempo e uma situação que seria de "equilíbrio" neste exato momento, certamente, não o será dentro de algumas horas ou semanas. Vejamos separadamente cada um dos elementos que compõem a teoria "austríaca" do processo de mercado.

2
Os elementos da teoria

Ação Humana

Dissemos que a economia é ação humana ao longo do tempo, nos mercados, sob condições de incerteza. Tendo em mente os conceitos de ação, limitação e dispersão do conhecimento, subjetivismo, incerteza e tempo real, podemos passar ao exame do funcionamento dos mercados no contexto social. Para isso, nosso primeiro passo deve ser o de analisar, sob o ponto de vista da Escola Austríaca, a denominada *teoria do valor*, e, daí, estudar o processo de mercado.

Mises denominou de *praxeologia* (termo originado de *práxis*) ao estudo da ação humana, sob o ponto de vista de suas implicações formais. E, como ação, no sentido que lhe dá a Escola Austríaca, significa qualquer ato deliberado (que tanto pode ser fazer, como deixar de fazer alguma coisa), com o intuito de se passar de um estado menos satisfatório para outro mais satisfatório, segue-se que todos os atos econômicos, como por exemplo, os de trocar, comprar, vender, produzir, poupar, investir, consumir, emprestar, tomar emprestado, exportar, importar, etc., estão contidos no conceito seminal de ação humana. Esta é a proposição básica, o primeiro axioma da *praxeologia*: o incentivo para qualquer ação é a insatisfação, uma vez que ninguém age, no sentido *misesiano*, a não ser que, estando insatisfeito, o faça pensando em melhorar de estado, ou seja, em aumentar seu conforto ou satisfação, diminuindo, portanto, seu desconforto ou insatisfação.

Notemos que este axioma é universal: onde quer que existam seres humanos, haverá ação humana, o que faz com que a ciência econômica construída com base na *praxeologia* também seja universal. Não há, portanto, uma teoria econômica específica para cada país ou região; o que existe é uma teoria econômica epistemologicamente correta, que é a que se constrói a partir do estudo da ação humana. Por exemplo, as conhecidas leis da demanda e da oferta são universais, uma vez que todos os homens – sejam índios, economistas, banqueiros, aposentados, universitários, analfabetos, etc. – gostam de "comprar barato" e "vender caro", já que isso aumenta, logicamente, sua satisfação.

Ao agir, portanto, o homem busca satisfazer a algum desejo e, para isso, deve recorrer aos meios de que dispõe. O fato a ser ressaltado é que a própria ação implica que esses meios são escassos, isto é, são sempre insuficientes para que todas as necessidades humanas, que são ilimitadas, sejam atendidas. De fato, se os meios não fossem escassos, todas as necessidades seriam atendidas, as pessoas estariam sempre inteiramente satisfeitas e, portanto, não haveria incentivos à sua ação. Toda ação humana busca sempre, então, aumentar a utilidade ou satisfação: quem compra ações, por exemplo, objetiva ganhar dinheiro e, assim, aumentar sua utilidade, assim como quem, por caridade, doa sua fortuna aos pobres, tem em vista aumentar o bem-estar (utilidade) do próximo, pois isso, em sua avaliação, também aumentará sua própria satisfação.

Denominamos de benefício ou ganho à diferença, em termos de maior utilidade, obtida através de uma ação bem-sucedida e de custo inferior ao valor atribuído à situação que se abandonou quando se decidiu por sua escolha. Para clarear essa definição, tomemos o exemplo do poupador que decide aplicar sua poupança comprando um automóvel, ao invés de, por exemplo, gastá-la em uma viagem de férias. Ao fazer isso, ele escolheu entre a situação que lhe proporciona maior satisfação (possuir um automóvel) e a que o satisfaria menos (viajar) e poderá dizer, acertadamente: "este carro me *custou* uma viagem à Calábria". Benefício, portanto, é a diferença positiva entre a situação escolhida e a que se abandonou. Caso a referida diferença seja negativa, isto é, caso a satisfação seja menor depois da ação do que antes, diz-se que houve uma perda.

Trata-se, então, de, mediante a ação, perseguir objetivos específicos, utilizando-se de meios escassos. Para que uma determinada ação proporcione o máximo, em termos de aumento de utilidade, o homem procura sempre escolher, dentre os meios escassos, aqueles que lhe permitam chegar aos objetivos com os menores custos possíveis. Ao agir assim, ele está "economizando" recursos. Isto significa que toda ação é uma escolha: o sujeito da ação deve eleger, de um lado, o objetivo a que deseja chegar e, de outro, os meios específicos. A este ato de eleição, denominamos de valoração; valorar, portanto, significa escolher entre duas ou mais alternativas. Por outro lado, definimos bens como aqueles meios que são usados para satisfazer as nossas necessidades e produto como o fruto da ação, isto é, a nova situação gerada.

Talvez o leitor ainda não tenha percebido que, partindo apenas da definição de ação humana, deduzimos diversos conceitos econômicos: escassez, "economização", benefício, perdas, valoração, custo, bem e produto. A *praxeologia* permite definir as demais definições utilizadas em economia, como, por exemplo, juros, capital, moeda, utilidade marginal, período de produção, preferência temporal e produtividade. Praxeo*logia* e economia, no entanto, são ciências diferentes: enquanto a *praxeologia* centra sua análise na ação humana, a economia política focaliza sua atenção nos processos de utilização de recursos nos mercados (que os austríacos chamam de *cataláctica*), para o que ela deve fazer uso dos conceitos elaborados pela análise *praxeológica*. Mises integra a economia dentro de sua teoria geral da ação humana – a *praxeologia* – da qual a economia é apenas uma das partes (ou *categorias praxeológicas*), por sinal, a que melhor se desenvolveu até o presente.

As *construções imaginárias*

Um dos recursos da análise *praxeológica*, que também é comum na teoria econômica convencional, é elaborar estudos sobre situações que são simples construções mentais. Esses paradigmas – chamados de *construções imaginárias* – servem como ponto de partida para examinar situações do mundo real e, embora não existindo concretamente, são bastante úteis para proporcionar-nos uma ideia bem fundamentada a respeito dos processos econômicos, além, evidentemente, de servirem como excelentes veículos para a clareza expositiva. Os economistas da Escola Austríaca costumam utilizar três construções imaginárias: o *estado natural de repouso*, a *economia uniformemente circular* e a *economia autística*.

O *estado natural de repouso*, bastante útil para o entendimento correto das forças que impulsionam os processos de mercado, descreve uma situação de mercado que, embora jamais seja alcançada pela ação humana no mundo real – pois uma das características desse mundo é a escassez de recursos –, é permanentemente perseguida: a satisfação total e a consequente inação. Esta construção nos permite, por exemplo, entender porque os preços nos mercados, flutuando entre a oferta e a demanda como decorrência da ação humana, apresentam a característica de tender para preços finais ou "de equilíbrio" que, no entanto, nunca são alcançados, pela simples razão de que o homem, estando permanentemente insatisfeito, continua a agir para aumentar sua utilidade, o que faz com que a oferta e a demanda estejam permanentemente sofrendo alterações. Há, contudo, uma corrente de economistas austríacos, liderada por Ludwig Lachmann, que nega essa tendência para um preço final, conforme veremos algumas linhas adiante.

A economia uniformemente circular *(evenly rotating economy)* é uma construção, imaginada por Mises, que procura fotografar um estado de coisas em que não ocorrem quaisquer mudanças nos dados externos (preferências, tecnologia e recursos) em um sentido objetivo, tudo se passando como se o tempo parasse. O argumento em favor do uso desse artifício metodológico é que, se desejamos analisar os fenômenos desencadeados pela ação humana em toda a sua complexidade, devemos iniciar nossas investigações admitindo ausência de mudanças e, em seguida, devemos ir aos poucos introduzindo cada fator capaz de provocar impactos específicos. Como o leitor conhecedor dos rudimentos da teoria econômica tradicional já deve ter percebido, esta construção austríaca equivale à conhecida cláusula *coeteris paribus*, introduzida por Alfred Marshall na análise econômica em 1891 e largamente utilizada até hoje. A diferença é que os austríacos realizam suas análises levando sempre em conta que seu método de construções imaginárias, mesmo sendo o único método possível de investigação *praxeológica* e econômica, é de difícil manejo, porque pode facilmente resultar em falácias. Conforme Mises observou, "... é como caminhar numa crista estreita: de ambos os lados abrem-se os abismos do absurdo e do inconsciente. Somente uma impiedosa autocrítica pode impedir alguém de cair nessas profundezas abissais"

A *economia autística* é uma construção que procura estudar os problemas com que se defrontaria um indivíduo isolado dos demais, como Robinson Crusoé em uma ilha deserta. Este conceito é de grande importância, porque ajuda a desenvolver, a partir de sua característica de ausência de trocas interpessoais, as situações do mundo real que são caracterizadas pela existência de trocas entre os agentes econômicos, derivando-se diversos conceitos importantes, como os de moeda, capital, juros, investimento, poupança e produtividade. Mises imaginou duas variantes de uma *economia autística*: a economia de um indivíduo isolado e a de uma sociedade socialista. Segundo ele, tanto "Robinson Crusoé (como) o dirigente supremo de uma comunidade socialista perfeitamente isolada – que nunca existiu – não poderiam planejar e agir como o fazem as pessoas que podem recorrer ao cálculo econômico".

A teoria austríaca do valor

A noção de que o valor dos bens depende diretamente da utilidade que eles proporcionam é antiga. Na realidade, ela remonta aos autores escolásticos: ainda na primeira metade do século XV, São Bernardino de Sena (1380-1444), em sua análise sobre a influência da escassez sobre os preços, solucionava o problema que, cerca de quatrocentos anos depois, viria a ser conhecido como o "paradoxo do valor": "... Comumente, a água é abundante, mas pode suceder que em alguma montanha ou em outro lugar, ela seja escassa e não abunde, e por isso será mais estimada (valorizada) do que o ouro; e é por esta abundância da água que os homens estimam (valorizam) mais o ouro do que a água" (parêntesis nossos). São Bernardino sustentava em sua teoria que os bens têm dois valores: um, objetivo, baseado na natureza, e outro baseado no uso, sendo influenciado essencialmente por sua utilidade subjetiva. De acordo com aquele autor que, juntamente com Santo Antonino de Florença (1389-1459), influenciou o pensamento da chamada *escolástica tardia*, como Francisco de Vitória (1495-1560, fundador da famosa Escola de Salamanca), os preços dos bens eram determinados por seu valor subjetivo, considerado sob três perspectivas: "*virtuositas*" (valor de uso), "*raritas*" (escassez) e "*complacibilitas*" (desejabilidade).

Conforme diversos trabalhos recentes têm mostrado, os filósofos católicos escolásticos, em especial os espanhóis e italianos dos séculos XVI e XVII, foram notáveis economistas, que chegaram a desenvolver uma abordagem para a teoria subjetiva do valor bastante semelhante à da Escola Austríaca. A rigor, o único ingrediente da moderna teoria austríaca do valor que não fora considerado pelos filósofos católicos foi o conceito marginalista. Por isso, a opinião, exposta principalmente por Max Weber e tão facilmente assimilada, de que a ética do capitalismo é de natureza protestante, não corresponde à verdade que os estudos mais recentes nos têm revelado: a economia de mercado e, portanto, o liberalismo, tem raízes cristãs (São Tomás de Aquino, no século XIII) que antecedem as reformas efetuadas no século XVI por Lutero e Calvino e, portanto, católicas. Este ponto será desenvolvido mais minuciosamente no epílogo deste livro.

O procedimento padrão adotado nos livros-texto de economia, nos capítulos sobre as teorias de valor e formação de preços, é o de tratar a demanda e a oferta separadamente. E, embora as teorias de demanda mais recentes tenham avançado ao incorporar elementos subjetivistas em suas estruturas, o mesmo não ocorreu com as teorias de oferta, que continuam tratando os custos de produção de maneira exclusivamente objetiva. O ponto de vista dos economistas da Escola Austríaca, que procuraremos expor em seguida, é o de que existe um fator comum que liga o lado da demanda e o lado da oferta: ambas são inteiramente determinadas pela ação humana subjetiva, que caracteriza os processos de valoração e formação de preços.

As primeiras respostas ao problema do valor partiam da premissa de que o que se devia identificar era o "valor objetivo" de cada bem. Uma das primeiras tentativas nesse sentido, realizada por Adam Smith, foi sugerir que as coisas valem pelo conteúdo de trabalho embutido nelas. Essa teoria, no entanto, não se adapta à realidade, porque não consegue explicar, por exemplo, o alto valor de um diamante encontrado no leito de um rio por alguém, que teve apenas o trabalho de molhar os pés, agachar-se e pegá-lo.

Uma segunda resposta ao mesmo problema, também falsa, mas na qual, ainda hoje, muitos insistem, consiste em supor que as coisas valem pelos custos em que os produtores incorrem para produzi-las. Isto também não se adapta à realidade, por deixar de considerar que uma economia de mercado está sempre sujeita a lucros ou prejuízos. Os preços não dependem dos custos; na realidade, os preços, respondendo à ação humana de ofertantes e demandantes, podem situar-se acima ou abaixo dos custos, determinando assim lucros ou prejuízos para os empresários. Evidentemente, isso não sucederia se, como sugere a teoria do valor-custo, os preços dependessem dos custos, pois, nesse caso, não haveria jamais prejuízos. O que a teoria do valor-custo e suas vertentes modernas (que conduzem à defesa, por exemplo, dos controles de preços) parecem desconhecer é que os preços não medem os valores, eles apenas expressam o valor dos bens no mercado em cada instante do tempo. Posso, por exemplo, gastar uma fortuna para fazer uma escultura, cujo valor de mercado seria, certamente, próximo de zero...

O passo seguinte na direção correta foi o de atribuir o valor à escassez e à utilidade, mas ainda de maneira objetiva, o que levou ao "paradoxo do valor", a que já nos referimos anteriormente, sem que o problema fosse solucionado. Garrafas de vinho quebradas nas calçadas são escassas nos bairros limpos, mas nem por isso valem alguma coisa; poucos bens são tão úteis quanto o ar que, no entanto, não tem valor no mercado. No entanto, ao considerarmos a utilidade e a escassez de maneira subjetiva, estaremos caminhando na direção e no sentido corretos: poderemos deduzir, a partir de conceitos *praxeológicos*, a teoria do valor que se adapta à realidade, que é a *lei ou doutrina da utilidade marginal.*

Essa importante lei pode ser explicada com base no fato de que o homem, ao agir, escolhe seus objetivos e os ordena em uma escala valorativa própria, isto é, que não é intrínseca aos objetivos. Ao mesmo tempo, para chegar a esses objetivos, ele usa uma série de meios, que são formados por unidades capazes de proporcionar o mesmo serviço. Este exemplo, elaborado pelo filósofo argentino Gabriel Zanotti, esclarece a questão:

> ...imaginemos que disponho do meio "folha de papel", dividido em 5 unidades (5 folhas de papel), cada uma capaz de proporcionar o mesmo serviço. Logo, ordeno meus fins (necessidades) em uma escala valorativa pessoal e subjetiva. A primeira folha, emprego para resolver um exercício de lógica; a segunda, para escrever um poema; a terceira, para praticar caligrafia; a quarta, para testar minha lapiseira e a quinta para limpar o escritório. Observamos que, à medida que aumenta o número de unidades do bem, o valor da última (que se denomina valor marginal, assim como a última unidade é a unidade marginal), vai caindo, pois essa unidade é utilizada para o grau mais baixo de prioridades do sujeito; sucede o contrário quando cai o número de unidades: aumenta o valor da unidade marginal, pois esta vai sendo empregada nas prioridades mais altas do sujeito.

Observemos que, à medida que reduzimos as quantidades do bem em uma unidade, perdemos a satisfação que aquela unidade nos proporciona e que, à medida que aumentamos a quantidade do bem em uma unidade, ganhamos a satisfação que, a nosso juízo, aquela unidade nos propicia. Isto é, ao reduzirmos a quantidade do bem em unidades sucessivas, o valor de cada unidade vai sucessivamente aumentando, o que explica o fato de um cantil com água valer mais no deserto do que perto de uma fonte pura: similarmente, ao aumentarmos sucessivamente as unidades do bem, o valor de cada unidade vai progressivamente decrescendo.

Ao compreendermos a lei da utilidade marginal, conseguimos resolver o "paradoxo do valor": o pão é mais útil do que o perfume fino, mas, como o número de unidades de pão é maior do que o de perfumes finos, o valor do pão, determinado por essa combinação de utilidade e escassez subjetivas, é menor do que o do perfume. A comparação relevante não é, portanto, entre a utilidade de todos os pães e de todos os frascos de perfume, mas entre as utilidades de um pão e de um frasco.

Antes de estudarmos o processo de mercado, é conveniente lembrarmos que, ao contrário do sugerido pelas abordagens convencionais, no ponto de vista da Escola Austríaca a utilidade não influencia apenas a demanda; ela afeta, igualmente, a oferta, uma vez que não há possibilidades de medição objetiva dos custos de produção, pois as alternativas relevantes (que seriam a medida objetiva dos custos de oportunidade) não foram realizadas e, portanto, não podem ser avaliadas monetariamente.

A essência da Teoria Austríaca do Valor é sua subjetividade, que origina, a partir do axioma básico da *praxeologia*, o da busca permanente por estados maiores de satisfação, a lei da utilidade marginal, que se constitui em elemento indispensável para a compreensão correta do processo de mercado.

Limitação do conhecimento e subjetivismo

Já vimos na introdução a este livro que uma das principais características dos economistas *austríacos* é o subjetivismo da sua teoria, que se baseia na pressuposição de que o conteúdo da mente humana – e, portanto, os processos de tomada de decisão – não podem ser determinados rigidamente pelos eventos externos. Observemos que o subjetivismo assim entendido abre espaço para a criatividade e a autonomia das escolhas individuais, estando dessa forma ligado ao individualismo metodológico, ou seja, à visão de que os resultados do mercado resultam de atos de escolha individuais. Em outras palavras, para os economistas *austríacos* e para os subjetivistas em geral, a teoria econômica deve lidar com fatores que determinam as escolhas e não com interações entre magnitudes objetivas.

A teoria econômica subjetivista procura analisar a ação humana no campo das atividades econômicas, levando em conta que essa ação ocorre sempre sob condições de incerteza genuína, ou seja, não probabilística, e que, além disso, ela necessariamente acontece ao longo do tempo. Por isso, subjetivismo e ação humana dinâmica sob condições de incerteza não *bayesiana* são ideias absolutamente inseparáveis sob a ótica da Escola Austríaca.

Quando um agente econômico escolhe um determinado curso de ação, as conseqüências de sua escolha irão depender, pelo menos parcialmente, dos cursos de ação que outros indivíduos escolheram, estão escolhendo ou ainda vão escolher. Se considerarmos um mundo em que impere a autonomia das decisões individuais, isto significa que o futuro não apenas é eventualmente desconhecido, o que permitiria que ele fosse aprendido de maneira gradual, mas que ele simplesmente não pode ser conhecido e nem aprendido.

Com efeito, a concepção dinâmica do tempo, juntamente com o reconhecimento do fato de que a imperfeição de nosso conhecimento nos leva a agir na presença de incerteza, são dados que. Mises denominava de *irredutíveis* – isto é, que não podem ser negados, dada a sua natureza axiomática –, o que nos impele a enxergar o tempo como um fluxo permanente de eventos, fluxo esse que contém implicitamente as ideias de novidade, de aprendizado, de surpresa e de descoberta.

À medida que o tempo passa, o estoque de experiências cresce e vai permanentemente se incorporando à memória, o que faz com que as perspectivas individuais mudem. Presente e futuro são, assim, permanentemente afetados pelos fluxos contínuos de eventos, o que faz com que cada novo instante seja por si uma nova perspectiva individual. Tal fato, aparentemente tão simples, torna a previsibilidade perfeita um evento impossível.

Por outro lado, a *ignorância*, entendida como imperfeição do conhecimento, não é um estado que possa ser totalmente evitado ou simplesmente ignorado, ou assintoticamente eliminado por algum processo. Por isso, os expedientes analíticos que costumam transformar a ignorância em uma mera variante do conhecimento, por não refletirem a ação humana no mundo real, devem ser afastados da teoria econômica.

Resumindo, podemos conceituar esse desconhecimento do futuro de acordo com duas noções complementares: (a) a de ignorância e seu corolário, o conceito de *incerteza genuína* (ou *incerteza radical*) e (b) a de *tempo real* (ou *dinâmico*, subjetivo ou *histórico*).

Incerteza

O conceito de *incerteza genuína* decorre imediatamente como corolário da aceitação das hipóteses de ignorância e de tempo real. As implicações mais importantes da ideia de incerteza genuína são: primeiro, a impossibilidade de listagem de todos os possíveis resultados provocados por um determinado curso de ação e, segundo, a passagem da incerteza – que na teoria econômica convencional costuma ser tratada como uma variável exógena –, para a categoria de variável endógena.

Com efeito, o tratamento que a teoria neoclássica costuma dispensar à variável incerteza é o de listar arranjos ou ponderações das possibilidades conhecidas. Esse método, na verdade, termina negando a autonomia das escolhas individuais, ao retratar o futuro como uma distribuição de probabilidades definida para um determinado conjunto de eventos, o que equivale a impor a condição de que o único problema em relação ao futuro é que tão somente ele é desconhecido no presente. Sendo assim, pode vir a ser conhecido, porque, independentemente das escolhas individuais, um dia o futuro, inevitavelmente, vai chegar. Na verdade, esse tratamento que a teoria econômica neoclássica dispensa ao futuro termina abolindo a própria autonomia da mente humana.

Alguns avanços recentes em direção a teorias "subjetivistas" de probabilidades não têm deixado de se constituir em um passo adiante em relação ao tratamento neoclássico mais tradicional, mas nem por isso podem ser considerados satisfatórios, na medida em que deixam de lado aquele que talvez seja o aspecto mais importante da ignorância, que é a impossibilidade de listagem dos resultados possíveis. Na verdade, não se trata apenas de um simples desconhecimento das probabilidades associadas aos diversos eventos de um determinado conjunto, mas ao fato de que o próprio conjunto não é determinado.

A teoria subjetivista de probabilidades, portanto, reflete o subjetivismo naquilo que podemos denominar de sua forma *estática*, mas passa ao largo do relevante, que é o *subjetivismo dinâmico*, em que o *tempo real* e a *incerteza genuína* caminham indissociavelmente lado a lado.

O segundo aspecto importante da incerteza genuína, que é a sua característica de endogeneidade, leva-nos a visualizar os mercados como processos dinâmicos ininterruptos, processos por si só geradores de mudanças às quais o sistema econômico deve adaptar-se. Isto significa que um estado de completa adaptação, ou um estado de equilíbrio, é algo incompatível com os conceitos de *incerteza genuína* e de *tempo real*. Como observou Mises, uma ciência econômica que enfatize apenas os estados de equilíbrio deixa de ser uma ciência da ação humana, para ser uma ciência da inação, isto é, a própria negação da economia.

Isto ocorre porque à medida que o tempo (real) passa o estoque de conhecimentos necessariamente cresce e, portanto, também aumenta a "produção" endógena de mudanças. Uma importante implicação disso é que essas mudanças não se processam aos preços de equilíbrio e que, portanto, ao invés de focalizar apenas as trocas realizadas sob condições de equilíbrio ou os processos de ajustamento em direção ao equilíbrio, a teoria econômica deve essencialmente preocupar-se com a trajetória das trocas efetuadas sob condições de desequilíbrio, isto é, com os comportamentos descoordenadores. Um exemplo desse tipo de preocupação que a teoria econômica deveria sempre ter presente é a Teoria Austríaca dos Ciclos Econômicos, que explica a inflação e o desemprego como resultado de trocas realizadas de maneira descoordenada, sob condições de desequilíbrio.

Tempo

A teoria econômica convencional, ao enfatizar os estados de equilíbrio, emaranha-se em um cipoal de paradoxos e inconsistências, no que se refere ao tratamento dispensado ao fator tempo. De fato, poucos se dão conta de que nos mercados em equilíbrio a formação dos preços, ao invés de resultar – como ocorre no mundo real – do processo de trocas voluntárias, precede o referido processo. Nos modelos de equilíbrio geral, as decisões sobre preços e as decisões sobre trocas são simultâneas. Assim, causas e efeitos, presente e futuro são como que fotografados instantaneamente.

Até mesmo os modelos de equilíbrio intertemporal – em geral, matematicamente sofisticados – que pretendem levar em conta o fator tempo, ao adotarem a hipótese da existência simultânea de todos os mercados intertemporais e contingenciais, literalmente, acabam anulando o tempo, por trazerem os estados futuros para o presente. O modelo de Arrow-Debreu, uma elegante elucubração teórica construída com vistas a ampliar e refinar o modelo de equilíbrio geral de Walras e Pareto, é um desses exemplos. A analogia utilizada por O'Driscoll e Rizzo descreve bem a inutilidade do esforço desses modelos : "todas as decisões são feitas em um único instante essencial: o futuro nada mais é do que o desenrolar de uma tapeçaria que existe agora."

Há dois conceitos de tempo: o newtoniano e o real. A teoria econômica convencional adota a primeira concepção, enquanto os economistas *austríacos* preferem a segunda. Examinemos rapidamente as características desses dois conceitos.

Tempo Newtoniano

A concepção newtoniana de tempo estabelece uma analogia entre tempo e espaço, à medida que simboliza a passagem do tempo por meio de movimentos ao longo de uma linha, em que os diferentes períodos de tempo são representados por uma sucessão de segmentos de reta (no caso de variáveis discretas), ou são retratados como uma sucessão de pontos (no caso de continuidade). O tempo newtoniano apresenta três características importantes

A primeira é a *homogeneidade*. Cada ponto é exatamente igual a todos os demais, a não ser por sua posição espacial que, aliás, é seu fator determinante, assim como o tempo assim "espacializado" nada mais é do que um conjunto de posições temporais. Isto faz com que cada ponto ou segmento representativo do tempo seja vazio por construção, o que torna o tempo independente de seu conteúdo. Em outras palavras, a homogeneidade temporal faz com que o tempo decorra sem que nada aconteça, ao transformá-lo em uma categoria estática. No modelo de Arrow-Debreu, por exemplo, em que todas as decisões são tomadas em uma data inicial, o tempo passa sem que os agentes econômicos aprendam, o que, evidentemente, é incompatível com a visão do mercado como um processo.

A segunda característica é a *continuidade matemática*, não no sentido de interrelações entre instantes sucessivos de tempo, mas no de divisibilidade contínua. Assim como um segmento de reta pode ser dividido e subdividido em partes infinitesimalmente tão pequenas quanto o desejarmos, os intervalos do tempo newtoniano também podem ser estabelecidos arbitrariamente pequenos e sempre haverá um espaço entre eles. E, uma vez que os pontos ao longo de uma linha jamais podem se tocar, cada instante de tempo é isolado, ou independente dos demais. Se a continuidade matemática caracterizasse o mundo real, então os ajustamentos que determinam o processo de mercado deveriam ocorrer a velocidades infinitas e a mobilidade de recursos também deveria ser infinitamente grande, para que todo o processo ocorresse em um único instante. Aí reside o chamado "paradoxo newtoniano": se o ajustamento fosse instantâneo, por que seriam necessárias as mudanças e variações? A consequência disso é que a teoria econômica tradicional é forçada a adotar o expediente de considerar cada mudança como sendo proveniente de fora do sistema, isto é, como sendo exógena. Outra vez, uma parábola de O'Drioscoll e Rizzo: "um sistema newtoniano é meramente como dedilhar ao mesmo tempo diversos estados estáticos e não pode gerar mudanças endogenamente".

A terceira característica é a *inércia causal*, em que o estado inicial do sistema deve conter tudo o que for necessário para produzir as mudanças e, portanto, em que o tempo não acrescenta, literalmente, nada. Esta característica é evidente no tratamento que os modelos econômicos convencionais dispensam ao aprendizado, isto é, à incorporação de novos conhecimentos. O determinismo implicado pela inércia causal virtualmente nega os problemas que o economista tem que resolver.

De fato, se todas as causas das mudanças estão presentes no instante seminal t_0, para que esperarmos pelos resultados até t_1, t_2, t_3, t_4... etc.?

Na teoria tradicional, há diversos exemplos dessa eliminação do tempo e do conseqüente enfraquecimento da compreensão do mundo real que tal procedimento provoca: sua teoria do capital, seus modelos de equilíbrio geral intertemporal e seu equilíbrio *ad hoc* que caracterizam, por exemplo, as abordagens de alguns economistas da respeitável Escola de Chicago (nas quais, na ausência de evidência em contrário, os preços e quantidades observados podem ser tratados como boas aproximações para seus valores de equilíbrio competitivo de longo prazo) são três desses exemplos.

Tempo real ou subjetivo

Nesta concepção, denominada, em 1910, de "la durée", pelo filósofo Henri Bergson, o tempo deixa de ser um conceito meramente estático e passa a ser considerado como um fluxo dinâmico e contínuo de novas experiências. Tal fluxo não está *no* tempo, como na conceituação newtoniana; muito mais do que isso, ele *é*, ele se constitui, ele caracteriza o tempo, na medida em que sempre alguma coisa nova deve acontecer, ou o tempo não será real.

O tempo real ou subjetivo apresenta, também, três características básicas: a continuidade dinâmica (ao invés da continuidade matemática), a heterogeneidade (em contraposição à homogeneidade) e a eficácia causal (em antítese à inércia causal).

A *continuidade dinâmica* pode ser compreendida a partir de uma analogia com a experiência musical. Ao ouvirmos os primeiros compassos de uma nova melodia, não somos capazes de captar os compassos seguintes, porque nossa percepção restringe-se, primeiro, à memória das frases ou compassos recém-ouvidos e, segundo, à antecipação das frases ou compassos seguintes e que ainda não ouvimos. Assim, a estrutura dinâmica do tempo real ou subjetivo constitui-se de dois elementos: memória e expectativa, em que o presente é ligado a outros períodos através das percepções individuais. A memória e a expectativa são os elementos estruturais do tempo real, que vão originando, a cada novo instante, a *continuidade dinâmica* e, embora possamos subdividir continuamente o tempo matemático de uma dada experiência em número arbitrado de pontos ou fragmentos, cada um desses instantes, sob o ponto de vista subjetivista, não é independente nem pode ser isolado dos demais. Por isso, o tempo subjetivo implica um verdadeiro elo, do qual o tempo newtoniano se abstrai. O futuro é visto de modos diferentes, dependendo de onde, ou de qual instante ele é visto;

em outras palavras, a experiência de uma primeira situação passa a ser utilizada como um novo parâmetro na segunda situação; ambas passam a ser parâmetros para uma terceira situação e assim sucessivamente. A esta altura, o leitor deve ter percebido que *continuidade dinâmica* e *processo de mercado* são fenômenos inseparáveis. São os elementos de uma partitura que começa no momento de nossa concepção e que se estende à eternidade.

A característica da *heterogeneidade* ressalta da observação de que, além de ser a memória o componente de nossa experiência que liga o passado ao presente, ela também é o elemento responsável pela diferenciação contínua entre cada momento sucessivo. Quando o tempo passa, a memória de cada indivíduo vai se enriquecendo continuamente e, portanto, os pontos de vista individuais e subjetivos, as visões de mundo pessoais, vão-se transformando continuamente. Por isso, cada ponto do tempo real é novo exatamente porque, por intermédio da memória, está ligado a pontos anteriores. *Continuidade dinâmica e heterogeneidade* não são características isoladas do tempo real, elas são dois aspectos de um mesmo fenômeno. A heterogeneidade do tempo é particularmente importante quando consideramos as possibilidades de precisão dos agentes econômicos. Mesmo quando um fenômeno ocorre "exatamente" como foi previsto por um indivíduo, ele não será experimentado ou vivido exatamente como foi previsto, uma vez que, ao ser feita a previsão, o ponto de vista era diferente do relevante ao ocorrer o fenômeno, porque a memória, ao incorporar a previsão, mudou sua perspectiva.

Por fim, a característica da *eficácia causal* decorre imediatamente da heterogeneidade. O simples decorrer do tempo é uma fonte permanente de novidades, já que a memória altera a perspectiva sob a qual cada um de nós vê o mundo. Logo, o tempo é, sob o ponto de vista da causalidade, potente e criativo. Isto significa que todos os processos econômicos devem necessariamente envolver a transmissão e o crescimento do conhecimento. Sob esta perspectiva, a competição deixa de ser apenas o nome dado a um determinado estado de equilíbrio, para ser um processo caracterizado pela descoberta. Na verdade, conforme a Escola Austríaca sempre sustentou, o crescimento do conhecimento, que se processa mediante as descobertas, é a força endógena que propulsa ininterruptamente todo o sistema.

Há duas conseqüências da rejeição do tempo newtoniano e da adoção da concepção subjetiva do tempo. A primeira é que o tempo subjetivo ou real é irreversível. Assim, os movimentos ao longo das curvas de oferta e de demanda não espelham as mudanças temporais reais: ao nos movermos de um ponto para outro em uma mesma curva, não há volta possível. A segunda consequência é que a passagem do tempo envolve uma *evolução criativa*, ou seja, os processos geram mudanças imprevistas. Um processo não pode ser um simples rearranjo de fatores dados, como freqüentemente se considera em alguns modelos. Se as mudanças são reais, elas não podem ser determinísticas; sempre deve haver lugar para surpresas. O conceito de tempo real é fundamental para compreendermos a ação humana: ao agir, os indivíduos adquirem novas experiências, o que dá origem – necessariamente, mas não deterministicamente, a novos conhecimentos. Com base nesses novos conhecimentos, os agentes alteram seus planos e ações. Portanto, o sistema econômico é impulsionado por forças inteiramente endógenas. O estado natural da economia no tempo é movimento e não repouso, porque, como o tempo passa inexoravelmente, o conhecimento se altera e, com isso, a própria economia.

Podemos encerrar estes comentários a respeito do tempo subjetivo com o "enigma do tempo", formulado por um campeão do subjetivismo, G.L.S. Shackle: "*time is experienced, time is imagined: the one is formed by the other, the other is formed by the one*".

3
Mercado, preços de mercado e processo de mercado

Todos os economistas da Escola Austríaca concordam com a proposição firmada pela tradição dos liberais neoclássicos, de Adam Smith a Milton Friedman, segundo a qual a liberdade econômica – caracterizada pela economia de mercado – é um importante componente da liberdade individual. Entretanto, os *austríacos* adotam um ponto de vista diferente a respeito de quais são as características essenciais dos mercados, que a análise econômica convencional (neoclássicos e *keynesianos*, de um lado, e marxistas, de outro) tem sistematicamente desprezado. São duas essas características, que funcionam de maneira interligada: (a) a importância do grau de conhecimento dos diversos participantes do mercado e (b) a importância maior do processo que conduz os mercados ao equilíbrio (enfatizado pela teoria convencional). O conhecimento dos participantes dos mercados apresenta imperfeições e dispersões e tal fato implica em que a incerteza genuína seja uma presença permanente, embora, muitas vezes, incômoda.

Com o objetivo de entendermos melhor o processo de mercado, repassaremos cronologicamente as principais ideias dos economistas da Escola Austríaca, começando com Menger, prosseguindo com Mises e Hayek e desembocando na controvérsia mais recente entre Kirzner, que sustenta a tese de que os mercados convergem permanentemente para o equilíbrio, sem, no entanto, alcançá-lo e Lachmann, que descarta a existência de uma tendência ao equilíbrio endógena aos mercados.

A vertente *austríaca* tradicional, composta por Menger, Mises, Hayek e Kirzner, pode ser considerada, no que se refere a seu entendimento do fenômeno do mercado, como uma tentativa de reformulação e reconstrução das ideias neoclássicas fundamentais. Com efeito, enquanto os neoclássicos enfatizavam a chamada análise de equilíbrio geral e os problemas implicados por essa análise, colocando em uma posição secundária o estudo dos processos mediante os quais os mercados atingem o equilíbrio, a vertente principal dos *austríacos* prioriza como objeto de estudo o processo de mercado, relegando a análise das condições de equilíbrio a um plano não mais que instrumental.

Para a Escola Austríaca, o mercado é um processo de permanentes descobertas, de tentativas e erros, o qual, ao amortecer as incertezas, tende sistematicamente a coordenar os planos formulados pelos agentes econômicos. Como as diversas circunstâncias que cercam a ação humana estão ininterruptamente sofrendo mutações, segue-se que o estado de coordenação plena jamais é alcançado, embora os mercados tendam para ele.

A história de Carl Menger, como as de quase todos os fundadores, é complexa, na medida em que suas obras contêm elementos que foram retomados de formas diversas por seus seguidores. Kirzner, por exemplo, sustenta que o fundador da Escola Austríaca não pode ser enquadrado como um teórico do desequilíbrio, ao passo que Jaffé, Alter e O'Driscoll sugerem que sua obra contém elementos que permitem classificá-lo como um precursor da abordagem que vê os mercados como processos de desequilíbrio. A leitura atenta dos trabalhos de Menger permite-nos verificar sua crença de que a economia não está permanentemente em equilíbrio, embora tenda sempre para o equilíbrio; contudo, não ficam claras suas posições nem sobre o papel do empresário, nem sobre o dos preços de equilíbrio.

Mises, por sua vez, sustentava que a principal característica da Escola Austríaca é sua teoria da ação e não uma teoria de equilíbrio ou de inação. Assim, seu objetivo é explicar os preços que são efetivamente praticados no mercado e não os preços que prevaleceriam sob condições que jamais se verificam, como as que servem de apoio às teorias de equilíbrio de mercado. Por isso, ressaltava que "devemos reconhecer que sempre estudamos o movimento e nunca um estado de equilíbrio". De fato, o uso de *construções imaginárias*, como o conceito de *economia uniformemente circular*, que é uma das características da obra de Mises, não revela qualquer pretensão de representar a realidade; pelo contrário, seu objetivo é apresentar uma imagem tão essencialmente afastada da economia real que, a partir do forte contraste produzido em relação à complexa realidade econômica, seja possível compreendê-la tal como se apresenta.

A ideia hayekiana de *coordenação* representa um avanço sobre a construção de *economia uniformemente circular*, uma vez que o conceito de Hayek envolve, sem dúvida, uma aplicação mais consistente do subjetivismo, já que abandona o requisito de que os dados externos (preferências, tecnologia e recursos) não se alteram, requerendo, em troca, que esses dados não variem com respeito às expectativas que guiam os planos dos agentes econômicos. A contribuição de Hayek para a teoria do processo de mercado deriva, essencialmente, de sua visão de que o conhecimento humano é imperfeito. Essa limitação do conhecimento, que se traduz em informações incompletas e na possibilidade de ocorrência de alterações nas preferências, na tecnologia e nos recursos, reflete-se também nos planos de ação dos participantes do mercado. Assim, os agentes econômicos não apenas são parcialmente ignorantes, mas as informações que possuem em cada caso são diferentes e, não raro, contraditórias e, além disso, as expectativas que formam a respeito do futuro são, em boa parte, divergentes. Este problema, que Hayek denominou de *dispersão do conhecimento*, é considerado por ele como uma das questões centrais a serem considerada pela ciência econômica.

A pergunta relevante, para Hayek, deve ser: quanto conhecimento e que tipo de conhecimento por parte dos agentes econômicos tornam-se necessários, para que possamos falar em coordenação perfeita entre os planos de todos os agentes econômicos, isto é, em equilíbrio de mercado? O papel do mercado, então, é o de servir como um processo, mediante o qual, por tentativas e erros, tanto o conhecimento como as expectativas dos diferentes membros da sociedade vão se tornando paulatinamente mais compatíveis no decorrer do tempo. Surge desta maneira a importância fundamental, primeiro, do sistema de preços, com o papel de emitir sinais para que os diversos participantes do processo de mercado possam coordenar seus planos ao longo do tempo e, segundo, da competição, como o único meio de descoberta das informações que são realmente relevantes. Evidentemente, a ignorância gerada pela escassez de conhecimento e que envolve o processo de trocas, fará com que diversos planos fracassem e a tendência para um maior grau de coordenação dependerá, de um lado, da capacidade de cada agente aprender com seus próprios erros e, de outro, de sua capacidade de substituir por planos cada vez mais corretos os que fracassaram anteriormente.

Se desejarmos condensar para o leitor a posição de Hayek, podemos escrever que, em sua concepção, a importância do processo de mercado é a de servir como um mecanismo transmissor de informações, proporcionando economia de conhecimento. De fato, requer-se de cada participante do mercado um grau baixo de conhecimento, para que possa agir corretamente.

Dentre os *austríacos*, contudo, é Israel Kirzner, londrino que viveu e estudou em Cape Town e que obteve seu PhD na Universidade de Nova York, de onde é professor aposentado, quem mais tem se dedicou (juntamente com o alemão Ludwig Lachmann, que pertenceu à geração anterior) à análise do processo de mercado e das características da atividade empresarial. Segundo ele, uma das causas da atual crise da teoria econômica é a ênfase excessiva que ela tem dedicado ao estudo dos casos de equilíbrio. Com efeito, embora não seja correto repelirmos de antemão a ideia de mercados em equilíbrio, o bom senso e a simples observação do mundo real, de um lado, e o espírito de seriedade acadêmica, de outro, obrigam-nos a reconhecer as limitações explicativas e normativas da ênfase no equilíbrio.

Ao adotarmos essa postura, deparamo-nos imediatamente com dois questionamentos aos modelos de equilíbrio geral derivados de Walras: se os agentes econômicos são tomadores de preços, como surgem, então, os preços? Além disso, como se coordenam as ações dos diferentes indivíduos? A corrente principal da teoria neoclássica recorreu ao conceito de "leiloeiro" *walrasiano* para dar resposta às questões, isto é, os preços seriam gerados por um ente fictício, não participante do mercado, cuja atuação também coordenaria a dos participantes. Kirzner, ao contrário, prefere explicar a formação de preços como o resultado da interação entre os agentes econômicos que atuam nos mercados. Emerge, assim, a importância da função empresarial, cuja essência é um estado de permanente alerta, no sentido de conseguir captar oportunidades de lucros não descobertos anteriormente. Tais oportunidades, que se revelam nos mercados através de diferenciais entre preços, são descobertas gradualmente pelos empresários que, ao explorá-las, tendem a corrigir desequilíbrios anteriores e, com isso, a promover a maior coordenação entre os planos individuais e, portanto, a gerar uma tendência de equilíbrio nos preços. Isto decorre do axioma fundamental da *praxeologia*, de que a ação humana, sendo motivada pela vontade de aumentar a utilidade, promove revisões nos erros anteriores que devem conduzir a erros sucessivamente menores. Na ausência de divergências de expectativas, o sistema tenderia automaticamente a um estado de completa coordenação que, no entanto, não é alcançado, na medida em que as divergências entre as expectativas que cada participante no mercado formula subjetivamente tendem a gerar transformações permanentes.

A posição de Ludwig Lachmann difere radicalmente das anteriores: sua visão do processo de mercado representa uma forte crítica, tanto ao conceito neoclássico de equilíbrio, quanto à explicação alternativa de Mises, Hayek e Kirzner. Como observou Sarjanovic, "Lachmann, influenciado pelo pensamento ultra subjetivista de G.L. Shackle, descarta tanto o equilíbrio como a existência de uma tendência coordenadora no mercado". Para ele, as forças desequilibradoras merecem o mesmo tratamento que aquele que tem sido dispensado pelos economistas às forças equilibradoras, pelo motivo de que os processos de mercado são formados por ambas, o que implica que, de acordo com circunstâncias diferentes, umas prevaleçam sobre as outras, gerando, assim, processos com características diferentes.

A ideia central de Lachmann é que o conceito de mercado em equilíbrio deve ser inteiramente abandonado, uma vez que pressupõe que as forças equilibradoras ou coordenadoras prevaleçam sempre sobre as forças desequilibradoras ou descoordenadoras. Segundo sua visão, o mercado deve ser, portanto, interpretado como "um processo econômico, isto é, um processo em marcha, impulsionado pela diversidade de objetivos e recursos e pela divergência das expectativas, variando em um mundo de mudanças inesperadas". Ou, como escreveu em outra ocasião, o mercado deve ser considerado como "um processo sem princípio nem fim".

Observemos que os agentes econômicos, na concepção *lachmaniana*, agem em um mundo de características muito diferentes das que são normalmente consideradas: o subjetivismo radical está em um extremo diametralmente oposto ao do equilíbrio geral, caracterizando-se por considerar que as variáveis são extremamente voláteis e as mudanças contínuas e incessantes. Shackle descreveu essa ordem econômica como um "processo caleidoscópico", marcado por avalanches sucessivas de reajustes em busca de novos, precários e efêmeros "pseudoequilíbrios".

Temos, assim, duas tendências na Escola Austríaca, que refletem duas abordagens diferentes do mercado: a de Lachmann, que encara os mercados como processos simplesmente ordenados e que não vê necessidade em se postular uma tendência ao equilíbrio para que os processos de mercado sejam inteligíveis e a de Mises, Hayek e Kirzner, que enxerga os mercados como processos de coordenação, que tendem ao equilíbrio, embora não o alcancem, rechaçando tanto o extremo do equilíbrio geral quanto o do subjetivismo extremado, com base no argumento – bastante plausível – de que os indivíduos, ao atuarem nos mercados, se defrontam com circunstâncias que nem são fixas nem, tampouco, mudam incessantemente, o que lhes permite descobrir gradualmente quais as alternativas que tendem a aumentar sua utilidade, superando assim paulatinamente a limitação de seu conhecimento.

4
DUAS ILUSTRAÇÕES DO PROCESSO DE MERCADO

OS *CONES AUSTRÍACOS*

O gráfico abaixo, ideia que devo ao economista Rezso Divenyi, ex-estudante da UERJ, representa uma tentativa de ilustrar graficamente o mercado como um processo que converge para o equilíbrio, sem, contudo, atingi-lo, devido às características que analisamos nos capítulos anteriores. Embora reconhecendo a impropriedade apontada pela metodologia austríaca no que se refere ao uso de gráficos de demanda e oferta para representar os mercados e embora sabendo que o tempo, ao ser representado por uma reta, tal como no aparato newtoniano, assume as características de tempo estático (e não do tempo real, o relevante para a teoria econômica), podemos temporariamente deixar à parte essas críticas dos economistas austríacos e, contemporizando um pouco com a "*mainstream economics*", visualizar o processo de mercado ao longo do tempo como a série de diagramas de oferta e de demanda, cada um se referindo a um momento específico do tempo, que está representado pela linha diagonal. Cada figura elíptica em um dado ponto do tempo representa o conjunto de possibilidades em que o mercado, naquele determinado momento, pode estar funcionando, incluindo o ponto de equilíbrio. Com o decorrer do tempo o mercado converge para o equilíbrio, ou seja, para o vértice de cada um dos cones. Só que, antes que esse ponto de equilíbrio seja atingido, mudam as condições de mercado que determinam as curvas de oferta e demanda e, com isso, passamos para um novo círculo. A partir daí, convergimos para o vértice de um novo cone, o qual, por sua vez, antes que seja atingido, já não representará mais uma situação de equilíbrio, e assim sucessivamente.

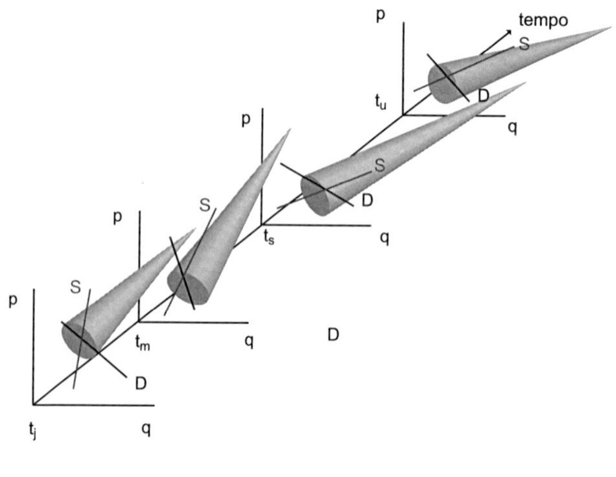

Os "vetores" de oferta e de demanda

Custos determinam preços ou preços determinam custos? Para encontrarmos a resposta correta a esta indagação, consideremos uma economia simples, com três estágios de produção, que são, da esquerda para a direita, a fazenda que produz o trigo (bem de 3ª ordem, na nomenclatura de Menger), o moinho que processa a farinha (bem de 2ª ordem) e a padaria que fabrica o pão e o vende ao consumidor (bem de 1ª ordem).

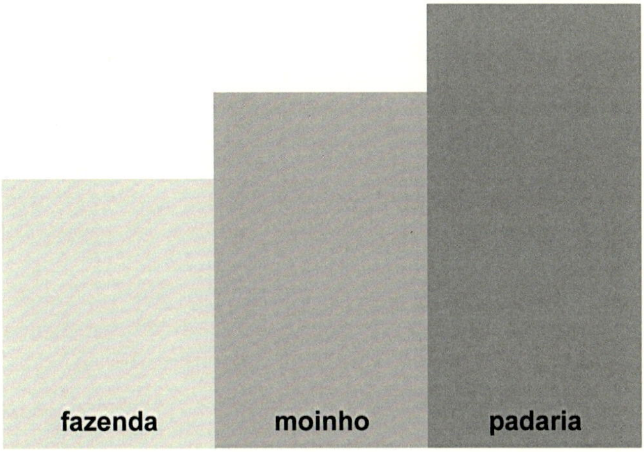

Podemos aproximar esse desenho por um triângulo retângulo, em que podemos começar a nos mover da esquerda para a direita e de baixo para cima (sentido da produção) ou da direita para a esquerda e de cima para baixo (sentido do consumo), como no gráfico seguinte.

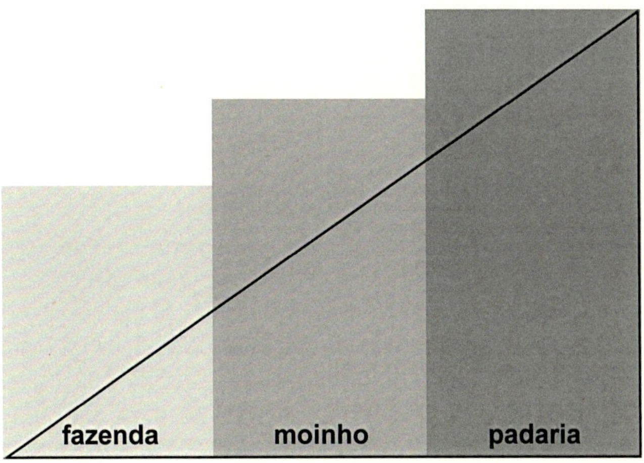

À medida que caminhamos da esquerda para a direita, as alturas dos retângulos aumentam porque o valor adicionado da produção vai crescendo. Por isso, o bem de 1ª ordem (pão) é mais caro do que o de 2ª ordem (farinha), o qual, por sua vez, deve ser mais caro do que o trigo (bem de 3ª ordem).

Entretanto, se não houvesse consumidores dispostos a comprar pão, os preços da farinha e do trigo seriam nulos (supondo que tanto um como o outro só pudessem ser utilizados para fabricar pão). O valor é gerado pela utilidade marginal e, portanto, são os preços que determinam os custos. Estes últimos, na verdade, também são preços.

Podemos identificar, portanto, dois vetores, o primeiro deles representado na parte à esquerda do gráfico seguinte, que denominamos de vetor de demanda (VD) e o segundo na parte da direita, que podemos chamar de vetor de oferta (VO). São vetores, porque atendem às três propriedades básicas que caracterizam as grandezas vetoriais, a saber: módulo (que mede o comprimento), direção e sentido.

Observemos que o eixo horizontal, lido da esquerda para a direita, mede o tempo gasto na produção do bem ou serviço, em seus diferentes estágios; quando lido da direita para a esquerda, reflete as compras realizadas ao longo do tempo desde a compra do bem final, no extremo direito do eixo horizontal, até as compras de insumos ou bens de ordens superiores, à medida que nos movemos horizontalmente da direita para a esquerda. E a altura reflete o valor do bem em cada estágio da estrutura de capital da economia.

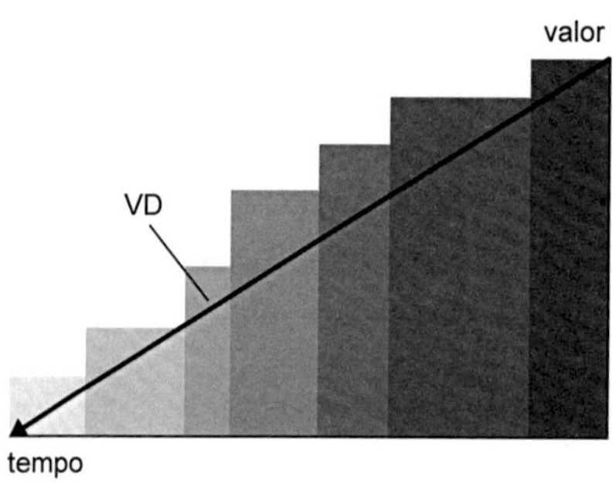

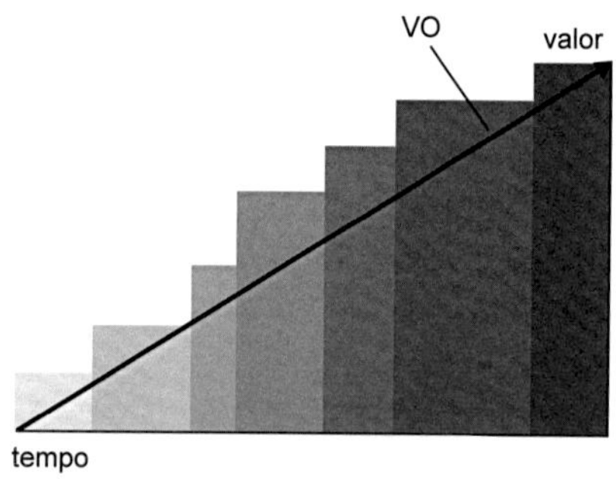

A *ECONOMIA UNIFORMEMENTE CIRCULAR*

Em uma *economia uniformemente circular*, os vetores de oferta e de demanda não apenas são paralelos, mas necessariamente coincidem: se houver excesso de demanda em um ponto qualquer da cadeia produtiva, os produtores nesse estágio terão lucros excedentes em relação aos produtores de outros estágios, o que, se admitirmos mobilidade de fatores, atrairá recursos para o estágio mais lucrativo, fazendo com que sua lucratividade caia, até que seja igual à dos demais estágios. Por sua vez, se houver excesso de oferta, ocorrerá o oposto: os recursos sairão desse estágio para outros e a sua lucratividade aumentará. A taxa de juros é o elemento coordenador entre os dois vetores, porque é por meio dela que se processa a alocação dos recursos de capital com as preferências intertemporais de demanda.

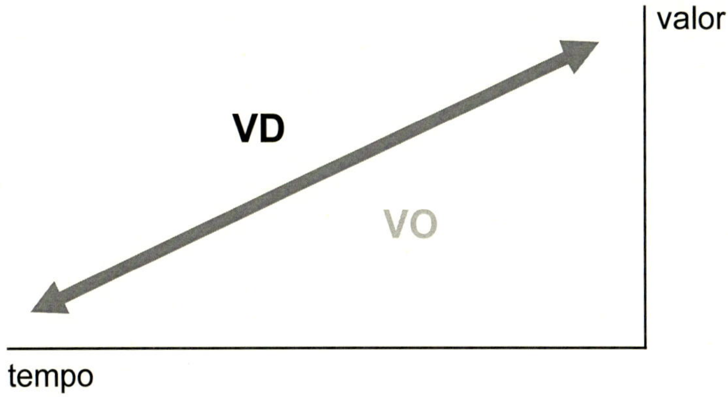

Quando não existe coordenação entre produção e consumo, a situação pode ser assim retratada:

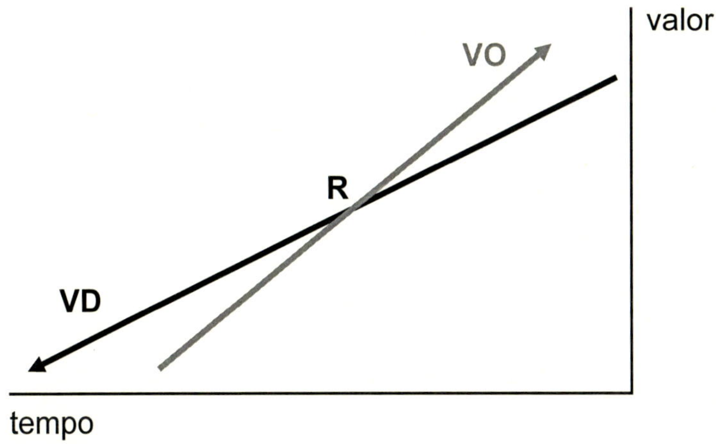

Nos estágios da cadeia produtiva que se situam à direita do ponto R, haverá excesso de oferta e naqueles que estão à esquerda de R haverá excesso de demanda. Não existe, neste caso, coordenação no processo de mercado. Uma situação deste tipo ocorre sempre que a taxa de juros praticada não refletir coordenação entre os planos individuais de consumo e de produção.

5
Conclusões

Neste capítulo, procuramos explicar porque a economia do mundo real pode ser entendida como um permanente processo caracterizado pela ação humana ao longo do tempo real e sob condições de incerteza genuína. Para tanto, examinamos detidamente os conceitos de ação, de tempo e de incerteza derivada luz da teoria da limitação e da dispersão do conhecimento.

A economia convencional costuma classificar os mercados de acordo com o seu número de participantes (concorrência perfeita, oligopólios, competição monopolística e monopólios). Além disso, estuda essencialmente as situações de equilíbrio em cada uma dessas formas de mercado. Esse procedimento, contudo, deixa a desejar. Primeiro porque situações de "equilíbrio" são bem pouco viáveis no mundo real; segundo, porque associa automaticamente "eficiência" com um número maior de participantes, o que nem sempre é verdadeiro, já que podemos ter, por exemplo, poucos participantes com razoável competição entre eles e muitos participantes com baixa competição; e terceiro, porque costuma causar uma terrível confusão entre "concorrência perfeita" (algo inexistente) com *competição*, o que não é verdade. Este terceiro equívoco é bastante grave e explica porque os críticos dos mercados livres associam sempre os que os defendem com sonhadores a viver em um mundo fictício, em que impera a concorrência perfeita. Nada mais falso.

Alternativamente, a Escola Austríaca, em razão dos elementos descritos, considera que os mercados são processos, ou seja, instituições essencialmente dinâmicas, que costumam tender ao equilíbrio mediante um procedimento de permanentes descobertas, tal como uma cadeia de tentativas e erros, um processo de aprendizado permanente. Obviamente, qualquer interferência externa – entenda-se por isso as intervenções do estado – nesse processo, o comprometem irremediavelmente, por melhores que possam ser suas intenções, porque afastam os mercados de seu processo natural e, como o conhecimento dos agentes interventores não é melhor (na verdade, costuma ser pior) do que o dos participantes diretos dos mercados, os resultados acabam piorando o que se queria ingenuamente "consertar". Interferências do Estado nos mercados, de um lado, impedem o processo de descoberta que os caracteriza e, de outro, terminam afetando – mesmo que o Estado não tenha tido essa intenção – muitos outros mercados, diretamente ou indiretamente relacionados com o mercado onde ocorre a intervenção inicial.

Capítulo 3

A Função Empresarial e o Valor do Empreendedorismo

1 Introdução

Onde quer que não exista empreendedorismo e onde quer que o arcabouço institucional prejudique a função empresarial não existe lugar para o progresso. Mas, por incrível que pareça, nem todos pensam assim. Em certos países prevalece uma aversão ao empreendedor, provocada por uma mistura de influências históricas, culturais e midiáticas que forjaram durante muitos anos uma mentalidade antiempresarial muito forte e não temos dúvidas de que esse é um dos fatores que prejudicam o desenvolvimento da economia desses países. Nessas sociedades, pode-se detectar uma verdadeira aversão à atividade empresarial, mas isso não acontece por acaso; é fruto de um trabalho ideológico bastante eficiente sobre o sistema cultural, embora fundamentado em concepções anacrônicas e fracassadas a respeito da economia, da política, da sociedade, da antropologia, da história e da boa ética.

Gramsci acreditava – e Goebbels pôs a crença em prática – que uma grande mentira, fatal e abissal, repetida *ad nauseam* durante muito tempo, terminaria adquirindo ares de truísmo e de axioma, como se fosse uma verdade incontestável. Sem dúvida, este é o caso da afirmativa falaciosa de que a pobreza de X é explicada exclusivamente pela riqueza de Y (X e Y podendo ser indivíduos, regiões, países, gêneros sexuais, minorias, maiorias ou raças). Embora tal asserção não seja capaz de resistir a dois minutos de lógica, de tanto ser alardeada acabou se transformando em um dos símbolos místicos das esquerdas em todo o Ocidente, especialmente nos países pobres. Na América Latina, por exemplo, quem ousar discordar dessa tolice, seja nos meios universitários, na mídia, nas conversas em ônibus, nas academias de musculação, em restaurantes luxuosos ou nas arquibancadas de um estádio, é imediatamente taxado de "direitista", "ultraconservador", "radical", "polêmico", "entreguista", "neoliberal" e outros adjetivos que, em nosso sistema cultural pré-histórico, soam como pesados impropérios. Matusalém, diante das ideias dessa gente, se sentiria um menino recentemente saído das fraldas...

É muito fácil demonstrar quão equivocada é a mencionada proposição, dado o enorme volume de falsidades que embute. Basta chamar a atenção para o fato de que está baseada em um logro que tem sido fatal para os países mais pobres: a de que a economia seria um *jogo de soma zero*, tal como, por exemplo, uma luta de judô, em que o lutador Y só pode ser vencedor se o lutador X perder. Pois a economia do mundo real é exatamente o oposto, é um jogo cooperativo, em que a vitória ou êxito de uns não significa derrota ou fracasso de outros, já que ambos podem ganhar.

É evidente que essa falácia é um prato solerte e astutamente preparado para alimentar a dialética esquerdista da luta de classes, formulada e disseminada pelos que o filósofo alemão Eric Voegelin denominava de *trapaceiros intelectuais* – como Hegel, Marx e Nietzsche –, fazendo a imensa maioria das pessoas, sem que elas o percebam, mergulhar, para usar expressão do mesmo Voeglin, nas águas turvas da *Segunda Realidade*, em que passarão a viver como criaturas subaquáticas e aprisionadas, embora pensem que sejam livres. Com a propaganda maciça inspirada em Gramsci, com grande competência, diga-se de passagem, essa trapaça foi inoculada e paulatinamente endossada – para utilizar a nomenclatura de Ortega y Gasset – pelas *massas*, formada por milhões de indivíduos cuja capacidade intelectual não é suficiente nem para perceberem que estão também agindo como embusteiros, mas que vivem como bois sendo conduzidos ao som do berrante, pois o *homem-massa*, com quem esbarramos diariamente em todos os lugares, apenas mente e se deixa levar, muitas vezes, com uma boa-fé tão grande que gera o fenômeno da *honestidade compacta*, que resulta dos conflitos entre a *Primeira* e a *Segunda Realidade*, em níveis intelectuais relativamente mais baixos.

É evidente que, se X é pobre e Y é rico, isto pode ser devido a muitos fatores, como, por exemplo, o primeiro não ter estudo, ser preguiçoso, néscio, azarado, desnutrido ou não gozar de boa saúde, enquanto o segundo detém os atributos – ou alguns deles – opostos, isto é, ter muitos anos de estudo, ser trabalhador, arguto, sortudo, bem nutrido e saudável. Mas as esquerdas, maliciosamente, ressaltam apenas uma dentre tantas possibilidades, a do "rico" explorar o "pobre". É claro que quem crê nessa falácia é tentado a aceitar as propostas do tipo de que a tributação deve ser "progressiva", de que o estado deve permanentemente transferir recursos para os pobres sem estimulá-los a trabalhar e de que é preciso, resumindo, tirar de Y para entregar para X, até perceber que, depois de algum tempo, ambos – X e Y – estarão pobres. Não se elimina a pobreza combatendo a riqueza, mas motivando a geração de riqueza de maneira generalizada.

Neste capítulo, desejamos apenas frisar, com base nos ensinamentos da Escola Austríaca, um dos efeitos da falsa proposição de que, se X é pobre, é porque Y, que é rico, o explora. Refiro-me à mentalidade antiempresarial que campeia na América Latina e, a rigor, em todo o mundo – até mesmo, atualmente, nos Estados Unidos e na Europa –, à visão de que todos os empresários são, até prova em contrário, verdadeiros poços de vícios e de que todos os "trabalhadores" (como se empresários também não trabalhassem) autênticas fontes inexauríveis de virtudes.

Na cultura brasileira isto é patente, evidente e eloquente: se Fulano pretende abrir uma empresa qualquer, é imediatamente tratado pelo estado como um suspeito e é obrigado – se não desistir antes – a enfrentar um calvário burocrático, que antecede três outros calvários, o tributário, o regulatório e o trabalhista, a que será submetido caso venha a obter a autorização para abrir o seu negócio, o que consumirá, em média, de acordo com o Banco Mundial, 152 dias (contra 71 dias na América Latina, cerca de 30 dias na Europa, de uma semana a quinze dias nos Estados Unidos e cerca de três ou quatro dias na Austrália e na Nova Zelândia). Uma vez aberta a sua empresa, os corvos da tributação excessiva e complexa, os urubus do excesso de regulamentações e da burocracia e as demais aves de mau agouro dos encargos trabalhistas começam imediatamente a sobrevoar a área. E, se o herói cansar-se e resolver fechar a empresa, só o conseguirá ao cabo de, em média, 10 anos!

Além da carga tributária pesadíssima, existe o chamado "tributo burocrático", também impressionante: ainda de acordo com o Banco Mundial, são 2.600 horas anuais gastas, em média, pelos empresários nacionais para tratar de assuntos tributários, contra 350 nos Estados Unidos e 105 na Alemanha. A enorme burocracia e o excesso de regras, bem como as frequentes mudanças nas mesmas, prejudicam os negócios e inibem o *empreendedorismo*. O Brasil ocupa a 122ª posição no *ranking* geral de facilidade em realizar negócios. A legislação trabalhista é anacrônica e os encargos excessivos fazem com que o custo para o empregador de um funcionário seja mais do que dobrado em relação ao seu salário. Não há, evidentemente, dados oficiais sobre a praga da corrupção, mas parece ser evidente que ambientes institucionais como esse que acabamos de descrever a estimulam fortemente.

Precisamos ter em mente que vícios e virtudes são universais, fazem parte da própria condição humana e, portanto, são comuns a patrões e a empregados, a ricos e a pobres. Assim como há patrões e ricos desonestos, exploradores e corruptos, também há empregados e pobres corruptos, exploradores e desonestos! A seguir a falsa premissa de que vícios são atributos exclusivos de ricos e patrões e de que todos os funcionários e pobres beiram a santidade, teríamos que defender práticas adotadas por déspotas como Mao, Pol Pot e Fidel, que desapropriaram todas as propriedades, mataram muitos dos seus legítimos donos e forçaram os restantes a trabalhar no campo em regime de trabalhos forçados. O resultado, em todos esses casos e em outros semelhantes, foi uma generalização da pobreza.

2
A Função Empresarial

O conceito austríaco de *função empresarial* está intimamente relacionado ao de *ação humana*, definida genericamente como qualquer comportamento deliberado com vistas a atingir determinados *fins* que, segundo acredita o agente, irão aumentar a sua satisfação. Cada agente atribui a um determinado fim uma apreciação subjetiva, de caráter psicológico, que se denomina de *valor*. E os *meios* são simplesmente aquele conjunto de atos que o agente considera mais adequados para alcançar os seus fins, enquanto a *utilidade* consiste na apreciação, também subjetiva, que o ator atribui aos meios, tendo em vista o *valor* dos fins que, segundo ele, os meios escolhidos permitirão atingir. Sendo assim, *valor* e *utilidade* são como duas faces de uma moeda, uma vez que o valor subjetivo que o agente atribui aos fins desejados é projetado, pelo conceito de utilidade, aos *meios* que acredita serem adequados para tal.

Como os meios sempre são escassos face aos fins, os agentes tendem a buscar primeiro os fins aos quais atribuem maior valor e apenas posteriormente os demais, que são relativamente menos importantes. Em outras palavras, o agente valoriza cada meio existente que possa ser usado para alcançar diversas ações de acordo com a *utilidade marginal* de cada um e, evidentemente, escolherá em primeiro lugar aqueles a que atribui subjetivamente utilidade marginal maior. Além disso, como a ação sempre acontece no tempo e o tempo é também escasso, em igualdade de circunstâncias o agente sempre atribuirá valores maiores para os fins mais imediatos, ou seja, prevalece a *preferência intertemporal* nas suas escolhas.

A função empresarial, definida mais precisamente, nada mais é do que aquele atributo individual de perceber as possibilidades de lucros ou ganhos eventualmente existentes. Ora, como isso se constitui em uma categoria de ação, esta pode ser encarada como um fenômeno *empresarial*, que põe em destaque as capacidades perceptiva, criativa e de coordenação de cada agente.

Como em qualquer ação humana, a ação empresarial se processa em ambiente de surpresa e de incerteza genuína e requer criatividade, uma vez que o futuro é sempre incerto e está sempre aberto ao desenvolvimento do potencial criativo dos agentes. Outra característica da ação empresarial é que, em se tratando de escolhas ao longo do tempo e sob condições de incerteza, há sempre outras ações a que se deve renunciar. O valor subjetivo dessas ações a que se renuncia é denominado de *custo*. Logicamente, os agentes agem porque acreditam subjetivamente que os fins escolhidos possuem um valor maior ao dos custos decorrentes da escolha por determinada ação e a diferença constitui o *lucro*, que é o elemento motivador da ação. Se as ações não acarretassem custos, os valores subjetivos dos fins coincidiriam com o lucro. Para os economistas da Escola Austríaca toda ação embute um componente empresarial puro e criativo em sua essência, que não requer qualquer custo e que é exatamente o que permite aproximar o conceito de ação do conceito de função empresarial.

Além disso, qualquer ação é sempre *racional*, no sentido de que *a priori*, quando formula sua ação e delineia os fins, o agente sempre busca os meios que julga serem mais apropriados para que tenha sucesso. Isto não significa, logicamente, que, *a posteriori*, não existam os chamados *erros empresariais*, que são os prejuízos ou perdas decorrentes de erros de avaliação de meios e fins.

Claramente, toda ação – e, portanto, toda atuação empresarial – tem a capacidade de gerar novas informações de cunho implícito, de natureza ao mesmo tempo prática e subjetiva e que muitas vezes não podem ser expressas. Sendo assim, o conjunto de ações ou atos empresariais induz cada agente a ajustar ou coordenar suas próprias atuações levando em consideração as necessidades, desejos e circunstâncias dos demais agentes, transmitidas pelo processo de mercado por meio de suas atuações. Essa dinâmica, no final das contas, é que torna possível e interessante, de maneira inteiramente espontânea e inconsciente, a própria vida em sociedade.

A ação empresarial é imprescindível para tornar possível o *cálculo econômico* – definido como as estimativas de avaliação dos resultados dos diversos cursos de ação –, porque somente ela é capaz de proporcionar as informações necessárias para tal. A função empresarial, portanto, é um elemento precioso para a realização do processo de coordenação social e dos juízos dos resultados da ação humana no campo econômico.

Uma sociedade que abre mão da função empresarial está condenada à ausência de coordenação social e de cálculo econômico e, portanto, está abrindo todas as portas para a coerção institucional. Sem mercados livres e liberdade para agir, não pode haver ação empresarial; sem esta, não há como se falar em preços de mercado; e sem estes, é impossível existir coordenação e cálculo econômico. Foi exatamente o que aconteceu com as sociedades que optaram pelo socialismo e ainda acontece naquelas que, por incrível que pareça, ainda seguem essa opção. Coerção e eficiência econômica – no sentido de coordenação e cálculo econômico – são termos mutuamente excludentes.

A teoria austríaca da função empresarial pode ser exposta a partir de uma síntese dos trabalhos de Israel Kirzner, especialmente sua trilogia *Competition and Entrepreneurship*, *Perception, Opportunity and Profit* e *Discovery and the Capitalist Process*, publicada pela *The University of Chicago Press*, respectivamente, em 1973, 1979 e 1985, bem como nas publicações subsequentes *Discovery, Capitalism and Distributive Justice* (*Basil Blackewell*, 1989) e *The Meaning of Market Process: Essays in the Development of Modern Austrian Economics* (*Routledge*, 1991). A obra de Kirzner parte de elementos, como não poderia deixar de ser, das contribuições anteriores de Menger, Mises, Hayek, Lachmann e Shackle e constitui, certamente, uma enorme contribuição para o desenvolvimento dos *insights* austríacos.

Toda e qualquer ação no campo econômico envolve uma escolha, tanto no campo empresarial como fora dele. O que caracteriza a atividade dos *entrepreneurs*, isto é, a função empresarial, é um constante estado de perspicácia, que significa algo mais que uma simples vantagem relativa em termos de conhecimento, tal como a que possui, por exemplo, um especialista em determinado assunto sobre os não especialistas. Sob a ótica de Kirzner, o conhecimento empresarial é um tipo de conhecimento rarefeito, abstrato, aquele tipo de conhecimento necessário para se obter informações ou outros recursos e, uma vez obtidas, do como obter ganhos. Mercados em desequilíbrio são uma das conseqüências da ignorância, da insuficiência de conhecimento, mas, por outro lado, o fato de não estarem em equilíbrio proporciona tentativas de descoberta de oportunidades lucrativas.

A Escola Austríaca, contudo, estabelece diferenças entre o *empresário* e o *homem de negócios*, na medida em que distingue entre *empresário* e *empreendedor*. Neste sentido, diversas categorias de pessoas podem ser consideradas como empresários, desde que estejam sempre agindo mediante escolhas, sejam essas pessoas sindicalistas, diretores de "empresas" estatais, herdeiros de empresas que passam o seu tempo sem trabalhar, ou envolvidos em "atividades empresariais políticas". Sob o ponto de vista austríaco, o que caracteriza a escolha empresarial é o subjetivismo, isto é, o fato de que as escolhas são feitas, antes de mais nada, na imaginação. Se o empresário apenas reagisse a fatos objetivos, então ele não seria mais do que mero otimizador de funções matemáticas de lucro que reage sempre a fatos objetivos. Na realidade, ele é mais do que isso, porque diferentes empresários reagem de maneiras diferentes, quando colocados diante do mesmo fato objetivo. Cada indivíduo possui o que Shackle denominou de *orientação* própria, isto é, um esquema particular e subjetivo para explorar o cenário econômico, tal como este se lhe apresenta em determinado momento.

O *empreendedor* é aquele indivíduo que percebe que uma determinada ideia poderá lhe proporcionar ganhos e se empenha para desenvolvê-la na prática. O fato de esse indivíduo ser ou não um empresário (no sentido de ser diretor ou dono de uma empresa), no momento em que nasce sua boa ideia, não é, portanto, relevante para que possamos defini-lo como *empreendedor*.

Um dos aspectos mais importantes do conceito de *função empresarial* de Kirzner é que o empresário é visto não apenas como a mola propulsora de uma economia de mercado, mas principalmente como um produto exclusivo da economia de mercado, conforme comentamos anteriormente. Em outras palavras, só podem existir empresários, no conceito utilizado pela Escola Austríaca, onde houver economia de mercado, uma vez que o processo de descoberta que caracteriza os mercados livres, em que os empresários são obrigados a manter-se em permanente estado de sagacidade para que possam saber que necessidades específicas os consumidores desejam ver atendidas, não pode ser substituído pelo planejamento, por computadores, por reuniões da "sociedade civil", por "câmaras setoriais" ou por "soluções" políticas.

A atividade empresarial pode ser vista também como um caso geral de arbitragem, em que as oportunidades de lucros surgem quando os preços dos produtos finais não estão ajustados aos preços dos serviços dos fatores de produção: quando isto acontece, alguma coisa está necessariamente sendo vendida a preços diferentes em dois mercados, como resultado de imperfeições na comunicação entre eles. O papel do verdadeiro empresário, então, é o de explorar essa oportunidade e, como isso, realocar recursos, o que tende a eliminar a discrepância de preços. Ao fazer isso – e ser bem sucedido –, outros empresários terão aumentado seu nível de conhecimento e tenderão a seguir seu exemplo.

Segue-se, então, que a fonte principal do lucro é exatamente a incapacidade de todos os empresários, ao mesmo tempo, anteciparem corretamente o estado futuro do mercado. Como já observara Mises, caso isto fosse possível, não haveria nem lucros nem prejuízos. Kirzner considera outra fonte importante de lucros, que é a capacidade de descobrir onde estão as oportunidades. Portanto, a teoria austríaca descarta a visão convencional de que o lucro seria simplesmente a recompensa ganha pelo fator capital e um resíduo, já que não existe uma demanda por atividade empresarial, nos moldes de uma demanda por capital. Por isso, não existe um preço para ela, como há um preço para o capital. É com esses argumentos que os austríacos encaram os lucros sob o ponto de vista ético.

O processo de mercado e a função empresarial no contexto da ação humana, portanto, desencadeiam um processo de cooperação social que, por intermédio dos mecanismos de aquisição e de disseminação de novos conhecimentos, representa o melhor sistema de alocação dos escassos recursos econômicos que se conhece. Tal sistema pode ser equiparado a um universo, onde há ininterruptamente forças em expansão e forças em contração, sendo o conjunto de todas essas forças incontroláveis pelo homem. Em outras palavras, para usarmos uma expressão de Hayek, uma *ordem espontânea* de mercado, fruto da ação humana, mas não do desejo deliberado dos planejadores e que representa a melhor forma de organização econômica.

3
O VALOR DO EMPREENDEDORISMO

O empreendedor é fundamental para a geração de riqueza, não apenas para ele, mas para milhões, bilhões de pessoas, especialmente para os consumidores. Não é um simples proprietário de uma empresa (empresário), mas alguém que, muitas vezes sem um centavo no bolso, vislumbrou antes dos demais uma oportunidade de produzir algo que iria tornar satisfeitos os consumidores e melhorar as suas vidas; é alguém que, antecipando essa possibilidade, assumiu riscos às vezes fantásticos, pois, em caso de fracasso, perderia até os sapatos que calça; é alguém que, em inúmeros exemplos, precisou tomar empréstimos para tornar viável o negócio que imaginou; é alguém que criou e, neste sentido, é cocriador, o que o aproxima, como homem, da *imago Dei*; é alguém de cujas ideias e sonhos terminam brotando riqueza e dinheiro, empregos e rendas para os seus semelhantes; é alguém que percebe que uma determinada ideia é boa e trabalha duramente para pô-la em prática e que sabe perfeitamente que, caso sua ideia seja executada, mas não caia no agrado dos consumidores, naufragará com ela.

Voltemos ao exemplo do primeiro capítulo, em que João pretende alcançar um *fim* F_J, para o qual precisa utilizar um *meio*, M_J, que ele não possui e que, além disso, não sabe como obter e que Maria pretenda alcançar um *fim* F_M, diferente de F_J, e que tem à sua disposição o *meio* M_J, que é útil para João, mas que não tem utilidade para ela. Além disso, Maria não sabe que esse *meio* é importante para João e este, por sua vez, não sabe que Maria o possui e, ainda, que ela não pretende utilizá-lo. Suponhamos agora que o *fim* de João seja o de abrir uma oficina de mecânica de automóveis em uma determinada rua de um bairro, que o *meio* de que necessite seja um terreno e que Maria tenha herdado de uma tia um terreno baldio nessa mesma rua, que só lhe tem causado custos com as taxas e impostos escorchantes que o município lhe impõe. Maria e João não se conhecem, mas eis que surge José que, conhecendo os desejos de ambos, percebe uma boa oportunidade de ganho se comprar o terreno de Maria por, digamos, R$ 80.000 (valor que ele possui em uma conta poupança) e revendê-lo para João por um valor maior. Suponhamos que Maria venda o terreno para José por aquele valor e que José consiga revendê-lo para João por R$ 100.000. Admitamos, por fim, que João, de posse do terreno, abra a sua oficina e, com isso, dê emprego para cinco pessoas que se encontravam desempregadas.

Observemos quantos indivíduos ganharam com a ideia que José conseguiu levar adiante. Primeiro, o próprio José, que lucrou R$ 20.000; depois, Maria, que, além de ver-se livre das despesas com o terreno, embolsou, em termos brutos, R$ 80.000; em terceiro lugar, João, que pode finalmente realizar o seu desejo de ser proprietário de uma oficina mecânica e que poderá obter lucros com o seu funcionamento; e, por fim, os cinco empregados do novo negócio e, obviamente, as suas famílias, que – admitamos – totalizavam, somando as esposas e os três filhos de cada um, vinte pessoas. Portanto, o *empreendedorismo* de José beneficiou, ao fim e ao cabo, ele mesmo, João, Maria, os cinco mecânicos e mais vinte pessoas, ou seja, vinte e oito pessoas.

Notemos que José, para colocar em prática a sua ideia, nem precisava dispor dos R$ 80.000 necessários para comprar o terreno de Maria, bastando que tomasse um empréstimo nesse valor e que o total de juros que teria que pagar pela operação fosse inferior ao ganho obtido com a revenda do terreno para João. Vemos, então, que o *empreendedor* não precisa ser alguém necessariamente rico, mas alguém que tenha criatividade, inventividade, ideias, enfim.

Ora, se isto acontece em um pequeno negócio como o desse exemplo simples, podemos imaginar a amplitude dos benefícios proporcionados pelos grandes negócios, que envolvem a geração de empregos de centenas e de milhares de pessoas. No entanto, a cultura antiempresarial insiste invariavelmente em associar os grandes negócios a fraudes, negociatas e “maracutaias”, em que apenas os “empresários” obtêm lucros e sempre a partir da “exploração” alheia...

Assim, José, o *empreendedor* inicial (aquele que teve a ideia), conseguiu obter um lucro empresarial bruto de R$ 20.000. Mas Maria, de imediato, já ganhou R$ 80.000 e poderá, ao longo do tempo, ganhar mais do que o lucro de José, caso aplique bem o seu dinheiro. Da mesma forma, o negócio de João, que lhe custou R$ 100.000 pela compra do terreno, fora os custos com máquinas, empregados e a construção de um galpão, entre outros, depois de algum tempo, compensará os seus custos fixos e variáveis de abrir e manter a oficina. A ação empresarial de José produziu vários efeitos: criou nova informação; transmitiu essa informação ao mercado; coordenou os planos de João com os de Maria; deu emprego para cinco mecânicos; beneficiou suas famílias; e aumentou a competição no setor de mecânica de automóveis, porque criou mais uma empresa e, portanto, beneficiou também os proprietários de carros.

Ai do mundo se não existissem pessoas assim, com tal disposição para assumirem riscos e, desta forma, contribuírem para melhorar as condições de vida do mundo, não apenas em proveito próprio, mas beneficiando bilhões de outros indivíduos. Cristóvão Colombo, por exemplo, foi um autêntico empreendedor, em uma época em que os riscos de seu empreendimento eram enormes, pois as naus eram semelhantes a cascas de nozes e o capital necessário para o seu empreendimento, bem como as suas fontes, era muito mais escasso do que em nossos dias, o que o levou a buscar a ajuda da rainha Isabel de Castela, pois, se fosse depender de recursos próprios ou de empréstimos de bancos, não poderia realizar o seu negócio, que mudou o mundo. Irineu Evangelista de Souza (o Visconde de Mauá), Amador Aguiar, Akio Morita, Bill Gates e milhões de criadores anônimos de pequenos e grandes negócios espalhados pelo mundo são exemplos de empreendedores.

O empreendedorismo brota do espírito criativo dos indivíduos, que os leva a assumir riscos para criar mais riqueza, o que o faz depender, para que possa florescer, de quatro atributos: de um governo limitado, do respeito aos direitos de propriedade, de leis boas e estáveis e da economia de mercado. Quanto mais uma sociedade afastar-se desses pressupostos, mais sufocada ficará a atividade de empreender, o que terminará por prejudicar toda a sociedade, porque não se conhece até hoje exemplo de desenvolvimento econômico sem a presença de empreendedores.

Mas a propaganda *gramsciana* tem sido tão eficaz a ponto de gerar o que o padre Robert A. Sirico, presidente do Acton Institute, denomina, com bastante propriedade, de *anti-capitalist capitalists*, no excelente vídeo *The Call of the Entrepreneur* distribuído por aquele instituto. Os "capitalistas anticapitalistas" são, em geral, empresários que, a despeito de terem ajudado a criar riqueza para a sociedade mediante seus negócios bem sucedidos, adotam simultaneamente causas antitéticas ao crescimento econômico, à livre empresa e às liberdades individuais, como a retórica da "responsabilidade social das empresas" – algo que, por si só e de início, é um pleonasmo. Assim, a partir de meados da década passada, muitos empresários passaram a prover fundos para causas politicamente intervencionistas e anticapitalistas, que se abrigam sob o manto politicamente correto da "responsabilidade social das empresas".

O que tem levado homens de sucesso, cujos negócios beneficiaram não apenas a eles próprios, mas a muitos consumidores, a abraçarem causas que entram em choque com tudo o que fizeram anteriormente, a assumirem uma pretensa "culpa" pelos males do mundo, para cujo progresso suas ações no passado foram decisivas e, enfim, a viver simultaneamente as *Duas Realidades* a que se referia Voegelin? Só encontro três respostas para tamanha incoerência. A primeira é algo como que uma nostalgia da juventude, daquele idealismo típico dos anos de 1960, que definia compulsoriamente o lucro como um enorme pecado, quando, na realidade, nada tem de vicioso, como a própria Doutrina Social da Igreja, especialmente nas encíclicas escritas por João Paulo II, afirma peremptoriamente em diversas passagens. Ora, se essas pessoas encaram os próprios lucros como algo "errado" ou "pecaminoso", é natural que sintam um desconforto em relação aos seus semelhantes, o que as leva a posar como "protetoras dos pobres". Mises, ainda nos anos de 1920, já observara tal comportamento doentio em empresários, intelectuais e em artistas de sucesso.

A segunda razão que leva empresários bem sucedidos a abraçarem causas que, em sua essência, são antiempresariais, é também a motivadora da anterior: trata-se da propaganda esquerdista tão competentemente orquestrada e bombardeada diariamente na mídia, que atribui a pobreza de X exclusivamente à riqueza de Y e, portanto, ele – Y, o "rico" – teria obrigação "moral" de melhorar a situação dos pobres. Como se já não tivesse feito isto, desde que abriu o seu negócio e com ele beneficiou outras pessoas, tanto as que trabalham diretamente para ele como as que compram os seus produtos...

A terceira é que em um sistema de organização social em que o estado detém poder excessivo sobre os indivíduos, os empresários ficam reféns das autoridades, que algumas vezes praticam verdadeiras chantagens, exigindo doações para seus partidos em troca da permissão para a manutenção do negócio ou para a concessão de alguns privilégios. É entristecedor, embora compreensível, assistirmos a empresários e *empreendedores* doando dinheiro para políticos de partidos cujas ideias são essencialmente anticapitalistas, sem terem noção de que essas atitudes poderão no futuro, caso os grupos radicais que ajudaram a eleger alcancem o poder, tornar menos lucrativo ou até eliminar o seu negócio.

Um exemplo notável dessa visão distorcida da realidade estimulada pela mídia esquerdista é o filme *Wall Street*, em que o protagonista, um banqueiro milionário vivido pelo ator Michael Douglas, declara enfaticamente que ele não cria riqueza, apenas a toma dos outros... Uma asneira cinematográfica nos dois sentidos, primeiro, porque banqueiros também podem ser autênticos empreendedores e segundo porque os empreendedores não banqueiros dependem dos banqueiros!

Enquanto prevalecer na América Latina a mentalidade antiempresarial e não nos dermos conta dos benefícios que a atividade empreendedora gera para a economia e para a sociedade, vamos continuar repetindo o teorema fatal da economia como um jogo de soma zero e seu corolário, o de que X é sempre explorado por Y e de que tal fato explica por si só a sua pobreza. E, consequentemente, não vamos sair do nível de pobreza em que estamos.

4
Empreendedorismo e confiança

A virtude da confiança é essencial em uma economia de livre-mercado, em que muitos assumem riscos em seus empreendimentos. Sem confiança recíproca, a economia transforma-se em algo semelhante a um jogo não cooperativo. Em primeiro lugar, o *empreendedor* precisa confiar na própria economia de mercado, sabendo que, enquanto os resultados de suas ações não estiverem garantidos e os riscos forem elevados, pode esperar aparecer uma oportunidade justa de levar avante a sua ação planejada, recorrendo a investidores. Estes, por sua vez, precisam ter certeza de que existem proteções inarredáveis à propriedade privada e que terão oportunidades de auferir retornos proporcionais ao risco que assumirem. Quando não existe confiança, a economia não caminha em frente.

Além disso, essas questões fundamentais conduzem a uma pergunta importante: podemos confiar nas ações do governo e na contenção de seu poder? Será que podemos confiar no governo para proteger a propriedade privada; manter a moeda estável; limitar os impostos e o excesso de regulamentação, respeitar contratos; punir o descumprimento de contratos e a corrupção; deixar as tarefas de produção, de formação de preços e lucro entregues à competição; e, por fim, respeitar as decisões do consumidor no mercado?

Infelizmente, é muito mais frequente o governo não cumprir as tarefas básicas, ou extrapolar seus deveres fundamentais. O sistema político parece ter um poder maior de desrespeitar a ética do que o sistema econômico, embora muitos pensem exatamente o contrário. Como observou Raymond J. Keating,

> as débeis proteções ao direito de propriedade ou a usurpação governamental da propriedade privada, a inflação exagerada, os níveis destrutivos de impostos ou de regulamentação, o crime desenfreado, os controles de preços, e todas as violações da confiança cometidas pelo governo minam a economia de mercado. Infelizmente, já que o governo é guiado com freqüência não pelos princípios, mas pela política, o poder, cujos objetivos escusos se dobram aos vários interesses, faz com que os políticos constantemente quebrem essa confiança.

Mas o setor privado, até para que possa funcionar bem, opera com incentivos diferentes. Ainda segundo Keating,

> não importa qual seja a motivação final, deve haver consideração com os outros. Para ir de encontro às necessidades e desejos do próximo, há a obrigação de fornecer primeiramente um bem ou um serviço demandado pelas pessoas. O erro em descobrir ou criar novas demandas, para ser eficiente e para oferecer a melhor qualidade com o menor preço pode significar perdas e a eventual saída do negócio. O sistema de livre-mercado com incentivos e competição promove a confiança no negócio entre os consumidores.

A confiança deve fluir igualmente no sentido oposto, ou seja, os *empreendedores* e empresários precisam confiar nos consumidores e, para isso, devem conduzir os seus negócios com honestidade, para que não sejam processados e devem estar seguros de que o sistema jurídico não tem viés antiempresarial e que esse sistema não será utilizado abusivamente contra eles. Quando isso acontece, advogados dos órgãos de "defesa do consumidor" entram com ações injustas contra negócios honestos, muitas vezes com a anuência de órgãos do judiciário ou de seus representantes e também tendo o próprio governo como um dos litigantes. Evidentemente, isto quebra a confiança que empresas que trabalham honestamente devem ter em relação aos consumidores e tende a torná-las mais defensivas, ou seja, a retrair as ações empresariais empreendedoras. A prática abusiva de processos na justiça contra empresas representa seguramente uma quebra de confiança na economia de mercado, com efeitos desastrosos, principalmente para as empresas de pequeno porte, porque os montantes dos litígios com consumidores têm um peso relativo alto em suas estruturas de custos. Nos Estados Unidos, por exemplo, em 2006, uma ação civil custava em média cerca de US$ 75.000, do início até o julgamento.

Estremecida a confiança de ambas as partes, o passo seguinte é a deterioração dos valores morais subjacentes à sociedade, com estímulos a atitudes viciosas, como a de tentar ludibriar os clientes, o chefe, o dono da loja, o policial, o caixa da padaria ou o representante da justiça. É claro que processos legais são válidos, mas como exceções, nos casos de ilícitos indiscutíveis, e não como regra geral. Quando a expressão "vou abrir um processo contra essa empresa" passa a ser dominante, definitivamente, algo de errado está acontecendo.

Uma vez quebrada a confiança, as ações do estado não costumam ser suficientes para restabelecer a confiança, porque elas tendem a gerar abusos por parte do próprio estado, perpetrados mediante a imposição de um excesso de medidas de caráter regulatório, que tendem a comprometer a liberdade e, portanto, a *função empresarial*. Infelizmente, muitos acreditam piamente que a resposta para os problemas causados pela desconfiança esteja no estado grande, esquecendo-se de que as pessoas que fazem parte do estado são como todas as outras ou até piores, porque têm poderes em demasia em suas mãos. Quanto maiores forem o estado e o poder em suas mãos, pior para os cidadãos.

E o que dizer do poder em mãos privadas? Será que os tão combatidos *trustes* são realmente maus? A compreensão de como a economia do mundo real funciona e as evoluções do mercado no século XIX nos dizem que, na pior das hipóteses, eles são menos maléficos do que os excessos de regulamentações. Em *Capitalism: A Treatise on Economics*, (Jameson Books, 1996), George Reisman mostra que, dadas as limitações das leis corporativas daquele período, os trustes eram os meios para realizar fusões e que cumpriram "*um papel primordial em melhorar a eficiência do sistema econômico, e assim em aumentar o padrão geral de vida. [...] A era dos trustes foi a era do mais rápido progresso econômico e da transformação dos Estados Unidos no primeiro país em produção industrial e em poder econômico do mundo*".

Os *trustes* do século XIX não romperam com a confiança no mercado. Ao contrário, eram exemplos até certo ponto fantásticos de empreendedores que serviam mais do que satisfatoriamente aos consumidores, cumprindo o voto de confiança que estes deram aos empreendedores.

5
A IMITAÇÃO E A INOVAÇÃO COMO APRENDIZADO

Os seres humanos possuem duas habilidades cognitivas complementares, a saber, a capacidade de inovar e a de imitar, na medida em que executam alguma coisa nova ou replicam alguma coisa que já foi realizada e que foi exitosa. As novidades que deram certo podem reproduzir-se por meio de inúmeras tentativas de imitação, e assim gerar mais trocas que, por sua vez, podem ser imitadas, em um processo recursivo. A ação humana e, em especial, a *função empresarial* – se desenvolve em um ambiente de permanente tensão entre o *manter* e o *inovar*.

Imitar não significa apenas copiar de maneira idêntica aquilo que alguém já fez, mas sim procurar observar, pensar, compreender e acrescentar o que se aprendeu do conhecimento de outros ao próprio conhecimento. Em outras palavras, imitar significa apreender, o que exige o esforço de pensar. Assim, o ato de imitar tem um sentido claramente evolutivo: uma forma de comportamento que se mostrou equivocada tende a desaparecer, assim como uma que se revelou um sucesso tende a ser objeto de imitação, até mesmo por uma questão de segurança em termos de menores riscos. Com efeito, para não desperdiçar tempo e recursos tentando resolver um problema, ensina o bom senso que é conveniente verificar se alguém antes já tentou solucioná-lo, se o solucionou, de que maneira o solucionou e, então, dar vazão à própria inteligência e imaginação para tentar imitar a solução, ou melhorá-la, ou, se for o caso, buscar uma solução alternativa.

A inovação, por sua vez, também não surge do nada, porque requer novas combinações de elementos já existentes para produzir alguma coisa que seja novidade e que seja bem aceita. É uma tarefa bastante difícil, porque diversas combinações possíveis já foram tentadas e, em alguns casos, existe um número praticamente infinito de combinações possíveis, o que aumenta consideravelmente os custos. Inovar significa navegar em mares desconhecidos, correr riscos de cometer erros, despender tempo e outros recursos, tentar, errar e tentar novamente até, eventualmente, descobrir o que se estava buscando. Isso explica porque as inovações de sucesso geralmente foram resultados de processos graduais de buscas, em que se ia melhorando o que já havia sido descoberto e explorando facetas ainda desconhecidas, mas próximas das já exploradas.

Pode também a inovação surgir acidentalmente, de maneira não deliberada, inconsciente ou intencionada, mas normalmente ela resulta de ações humanas intencionais, porque os *empreendedores* são quase sempre pessoas proativas, que estabelecem *fins* e buscam os *meios* necessários para obtê-los, imaginam maneiras de melhorar as coisas existentes e esforçam-se para conseguir o seu objetivo.

Um *empreendedor* pode agir para satisfazer a seus próprios desejos de uma forma autônoma, mas, em geral, como existe divisão de trabalho nos mercados, ele é um produtor especializado que tem em vista consumidores generalistas. Os empresários têm o objetivo de realizar novos projetos produtivos que caiam no agrado dos consumidores e, se de um lado produzem mudanças quando criam ou fazem crescer suas empresas, por outro tentam prever as condições futuras do mercado, em termos das preferências e poder de compra dos consumidores, para que possam, adaptando-se a elas, obter ganhos.

6
Conclusões

O *empreendedor*, ao exercer a *função empresarial*, é o responsável pelo dinamismo e pela coordenação no processo de mercado. Ele procura desajustes, ou ausências de coordenação, para aproveitar as oportunidades de ganhos que estes lhes proporcionam, como no exemplo simples de José, João e Maria que apresentamos. Sua própria atividade dá origem a situações diferentes, em que surgem novas oportunidades. Ele se arrisca, apresenta a sua proposta e a submete, então, ao julgamento soberano dos consumidores.

Qualquer pessoa pode ser um empresário, mas apenas algumas pessoas podem ser *empreendedores*, porque os atributos de vontade, perspicácia, inventividade e capacidade decisória sob condições de incerteza e de assumir riscos são virtudes que a maioria dos seres humanos não possui. Fulano, por exemplo, pode ser muito inventivo, mas detestar correr riscos; ou Beltrano ter muita vontade, mas não possuir capacidade decisória.

Abrir uma empresa e mantê-la sempre voltada para atender aos interesses dos consumidores é o que garante e justifica moralmente o lucro, porque se trata de uma verdadeira aventura e, em muitos países em que o estado parece fazer de tudo para interpor obstáculos entre os que produzem e os que consomem, é mesmo um ato de heroísmo.

O *empreendedor*, ao exercer sua *função empresarial*, deverá naturalmente ser obrigado a enfrentar os competidores que já estão estabelecidos, a dar respostas positivas para as inovações que surgirem e a lutar contra interesses já estabelecidos e que se sentirão ameaçados, o que os levará, já que sua vontade é de que tudo permaneça da maneira como está, a reagir, muitas vezes utilizando recursos não recomendados pela ética, como o de valer-se de proteções de grupos políticos que ocupam o poder. Além disso, precisa fazer com que os trabalhadores que dependem de sua iniciativa se sintam estimulados.

Definitivamente – e contrariamente ao que a maioria das pessoas pensa – qualquer obstáculo à livre iniciativa e ao empreendedorismo é, também, em empecilho ao progresso e ao desenvolvimento da economia e da sociedade.

A *função empresarial* e o *empreendedorismo* são plenamente exercidos quando o governo é limitado, quando existe respeito aos direitos de propriedade, quando as leis são boas e estáveis e quando prevalece a economia de mercado. Por isso, uma ordem social que estimule as virtudes do *empreendedorismo* deve estimular o florescimento desses quatro atributos.

Capítulo 4

A Teoria Austríaca do Capital

1
Introdução

Uma boa teoria do capital deve começar pelo reconhecimento de um fato que a simples vivência ensina: o de que o resultado ou recompensa pela produção de um bem ou serviço exige sempre esforço para ser alcançado. Nassau Senior denominou esse sacrifício de *abstinência*; Alfred Marshall e Karl Gustav Cassell de *espera*; Eugen von Böhm-Bawerk de *roundaboutness* (ou seja, a característica inerente aos processos de produção de serem indiretos); e Joan Gustaf Knut Wicksell, simplesmente, de *tempo*. Assim, um processo de produção *capitalista* ou *roundabout* – ou, simplesmente, *indireto* – é aquele que possui a característica de sacrificar alguma coisa hoje para ter mais coisas amanhã e em que a produção aumenta porque ocorre uma permuta (*switch*) intertemporal no produto.

Suponha que Robinson Crusoé pescava três peixes por dia mergulhando para pegá-los com as próprias mãos e que sua alimentação consistia exclusivamente do pescado que "produzia". Ao final do dia, assava-os e os comia. Suponha agora que ele tivesse tomado a decisão de, ao invés de comer os três peixes que pescava diariamente, consumir apenas dois, economizando, portanto, um peixe por dia. Ao cabo de dois dias, teria acumulado dois peixes, o que lhe garantiria consumo para um dia. Admita que ele gastasse esse dia não para pescar, mas para construir uma rede tosca, que lhe permitiria pegar, ao invés dos três a que estava acostumado, uma dúzia de peixes por dia – sem dúvida, um resultado superior ao inicial. Neste exemplo de uma economia *autística*, a *abstinência* – ou *poupança* – seria dada por aqueles dois peixes que deixou de comer durante os dois dias para que pudesse ter uma reserva de peixes que lhe permitisse passar um dia inteiro *investindo*, ou seja, construindo o bem de capital – a rede.

2
A teoria do capital de Böhm-Bawerk

Sem dúvida, o economista austríaco que prestou maior contribuição na formulação do que hoje se pode denominar de *Teoria Austríaca do Capital* foi Böhm-Bawerk (1851-1914). Examinemos os pontos principais dessa teoria

Ação humana, tempo e incerteza

Pode definir-se ação humana genericamente como qualquer comportamento ou escolha deliberada Os indivíduos, quando *agem*, fazem-no para alcançar determinados fins, utilizando os *meios* que julgam adequados. Para os austríacos, valor e utilidade são conceitos subjetivos, de caráter psíquico, e que se refletem em cada agente no que diz respeito à dualidade entre fins e meios. Os meios, por definição, são escassos face aos fins, pois, se não o fossem, não precisariam ser levados em conta ao definir-se a ação. Em outras palavras, fins e meios não são parâmetros ou dados: são resultados da *atividade empresarial*, que consiste precisamente na criação, ou descoberta, ou mesmo na simples consciência a respeito de quais são os fins e os meios relevantes em cada uma das inumeráveis escolhas que os seres humanos são forçados a fazer ao longo da vida.

Assim, quando um agente acredita ter descoberto determinados objetivos ou fins que lhe interessam, pensa imediatamente nos meios que julga possam ser utilizados para atingi-los. Ao definir fins e estabelecer meios, ele delineia um plano de ação, fruto de um ato volitivo. Esse plano é uma representação mental prospectiva a respeito das diferentes fases, fatores e circunstâncias que julga necessárias para a sua ação.

Como sabemos, a ação humana se dá sempre no tempo – não entendido no seu sentido newtoniano, ou seja, meramente físico ou analógico, mas sim em sua concepção dinâmica subjetivista, isto é, da forma como é subjetivamente sentido, experimentado e interpretado por cada agente na realização de sua ação – e sob condições de incerteza genuína. Ação, tempo e incerteza genuína são, por isso, categorias econômicas inseparáveis, o que nos permite definir a própria economia como ação humana ao longo do tempo (real) sob condições de incerteza genuína.

O que separa o agente de seu desejado fim é o tempo, ou seja, a série sucessiva de etapas que integram o seu processo de ação. É intuitivo que, sob o ponto de vista prospectivo e subjetivo do agente, existe uma tendência a que, quanto maior for o período de tempo que se espera para concretizar uma ação – ou seja, quanto maior a complexidade das etapas sucessivas que a constituem –, assim como quanto maior for o grau de incerteza envolvido na consecução da ação até o objetivo pretendido, o resultado ou fim da ação que se pretende alcançar deve possuir um valor maior. Se não fosse assim, não se realizariam ações que demandam mais tempo e embutem maior incerteza, porque se optaria sempre pelo "curto" e o "não duvidoso".

Em outras palavras, os seres humanos, em situações semelhantes, sempre desejam alcançar os seus fins da maneira mais rápida e menos incerta possível e somente mostrarão disposição para adiar a realização de seus propósitos se – subjetivamente – julgarem que o adiamento lhes permitirá alcançar objetivos de maior valor. A isto se denomina de *preferência intertemporal*. Escrevendo de outra forma: os *bens presentes* são preferíveis aos *bens futuros*, ou, ainda: o adiamento de uma recompensa no presente exige uma recompensa maior no futuro.

O capital e os bens de capital

Denomina-se *bem de capital* a cada uma das etapas intermediárias de cada processo de ação, subjetivamente consideradas dessa forma pelo agente. Mais especificamente, um *bem de capital* é uma das etapas intermediárias da série em que se constitui todo o processo produtivo desenvolvido pelo agente. Por exemplo, na produção do bem final automóvel, o chassi é um bem intermediário, um bem que já embute um valor adicionado e que ainda não está "pronto" para o consumo final, mas que é utilizado na produção do bem de primeira ordem.

A obra maior de Böhm-Bawerk – *Capital e Juros* – é composta por três partes: a primeira critica as teorias de juros existentes à época, a segunda constrói uma teoria do capital e juros e a terceira responde a críticas.

Para ilustrar a teoria dos juros e do capital, Böhm-Bawerk introduziu uma figura, a *mosca de alvo*, um conjunto de anéis concêntricos para representar a estrutura temporal de produção. A produção de um bem qualquer começa no centro do alvo, pela utilização dos *meios originais* (recursos naturais e trabalho). Com o decorrer do tempo, o processo produtivo vai se espraiando de dentro para fora e o produto final é representado pelo anel mais afastado. Para Böhm-Bawerk, quanto mais anéis a mosca possuir, maior o grau de desenvolvimento do processo produtivo, ou do sistema econômico. Na figura seguinte, por exemplo, a *mosca* do lado direito representa uma estrutura de capital mais sofisticada do que a da esquerda. Cada anel representa o que denominou de *classe de maturação*. Essa forma de representar a estrutura de capital precede a que Hayek utilizou mais tarde, com seus famosos *triângulos*. O *triângulo hayekiano* capta a linearidade essencial – o que não significa negar a existência de não linearidades importantes – da estrutura de produção e corresponde à figura da *mosca de alvo de Böhm-Bawerk*.

A *mosca de alvo bawerkiana* e os *triângulos hayekianos*

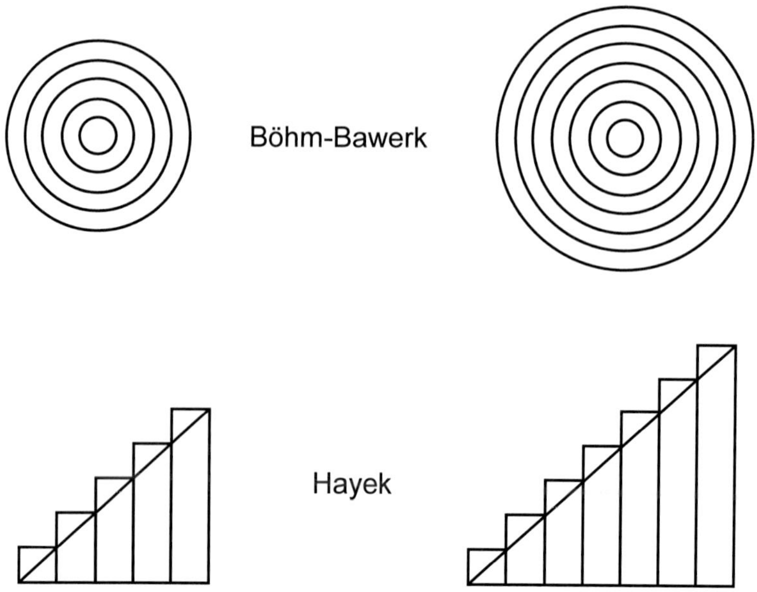

Expansões da estrutura de capital não correspondem a expansões simultâneas e na mesma proporção em cada estágio e nem devem ser interpretadas como um aumento simultâneo e igualmente proporcional no capital em todas as *classes de maturação*, mas simplesmente como uma realocação de capital entre elas. Este mecanismo de mercado mantém os planos de produção intertemporal em sintonia com as preferências intertemporais dos consumidores, ou, em linguagem mais usual, permite que a oferta e a demanda se realizem de modo sincronizado, no sentido de que a demanda por um bem ocorrerá exatamente quando o setor produtor acabar de produzir esse bem.

Como observa Roger Garrison ("Biografia de Eugen von Böhm-Bawerk", em http://www.mises.org.br/Article.aspx?id=87) o significado desse mecanismo de mercado era o ponto em questão no seu debate com John Bates Clark, que defendia a tese de que uma vez que o capital estivesse adequado, a manutenção dele seria automática; e a produção e o consumo seriam, na verdade, simultâneos. Embora um leitor atual possa concluir que Böhm-Bawerk venceu o debate e que nos anos posteriores Hayek obteve vitória semelhante em seu debate contra Frank Knight, a evolução da *mainstream economics* reflete que, nos meios acadêmicos, a crença implícita é de que foram Clark e Knight os vencedores.

Ainda reproduzindo Garrison (*ibidem*): "É fácil para os modernos economistas austríacos perceber que Böhm-Bawerk estava a apenas um passo de articular a teoria austríaca dos ciclos econômicos. Esse passo – que foi na verdade dado por Mises e Hayek – teria envolvido uma comparação das mudanças nas configurações dos anéis, procurando entender se essas mudanças eram induzidas por questões puramente preferenciais ou por questões puramente políticas. Uma mudança das preferências intertemporais no sentido de aumentar a poupança provoca uma realocação do capital entre os anéis de tal forma que a economia vivencia uma acumulação de capital e um crescimento sustentável; uma mudança nas condições do crédito que seja politicamente induzida, isto é, uma diminuição artificial das taxas de juros proporcionada pelo empréstimo de dinheiro recém criado (por um banco central que imprime dinheiro do nada), provoca más alocações do capital entre os anéis de tal forma que a economia sofre um crescimento insustentável e uma crise econômica".

Os bens de capital devem sempre ser concebidos sob um ponto de vista teleológico, em que fins e meios subjetivamente definidos sejam os seus elementos essenciais. Os bens de capital são, portanto, os bens econômicos de *ordens superiores* a que já se referia Menger, ou os fatores de produção que se incorporam em cada uma das etapas sucessivas de um processo de ação em geral (ou de um processo de produção, em particular). Os bens de capital são formados por três elementos essenciais: recursos naturais, trabalho e tempo, combinados ao longo de um processo de ação concebido e executado pelo agente.

A produção de bens de capital pressupõe a existência de poupança, definida como a renúncia ao consumo no presente (na expectativa de maior consumo no futuro). Para entendermos isso, basta recorrermos ao exemplo do peixe economizado – ou seja, *poupado* – durante dois dias consecutivos por Robinson Crusoé. Para construir a rede – isto é, para *investir* – e ter um bem de capital que lhe permitiria pescar uma dúzia de peixes diariamente, ele teve que realizar o esforço, durante dois dias seguidos, de comer apenas dois peixes, ao invés dos três a que estava habituado.

Ao planejar sua ação e decidir empreendê-la, Crusoé sabia previamente que precisaria poupar parte dos peixes que capturava diariamente e estocá-los, para que no terceiro dia – que dedicaria à construção da rede e em que, portanto, não teria tempo para pescar – pudesse alimentar-se deles. Se seus planos quanto à construção da rede estavam corretos, então Crusoé teria à sua disposição a rede, ou seja, o bem de capital representado por um estágio mais avançado em termos temporais exatamente no terceiro dia. Ele buscou coordenar a sua satisfação em termos de consumo presente relativamente ao seu comportamento futuro previsto. Mas, se, por exemplo, gastasse não um dia, porém dois, para construir a rede, seria forçado a jejuar durante esse dia adicional não previsto inicialmente em seus planos, a não ser que deixasse para concluir a rede no futuro, depois de esforçar-se poupando por mais dois dias. Se, por outro lado, gastasse apenas uma hora do terceiro dia para construir a rede, teria sacrificado sem necessidade o seu consumo nos dias anteriores.

Nas economias modernas, com milhões de agentes econômicos, em que a complexidade dos processos produtivos é muito mais sofisticada do que a do exemplo de Robinson Crusoé, o capitalista é aquele que poupa, ou seja, consume menos do que cria ou produz, liberando dessa forma recursos para os estágios mais afastados da estrutura de produção, isto é, para a produção de bens de capital.

O fator tempo e as taxas de juros

Böhm-Bawerk, ao enfatizar a importância do tempo no processo econômico e ao definir o capital como sendo os fatores de produção fabricados, contribuiu definitivamente para o desenvolvimento da teoria do capital e dos juros. Sua análise sustentava-se na ideia de que os meios de produção *indiretos* (*roundabout*) permitem o aumento da produtividade dos agentes, tanto em termos de quantidades maiores de bens produzidos sem equipamentos, como dos bens produzidos apenas com a utilização de bens de capital em seus processos produtivos. O tempo de espera associado ao uso de processos indiretos de produção é o núcleo de sua teoria dos juros. Seu argumento, como vimos, era o de que os agentes econômicos valorizam mais os bens presentes do que os bens futuros com características semelhantes, desde que as demais circunstâncias não se alterem. Em outras palavras, isto significa que as pessoas têm uma tendência a consumir mais no presente do que no futuro. Tal afirmativa, que denominamos de *lei da preferência intertemporal*, deduz-se imediatamente dos postulados da ação humana e traduz o fato de que, sendo o tempo um fator escasso, o agente econômico procura obter a situação mais satisfatória para ele no mínimo de tempo possível.

A lei da preferência intertemporal embasa a explicação das margens existentes entre os preços de venda e os custos, da qual se apropriam os empresários capitalistas que ofertam os fundos necessários para a compra dos bens de capital. Tal apropriação, na realidade, significa o pagamento de juros pelo período de tempo durante o qual seus investimentos foram usados e não se constitui, segundo Böhm-Bawerk, em qualquer exploração dos trabalhadores por parte de ninguém, como havia concluído Marx.

A teoria mengeriana do valor foi expandida para incluir a preferência intertemporal e, embora a Teoria Austríaca do Capital tenha passado por desenvolvimentos posteriores, a explicação bawerkiana dos juros e da produção indireta ainda é o seu núcleo.

O fato é que os agentes econômicos dispõem de duas possibilidades quanto ao consumo daquilo que é produzido: consumir no presente ou esperar para consumir no futuro, isto é, poupar. E, como os seres humanos possuem uma tendência para consumir no presente, torna-se necessário, para que eles abram mão dessa inclinação natural e adiem seu consumo, que recebam uma recompensa ou prêmio pela espera. Tal prêmio, denominado de *juros originário*, é definido como a diferença entre os valores atribuídos a um mesmo bem no presente e no futuro.

O montante de juros originário tende a ser diretamente proporcional à preferência temporal dos agentes econômicos, ou seja, quanto mais estes valorizem o consumo presente em relação ao futuro, maior deverá ser o montante de juros necessário para induzi-los a poupar, isto é, a postergar o consumo e, inversamente, quanto maior a preferência pelo consumo futuro em relação ao presente, menor deverá ser o total de juros que ele requererá para poupar. Se, por exemplo, os agentes econômicos soubessem que o fim do mundo seria no dia seguinte, a taxa de juros tenderia ao infinito; se, por outro lado, fossem informados de que passariam a ser doravante imortais, a taxa de juros cairia para níveis baixíssimos, próximos de zero.

Assim, de acordo com Böhm-Bawerk, quando um credor empresta, por exemplo, R$ 1.000 em troca do recebimento de R$ 1.030 dentro de um semestre, os dois não estão trocando a mesma coisa: o credor entrega R$ 1.000 ao devedor na forma de um bem presente (dinheiro), enquanto o devedor dá ao credor um bem futuro (uma promissória), que representa uma perspectiva de recebimento de dinheiro no fim dos seis meses. Em virtude da discrepância entre as valorizações de um mesmo bem no presente e no futuro, é que o credor cobra um prêmio (no exemplo, 3% ao semestre) pelo bem atual, que o devedor aceita pagar.

Além de mostrar a importância do fator tempo na formação das taxas de juros e como os lucros empresariais, sendo também determinados pela preferência intertemporal, representam, na verdade, em termos de lucros "normais", a própria taxa de juros, Böhm-Bawerk foi mais além: em seu "Capital and Interest", mostrou que os bens de capital não são apenas "trabalho incorporado", mas também tempo "incorporado". Ainda mais: percebeu que o capital – diferentemente do que supunham os ricardianos e do que implicitamente a maioria dos economistas do século XX aceita, ao considerá-lo como uma dada "quantidade" – é uma estrutura, uma rede bastante complexa e que possui uma dimensão temporal. Influenciou, entre outros, Rothbard, para quem o crescimento econômico e a maior produtividade não resultam simplesmente de acréscimos à quantidade de capital, mas também de acréscimos à sua estrutura temporal para a construção de processos de produção cada vez mais indiretos, que proporcionarão, no futuro, padrões mais elevados de consumo.

A taxa de juros

Os juros, para Böhm-Bawerk, não podem ser explicados pela produtividade física do capital. Imagine que um casal de patos gere seis patinhos daqui a vinte e oito dias (que é o tempo médio de incubação da espécie) e que cada pato – filhote ou adulto – custe R$ 50. Então, os seis patinhos excedentes não explicam os juros, pois, em caso contrário, seria interessante para qualquer um comprar hoje o casal de patos por qualquer preço menor do que R$ 400 para vendê-lo daqui a vinte e oito dias – quando, então, já seria de oito o total de animais – pelos R$ 400. Porém, acontece que as forças de mercado (entre elas a competição e as expectativas) fariam com que o preço presente dos oito patos subisse para os R$ 400.

Três motivos levaram o economista austríaco a explicar os juros pelas preferências intertemporais: primeiro, as necessidades presentes são mais urgentes do que as futuras; segundo, os agentes econômicos preferem o presente porque o futuro, além de incerto e desconhecido, é subjetivamente imaginado com imperfeição; e terceiro, os bens presentes podem valer mais, já que podem ser investidos agora em processos produtivos mais longos, que resultam em maior produtividade. Este último motivo – a maior produtividade dos processos produtivos de longo prazo – é fundamental na teoria bawerkiana do capital.

Os indivíduos, em suas escalas valorativas, tendem atribuir maior valor aos bens presentes do que aos bens futuros, mas a avaliação subjetiva, naturalmente, varia muito entre os indivíduos, bem como para o mesmo indivíduo ao longo de sua vida. Isto conduz a possibilidades múltiplas de trocas, em que ambas as partes possam se beneficiar. Pessoas com baixa preferência intertemporal estão dispostas a renunciar a bens presentes em troca de bens futuros com valores não muito maiores, entregando assim os seus bens presentes a outros que tenham uma preferência intertemporal mais alta e, portanto, valorizem mais fortemente o presente em relação ao futuro. Isto acaba por determinar o preço de mercado dos bens presentes relativamente aos bens futuros. Para a Escola Austríaca, portanto, a taxa de juros nada mais é do que o preço de mercado dos bens presentes em relação aos bens futuros.

Assim, a taxa de juros é o preço determinado em mercado no qual os ofertantes ou vendedores de bens presentes são, precisamente, os poupadores – todos aqueles relativamente mais dispostos a renunciar ao consumo imediato em troca da expectativa de obter um maior valor de bens no futuro. Já os compradores o de bens presentes preferem consumir bens e serviços imediatos porque sua propensão à abstinência é menor.

Assim, o mercado de bens presentes e bens futuros, no qual se determina a taxa de juros, é formado por toda a estrutura de produção da economia, em que os poupadores ou capitalistas renunciam ao consumo imediato e oferecem bens presentes aos proprietários dos fatores originais de produção (trabalho e recursos naturais) e aos proprietários dos bens de capital, em troca de assegurar a posse de um valor – que espera vir a ser maior – de bens de consumo no futuro. Se eliminarmos os efeitos positivos (ou negativos) dos ganhos (ou perdas) da atividade empresarial, a diferença de valor tende a coincidir com a taxa de juros.

Quanto maior a poupança, ou seja, quanto mais dispostos a renunciar ao consumo imediato forem os agentes, menor será a taxa de juro, maior disponibilidade de bens presentes para aumentar a duração e a complexidade dos estágios do processo produtivo. E quanto menor for a poupança, vale dizer, quanto menos dispostos forem os agentes econômicos a renunciar ao consumo imediato de bens presentes, mais alta será a taxa de juros de mercado. Portanto, uma taxa de juros de mercado alta indica que a poupança é escassa em termos relativos, e isso é um sinal de que os empreendedores não devem alargar os estágios de produção, o que provocaria descoordenações. A taxa de juros indica então à atividade empresarial quais os novos estágios produtivos ou projetos de investimento que devem empreender e quais devem evitar, para manter coordenados os comportamentos de poupadores, consumidores e investidores, evitando que os diversos estágios produtivos sejam mais curtos ou mais longos do que devem ser.

Essas observações são cruciais para entendermos corretamente a visão da Escola Austríaca a respeito dos ciclos econômicos, da inflação e do desemprego.

Poupança e Investimento

Robinson Crusoé, por haver poupado e investido, melhorou de situação: a produtividade de seu trabalho aumentou, – isto é, a relação entre o volume produzido e o tempo empregado na produção subiu – o que reduziu certamente sua jornada de trabalho e, portanto, aumentou seu tempo livre, que ele poderá utilizar como melhor lhe aprouver, seja descansando mais, seja fabricando novos bens de capital que lhe permitirão melhorar ainda mais, seja para o que for. O *capital*, portanto, que é o meio indispensável para a elevação do nível de bem-estar dos indivíduos, é resultado do investimento que, por sua vez, é fruto da poupança prévia e não de cédulas emitidas pelo Banco Central. O bem-estar aumenta a partir do esforço da poupança, na medida em que esta se converte em investimento; ele não aumenta – pelo contrário, diminui – pela simples vontade, manifestada pelo governo, de que ele poderá aumentar mediante a emissão de moeda.

Podemos, agora, aplicar esses conceitos ao mundo real, analisando o processo especial de mercado, denominado de mercado de capitais, composto de uma oferta, formada por todos os poupadores, e de uma demanda, representada por todos os investidores. Os primeiros, em troca do recebimento de juros, estão dispostos a adiar o seu consumo, ao passo que os segundos se dispõem a pagar juros para os poupadores, com o objetivo de produzir novos bens de capital. A taxa de juros, portanto, é o elemento de ligação entre a oferta de poupança e a demanda de investimento, comportando-se como um preço, embora, a rigor, não possa ser definida como tal, uma vez que, ao invés de ser determinada – como o são todos os preços – pela lei da utilidade marginal do bem transacionado, a taxa de juros é, como vimos, determinada pela lei da preferência intertemporal. A taxa de juros que se forma no mercado de capitais – *taxa bruta de juros* – é afetada, além da preferência intertemporal, por fatores provocados por mudanças em circunstâncias comerciais, como variações no poder de compra da moeda, alterações na taxa originária de juros e outras.

Portanto, a taxa bruta de juros tende a aumentar quando, mantendo-se constantes as demais circunstâncias, a demanda de recursos para investir aumenta e/ou a oferta de fundos para emprestar diminui; e tende a baixar quando a demanda de investimentos diminui e/ou a oferta de poupanças aumenta.

Os economistas austríacos ressaltam que o mercado de crédito, em que se obtêm empréstimos pagando a taxa de juros vigente, é apenas uma parte – e de importância relativamente não muito grande – do mercado geral onde se trocam bens presentes por bens futuros, formado por toda a estrutura produtiva da economia, Os mercados de empréstimos a curto, médio e longo prazo são apenas subconjuntos desse mercado mais amplo, em que têm um mero papel subsidiário e dependente, apesar de, do ponto de vista mais popular, o mercado de crédito ser o mais visível e evidente.

Quando as taxas de juros são livres, elas cumprem satisfatoriamente o papel de sinalizar o volume ótimo de investimentos – e, portanto, de formação de capital – em cada momento do tempo, o que impede o surgimento das flutuações cíclicas e mantém a economia operando permanentemente em uma tendência em direção ao equilíbrio nos processos de mercado que caracterizam a concepção austríaca.

Logo, as flutuações cíclicas são provocadas por fatores alheios aos mercados, como as manipulações das taxas de juros levadas a efeito pelos bancos centrais. A teoria *keynesiana*, ao sustentar que o problema do desemprego deve ser solucionado mediante a concessão de "crédito barato" – isto é, pela prática de se reduzir artificialmente as taxas de juros através de decretos ou, como é mais comum, por meio de injeções de moeda na economia – ignora que os investimentos assim fabricados não são lastreados em poupança, mas em pseudo ou falsa poupança – ou seja, em uma simulação – e não na renúncia, no sacrifício do consumo presente, no esforço da frugalidade.

Com efeito, a queda artificial da taxa de juros produz os mesmos efeitos perniciosos que o estabelecimento de qualquer preço máximo: diminui a oferta de poupança e aumenta a demanda de investimentos, criando um excedente artificial de demanda sobre a oferta, que é "coberto" pela emissão de moeda, isto é, de falsa poupança. Cria-se, assim, uma euforia inicial, com todas as características de má alocação de recursos, em que sobem os preços dos produtos, bem como a demanda de trabalho e os lucros naqueles setores mais beneficiados pela "queda" das taxas de juros, isto é, nos setores produtores de bens mais afastados do consumo final.

O problema é que, sendo artificialmente induzido – por não ser fundamentado em um crescimento real da poupança – este processo tem um componente endógeno que o torna auto-reversivo: após o *boom* inicial, os retornos nos estágios de produção mais próximos ao consumo aumentam, enquanto os retornos nos estágios inicialmente favorecidos, aqueles mais afastados do consumo, diminuem, o que provoca o redimensionamento da estrutura de capital da economia, processada mediante uma realocação de recursos que, a partir de agora, buscará os setores menos intensivos em capital. Haverá, portanto, perdas e desemprego, que serão maiores exatamente naqueles setores que se haviam artificialmente expandido na fase inicial. Eis, na concepção austríaca, a origem dos ciclos econômicos: as expansões monetárias, ao reduzirem os juros e criarem falsa poupança, provocam desproporcionalidades na produção de bens de capital, que se manifestam nas depressões, na medida em que elas provocam superprodução em alguns setores e subprodução em outros, em um processo cíclico.

Examinemos um pouco mais de perto a maneira como a teoria econômica austríaca enxerga o capital, essa variável tão importante quão pouco compreendida.

O CONCEITO DE CAPITAL

Capital e *bem de capital* são conceitos distintos, sob o ponto de vista econômico. O capital é o valor, calculado a preços de mercado, dos bens de capital, sendo a taxa de juros o fator de desconto. O conceito de capital da Escola Austríaca é, portanto, abstrato, uma ferramenta de cálculo econômico, isto é, uma estimativa subjetiva sobre os valores esperados dos bens de capital no futuro.

Em uma economia socialista, em que não existem mercados nem tampouco preços de mercado, mesmo que existam bens de capital, não faz sentido se falar em capital. É também impossível calcular custos e benefícios corretamente, ou seja, realizar o *cálculo econômico*, porque, sem liberdade para garantir a existência da função empresarial e sem mercados livres, é impossível conhecer as coordenadas – horizontal e vertical – dos diferentes estágios do processo produtivo, o que provoca uma ausência de coordenação generalizada, que acaba por fazer ruir todo o sistema. No processo de coordenação intertemporal existe uma variável de importância fundamental: o preço dos bens presentes relativamente aos bens futuros, ou taxa de juros, que coordena consumo, poupança e investimento.

A chamada Teoria do Capital foi objeto de extensos tratados e análises, desde que a economia passou a ser sistematicamente estudada como ciência até os anos trinta do século XX. O objetivo desta seção não é o de esmiuçar todas as suas vertentes, mas apenas apresentar a perspectiva da Escola Austríaca, no que se refere a alguns conceitos fundamentais.

É importante levarmos em conta que a análise austríaca do capital encaixa-se necessariamente na visão do funcionamento dos mercados como processos de descoberta. O mesmo pode ser dito, por sinal, da Teoria Monetária e da Teoria dos Ciclos da Escola Austríaca.

Sir John Hicks – um dos grandes economistas do século XX, que foi um neoclássico na juventude, deixou-se arrebatar pela tentação construtivista do *keynesianismo* posteriormente e, em seus anos mais avançados, aproximou-se em muitos aspectos dos economistas austríacos – agrupou os diversos pontos de vista sobre o capital em duas amplas correntes. De um lado, há os *materialistas*, que vêm o estoque de capital como um conjunto de bens físicos, como máquinas, equipamentos, construções, instalações, etc., o que significa que consideram possível agregar esses ativos e proceder, assim, à medição do "volume de capital" da economia. De acordo com esta visão, duas economias que possuam estoques de capital idênticos em termos físicos, têm também o mesmo "volume de capital". Trata-se, como podemos perceber, de uma concepção de capital holística sob o ponto de vista filosófico que, aplicada à economia, resulta em uma abordagem essencialmente macroeconômica.

De outro lado, há os *fundistas*, que, ao invés de enxergarem o estoque de capital simplesmente como um volume de capital físico, vêem-no como um somatório de valores, isto é, como um *fundo*, formado pelos fluxos esperados de rendimentos futuros proporcionados pelo capital. Em outras palavras, os fundistas, como Irving Fisher, definem capital como todos os ativos que têm capacidade de gerar fluxos de rendimentos para os seus proprietários ao longo do tempo e valor do capital como o valor atual, ou fundo, associado a esses fluxos.

A noção de capital como um fundo foi inicialmente desenvolvida por John Bates Clark e bastante utilizada pelo Professor Frank Knight, sendo vigorosamente criticada tanto por Böhm-Bawerk como por Hayek que, em debate com Knight, criticou a noção de capital simplesmente como um fundo de valor, ou seja, como uma medida independente dos bens que compõem o estoque de capital. No entanto, um dos elementos essenciais da teoria böhm-bawerkiana do capital é a noção de *fundo de subsistência*, que incorpora o ponto de vista de que os agentes econômicos, ao escolherem entre processos de produção de durações diferentes, avaliam os sacrifícios futuros implícitos em cada um desses processos, em termos de abstenção de consumo imediato. Um fator de grande importância nessas avaliações é o tamanho do estoque de capital disponível, por sua influência sobre o desconforto ou insatisfação associado a cada um dos necessários períodos de espera. O conceito de *fundo de subsistência*, além de constituir-se em um dos elementos básicos da teoria de Böhm-Bawerk, representa o que existe de "austríaco" em seu pensamento, a despeito de suas concessões às teorias que associam a taxa de juros à "produtividade" do capital.

A Teoria Austríaca do Capital, todavia, não pode ser enquadrada nem como *materialista*, nem como *fundista*: ela rejeita a visão física do capital que caracteriza os materialistas com base na tese de que, sendo heterogêneo o capital, não é possível somar suas unidades e, embora seja mais receptiva à abordagem fundista, pelo fato desta reconhecer que a natureza dos bens de capital está intimamente demarcada pela valoração – isto é, pelas expectativas quanto aos futuros planos de produção – nega a possibilidade de somar conjuntamente as correntes de produção futura, de modo a obter-se uma medida do estoque de capital de uma economia.

A questão da dificuldade de encontrar-se uma unidade de medida para o capital, que seja invariante às mudanças de preços relativos, tem sido discutida com freqüência na denominada "controvérsia do capital", inclusive por economistas não alinhados com a Escola Austríaca. Mas existe outra crítica – levantada pelos austríacos – bastante relevante e que tem sido negligenciada pelas análises convencionais: não se pode deixar de lado o fato de que os planos individuais que compõem o processo de mercado podem ser incompatíveis em um determinado momento. Um exemplo simples esclarece esta importante crítica: suponhamos que o indivíduo *A* construa uma casa (bem de capital), com a intenção de nela residir com sua família e que o indivíduo *B* construa uma bomba (bem de capital), com o intuito de destruir a casa de *A*. Este último espera receber um fluxo de serviços proporcionados pela casa, aos quais atribui um determinado valor, ao passo que o *B* conta com um fluxo de serviços destrutivos, aos quais também atribui um determinado valor (suponhamos que *B* seja, por exemplo, um terrorista). Este exemplo mostra que há situações – e são muitas, no mundo real – em que não podemos somar ao mesmo tempo dois (ou mais) fluxos de serviços futuros, pelo simples fato de que eles são mutuamente exclusivos, o que nos levaria a superestimar o total. Observemos que, na medida em que os planos individuais não são perfeitamente coordenados, torna-se impossível medir consistentemente o capital.

A diferença entre as análises convencional e austríaca do capital é que, enquanto a primeira recorre a construções matemáticas da realidade econômica, o que a leva a apelar para "índices" que procuram refletir a "quantidade de capital", a segunda trabalha com um conceito de capital que identifica os bens de capital como objetos direcionados para atender a propósitos individuais específicos, formulados pelos agentes econômicos, sem nenhuma obrigação ou necessidade de medir o estoque de capital da nação.

O ponto central da visão austríaca, portanto, é que ela não vê o capital como um estoque homogêneo, mas como uma *estrutura interligada*, composta por um número muito grande de bens de capital. Hayek, por exemplo, enxerga a produção como uma série de estágios, começando pelos bens de consumo final (*bens de primeira ordem*, na nomenclatura de Menger e Mises) e estendendo-se para os estágios sistemática e sucessivamente mais afastados do consumo final (*bens de ordens superiores*). Em outras palavras, o capital é uma estrutura diversificada de elementos heterogêneos e complementares, utilizados nos diversos estágios da produção.

Os bens de capital, em geral, são *específicos* (assim como o trabalho e a terra) a determinados estágios da produção. Por exemplo, uma ferramenta utilizada em uma fábrica de pianos não pode ser combinada aleatoriamente com um trator usado em uma fazenda, para produzir um terceiro produto. Para a produção dos bens de primeira ordem, torna-se necessária toda uma série de investimentos complementares em cadeia: o aço produzido em uma usina entra no estágio produtivo seguinte como um insumo, para gerar outro bem; este novo produto, por sua vez, será utilizado como um insumo no estágio seguinte e assim sucessivamente, até que, no estágio final, é produzido um bem de primeira ordem.

Por isso, os investimentos feitos nos diversos estágios da produção são complementares entre si, pois são partes integrantes da estrutura de capital geral, necessária para que se efetue a produção de bens de consumo final. Assim, um conjunto de bens não utilizáveis para consumo final não elevará necessariamente a produção final. Os investimentos devem ajustar-se à estrutura de capital completa (até o estágio do consumo), para que façam parte da produção final do consumo. Quando os investimentos não se integram nessa estrutura, tornam-se *maus investimentos* (*malinvestments*), uma vez que gerarão perdas.

É importante observar que a composição da estrutura de capital pode se alterar com as circunstâncias; estas tanto transformam bons investimentos anteriores em maus negócios, quanto proporcionam novas oportunidades de investimentos. Isto significa que o capital não se mantém intacto: a rigor, somente quando existem mercados livres, em que os preços relativos representem a escassez dos diversos bens de capital existentes, é que a estrutura de capital pode teoricamente estar integrada como um todo.

Ludwig Lachmann, um economista *austríaco* que sempre enfatizou bastante o subjetivismo, contudo, sustentava que, devido à descoordenação de planos que caracterizam sua visão do processo de mercado, a estrutura de capital jamais pode estar completamente integrada. Para ele, em um mundo marcado pelo desequilíbrio, os empreendedores estão continuamente reagrupando suas combinações de capital, em decorrência das diversas variações, correntes e esperadas, que estão sempre ocorrendo, tanto no lado dos custos, como no do mercado.

Eis, em síntese, um resumo da Teoria Austríaca do Capital, que foi integrada por Mises, em 1912, com sua Teoria da Moeda e do Crédito, formando a base para o entendimento correto dos fenômenos da inflação, do desemprego e dos ciclos econômicos.

As dimensões do capital

William Stanley Jevons foi quem primeiro introduziu explicitamente o fator tempo na teoria da produção, ao observar que os investimentos podem ser feitos de duas maneiras: a primeira com os recursos sendo empregados em um ponto específico do tempo e os seus retornos sendo obtidos em um período de tempo (*point input/continuous output*) e a segunda com os recursos sendo empregados ao longo de um período de tempo e com os recursos sendo obtidos em um ponto do tempo (*continuous input/point output*). O corte de uma árvore enquadra-se no primeiro caso e a construção de uma bomba se encaixa no segundo. Mas, naturalmente, existem bens híbridos em diversos graus (*continuous input/continuous output*).

A ideia de *roundaboutness* – o tempo de produção ou tempo para produzir capital – decorre tanto do tempo gasto para produzir o bem de capital como da própria durabilidade do capital. A receita da venda de um bem final em um dado momento é igual ao valor atual dos *inputs* usados desde algum instante de tempo no passado até o momento que se está considerando, sendo o fator de desconto, naturalmente, a taxa de juros. Os processos de produção indiretos podem ser analisados sob dois aspectos.

O primeiro é o da durabilidade do capital fixo. Nesta definição de capital, considera-se que o tempo é necessário tão somente para utilizar o capital, e não para produzi-lo. Neste caso, então, o período relevante é a expectativa de vida operacional do capital. Sendo assim, um investimento novo será mantido enquanto o valor presente da receita líquida esperada da venda futura dos bens finais for maior do que o valor do capital; logo, o novo investimento cessará quando, para uma dada taxa de juros, o valor presente do capital (que até então era menor), passar a ser igual ao valor daquela receita, o que ocorrerá em algum ponto no futuro. A partir daí, o valor do capital ultrapassaria o da receita, o que desaconselharia a continuação do investimento.

O segundo combina o período de produção com a durabilidade. Esta conceituação não é mutuamente exclusiva em relação à anterior: aquela requer a hipótese de que o tempo é usado para produzir uma máquina que, então, gera um produto instantaneamente, enquanto esta requer a hipótese de que as máquinas são adquiridas instantaneamente e que os retornos das vendas são acumulados durante certo número de períodos futuros (durabilidade). Claramente, trata-se de casos especiais que, em geral, podem ser mesclados.

Numa situação teórica em que a acumulação e a estrutura de capital fossem ótimas, esse equilíbrio se refletiria na igualdade entre o valor presente agregado dos *inputs* passados e o valor presente agregado líquido dos *inputs* futuros.

A *INTENSIDADE* DO CAPITAL

Definimos *roundaboutness* em termos de tempo, seja o período de produção e seu equivalente, o período no qual se torna necessária a provisão de *working capital*, seja em termos de durabilidade, seja como uma combinação de ambos. Böhm-Bawerk introduziu um conceito semelhante, o de *intensidade do capital*, relacionado ao tempo gasto para produzir capital (ou para utilizar *working capital*). Esse conceito é expresso pelo *período médio de produção*.

A intensidade do capital é calculada como a soma agregada dos períodos de investimento, em que os *inputs* são aplicados a uma taxa constante e uniforme, dividida pelo número total de *inputs*. Por exemplo, para um período de produção de quatro anos, em que são aplicados *x inputs* em cada ano, o período médio de produção, p, é: $p = (4 + 3 + 2 + 1) / 4 = 2{,}5$, indicando que os *inputs* permaneceriam no processo de produção, em média, por dois anos e meio. Embora não seja aparente na definição de intensidade de capital, o papel da taxa de juros, r, pode ser visto se observarmos que a equação anterior pode ser obtida de;

$$x\,(1 + 4r) + x\,(1 + 3r) + x\,(1 + 2r) + x\,(1 + r) = 4x\,(1 + r\,p)$$

Resolvendo para p, a variável r desaparece porque é aplicada a uma taxa simples. Para uma taxa composta, teríamos:

$$x\,(1 + 4r)^4 + x\,(1+3r)^3 + x\,(1+2r)^2 + x\,(1+r) = 4x\,(1+r)^p$$

Que nada mais é do que a definição de intensidade do capital sugerida por Wicksell. Para cada nível da taxa de juros e de *inputs* aplicados anualmente, encontra-se um valor para o período médio de produção.

Evidentemente, pode-se combinar o período de produção com a durabilidade, ou seja, definir os processos indiretos na forma bidimensional (as duas dimensões sendo, logicamente, o período de produção e a durabilidade), levando em conta as magnitudes dos *inputs*, dos *outputs*, o período de gestação, a durabilidade do capital e a taxa de juros.

Efeitos de variações na taxa de juros

Os efeitos de um aumento na taxa de juros são o de aumentar a relação capital/trabalho e o de diminuir a relação capital/produto. Qualquer argumento no sentido de que esses resultados são opostos aos da teoria neoclássica do capital (em que, quando a taxa de juros aumenta, o trabalho substitui o capital) deve ser refutado, porque tal substituição ocorre com um aumento no preço relativo do capital. No mundo neoclássico, atemporal e meramente teórico, variações na taxa de juros são irrelevantes para os preços relativos dos fatores, qualquer que seja o capital existente. Aumentos na taxa de juros reduzem também as unidades de trabalho. Em outras palavras, um aumento na taxa de juros diminui tanto o valor atual dos rendimentos futuros como (consequentemente) o número de unidades de trabalho. Não há redução física no número de *inputs* ou *outputs*, mas, para acomodar o retorno agora maior para os *rentiers*, os detentores de capital devem experimentar uma perda e os trabalhadores uma redução salarial. A primeira perda é bem conhecida no mundo prático dos negócios. Com relação à segunda, se houver viscosidade salarial que impeça os ajustamentos necessários, haverá desemprego. Quedas na taxa de juros, naturalmente, conduzem a resultados simétricos.

3
Teoria do capital e macroeconomia

No mundo prático dos negócios, a função dos gastos em investimentos é a de prover o capital necessário para aumentar a oferta de bens de consumo no futuro. No entanto, Keynes, desconhecendo a Teoria Austríaca do Capital, enfocou o investimento como um componente da demanda agregada, que deveria ser usado para gerar empregos direta ou indiretamente, via "efeito multiplicador". Por isso, ao deixar de lado o verdadeiro propósito funcional do investimento para montar modelos de curto prazo para explicar o emprego e a renda agregados, a macroeconomia negligencia um aspecto enormemente importante, que é o estudo dos determinantes das mudanças nos níveis e na composição da produção através do tempo.

Hayek acreditava que a estratégia *keynesiana* de seguir políticas monetárias expansionistas para atingir o pleno emprego podia ser atribuída à ignorância de Keynes com respeito à Teoria Austríaca do Capital, pois apenas isto explicaria a ideia de que o determinante principal do investimento seria a demanda de bens de consumo. Hayek utilizou a analogia com um rio para explicar as relações entre investimento, bens finais e emprego: o rio é o fluxo contínuo de produção capitalista, que pode variar independentemente do nível da maré (vendas de bens finais) na sua foz. Na sua cabeceira, o volume de água é afetado pelos fluxos dos afluentes (mudanças nos investimentos, novos e de reposição), que são por sua vez determinados pelos preços relativos dos fatores, pelas mudanças tecnológicas e pela taxa de juros.

Em nenhum ponto do tempo existe uma correspondência entre mudanças no volume de água da cabeceira e a venda de bens finais, nem entre a venda de bens finais e o nível de emprego. Mais ainda, é provável que em uma recessão o *revival* do consumo final seja mais um efeito do que uma causa de algum *revival* no volume da cabeceira do rio (estágios de ordens mais elevadas). Quando os recursos estão plenamente empregados, existe um *trade-off* óbvio entre a provisão de bens para consumo corrente e a provisão de bens para consumo futuro. O crescimento econômico só pode ocorrer se houver um sacrifício no presente. Qualquer tentativa de forçar o crescimento através da expansão monetária trará implicações inflacionárias e desemprego.

Portanto, a essência da visão austríaca do capital é que ele não é fixo, mas destruído no processo de criação do produto. Assim, definimos capital como um estoque de fatores não permanentes de produção, que gera um fluxo de renda durante um período finito de tempo.

Para ilustrar como as divergências entre a concepção austríaca do capital e a concepção neoclássica levaram naturalmente, entre outros efeitos, a tratamentos diferentes dos problemas macroeconômicos, voltemos ao debate entre Böhm-Bawerk e John Bates Clark, que prosseguiu anos depois com a disputa entre Hayek e Knight, entre 1933 e 1936.

Para Böhm-Bawerk, como vimos, o processo produtivo envolve a passagem do tempo, em que o *capital circulante* é transformado, estágio após estágio, na estrutura de produção, até transformar-se em bens de consumo final (*bens de primeira ordem*). Cada bem de capital, dentro da estrutura de produção, difere dos demais no que diz respeito ao tempo em que entra no processo produtivo para a elaboração do bem final. E a taxa de juros é explicada pelas preferências intertemporais.

Já Clark via o capital como um fundo permanente gerador de fluxos contínuos de renda e os bens de capital como o capital físico, isto é, máquinas, equipamentos, construções e instalações, que se vai repondo conforme é depreciado. Sua análise do processo de produção não dá importância ao fator tempo e a taxa de juros é determinada pela produtividade marginal do fundo, variando inversamente com o valor do estoque de capital. Clark rejeitou a noção de que a produção envolve espera. Para ele, o consumo presente seria fruto do trabalho presente, alheio a considerações de preferências intertemporais: por exemplo, no caso de uma plantação de árvores que levem quinze anos para atingir o período de corte para a produção de madeira, se em cada período se abatesse 15% do total de árvores e ao mesmo tempo se substituísse cada árvore abatida por uma nova muda, então em cada período a produção seria instantânea e igual a 15% do total de árvores, sem necessidade de se esperar quinze anos e sem, portanto, os períodos de produção bawerkianos.

Como se vê, as duas visões são inconciliáveis.

Böhm-Bawerk contra-argumentou que, embora não haja necessidade de espera para comprar-se um bem acabado, esse mesmo bem foi necessariamente produzido por algum trabalho desenvolvido no passado. É evidente que o consumidor desse bem não teve que esperar para comprá-lo, mas é também patente que o período de espera, forçosamente, já ocorreu no processo de produção. Além disso, rejeitou a visão fundista do capital, referindo-se a ela como uma *geléia*, ou seja, como um todo holístico e homogêneo, sem qualquer vínculo com os processos de produção existentes no mundo real.

O debate repetiu-se depois, dessa vez entre Knight e Hayek, que publicou, em 1941, a primeira edição de *The Pure Theory of Capital*. No entanto, com o sucesso das ideias defendidas por Keynes na *General Theory*, publicada em 1936, aconteceram dois fenômenos: o primeiro foi a ascensão da macroeconomia, com seus modelos agregados de curto prazo em que o estoque de capital da economia é considerado "constante". E o segundo foi o desinteresse pelas obras dos economistas da Escola Austríaca, que até então eram estudados nos cursos de economia no mundo inteiro. Esse desinteresse prevaleceu mesmo após Hayek ter sido contemplado com o Nobel em 1974 e pode-se dizer que prevalece até hoje.

O resultado foi terrível: os economistas abandonaram o estudo da Teoria do Capital, com exceção de um breve período – os anos 1950 e 1960 do século passado –, em que, após a publicação de um artigo com críticas à concepção neoclássica do capital (*The Production Function and the Theory of Capital*) pela economista Joan Robinson, surgiu um debate entre um grupo de economistas de esquerda, que incluía a própria Robinson e, entre outros, os economistas italianos Piero Sraffa e Luigi Lodovico Pasinetti e, de outro, neoclássicos como Paul Samuelson e Robert Solow, que ficou conhecido como "a controvérsia do capital". Entretanto, o debate já não contava com economistas *austríacos* e, por isso mesmo, deixou de considerar muitos fenômenos importantes que dizem respeito ao capital, principalmente os conceitos de tempo e de estrutura de produção.

4
Conclusões

As divergências entre os economistas austríacos e seus colegas alinhados com outras correntes do pensamento econômico decorrem, entre outros, do fato de que a teoria neoclássica estuda a economia analisando situações de equilíbrio, enquanto os austríacos seguem a concepção dos mercados como processos que tendem ao equilíbrio, mas que não se encontram, no dia a dia, em situações de equilíbrio. Ora, se existisse equilíbrio na economia do mundo real (que é bem diferente daquele idealizado pela economia teórica), seriam dispensáveis quaisquer considerações sobre o fator tempo, porque haveria perfeita sincronia, no sentido de que quando um operário retornasse ao seu trabalho no início de sua jornada, bastaria que ele pusesse a sua ferramenta para funcionar para que o produto, que deixara em fase de elaboração no final do expediente da véspera, ficasse imediatamente pronto...

Mas a realidade é que, na ausência de equilíbrio que caracteriza a economia do mundo real o fator tempo não pode deixar de ser levado em consideração e não se pode escapar da espera e tampouco dos problemas de existência ou ausência de coordenação entre os diferentes estágios da estrutura de produção.

Sendo assim, as formulações teóricas – que, em última instância, devem ser compreendidas como tentativas de explicar os fenômenos da economia do mundo real – não podem deixar de conter alguma teoria sobre o capital e essa teoria, por sua vez, não pode deixar de levar em consideração o fator tempo, bem como a heterogeneidade do capital.

No mundo real não há lugar para a concepção do capital como um grande agregado, homogêneo e flexível como uma geleia. E também não há “equilíbrio”, “macroeconomia” ou “PIB”, mas sim mercados em permanentes mutações e planos de ação individuais ao longo do tempo.

A teoria econômica como um todo seria bastante rica se incorporasse as concepções austríacas sobre a natureza do capital.

Capítulo 5

A Teoria Austríaca da Moeda

1
Introdução

As diversas escolas de pensamento econômico concordam com a ideia intuitiva de que as variações observadas nos níveis absolutos de preços têm algo a ver com as variações verificadas nos volumes de moeda existentes nas economias, embora haja consideráveis discordâncias no que se refere ao papel específico desempenhado pela moeda na relação causal que conduz aos processos inflacionários, assim como nas diferenças entre os impactos que a moeda produz na economia no curto prazo e no longo prazo e, também, no que diz respeito à própria definição de inflação. O objetivo deste capítulo é o de apresentar, embora resumidamente, o pensamento dos *austríacos* sobre os importantes fenômenos monetários.

Como observou Rothbard, "*a teoria monetária austríaca virtualmente começa e termina com a monumental Theorie des Geldes und der Umlaufsmittel*" (Teoria da Moeda e do Crédito), de Ludwig von Mises, publicada em 1912.

No ano de 1903, um economista especializado em assuntos monetários e influente nos meios acadêmicos, Karl Helfferich, lançou um desafio à Escola Austríaca, no sentido de que, embora Menger, Wieser e Böhm-Bawerk houvessem obtido extraordinários progressos no que se referia à análise do valor e dos mercados – isto é, naquilo que hoje conhecemos como "microeconomia"– não tinham conseguido o mesmo sucesso no campo dos problemas monetários. De fato, o conceito de utilidade marginal não fora ainda utilizado para explicar a determinação do valor da moeda, que continuava sendo analisada pela metodologia desenvolvida pelos economistas clássicos ingleses, que tratava as questões monetárias em um compartimento isolado, sob um ponto de vista "macroeconômico" que as separava das teorias da utilidade, do valor e dos preços relativos, desenvolvendo-as mediante conceitos de agregados econômicos, tais como "nível geral de preços", "velocidades" e "produto nacional".

Em outras palavras, a tradição da Teoria Quantitativa da Moeda, bem como, já nos anos 1930, a Teoria da Preferência pela Liquidez, de Keynes e, a partir da década de 1950, a reafirmação monetarista da Teoria Quantitativa e as que se lhe seguiram (como a análise de Phillip Cagan sobre a demanda de moeda sob condições de hiperinflação), fixando-se na metodologia da macroeconomia, não conseguiam estabelecer uma base microeconômica para o estudo dos problemas monetários, o que tornava essas teorias – mesmo a importante contribuição de Milton Friedman – um tanto desligadas da ação humana observada no nível dos indivíduos, que é fundamental para que a ciência econômica tenha aplicabilidade ao explicar o mundo real. A única exceção, embora parcial, a esse desligamento fica por conta dos trabalhos desenvolvidos, a partir do final dos anos 1960, por Robert Lucas, Thomas Sargent e Neil Wallace e que vieram a constituir o que hoje denominamos de *nova macroeconomia*, ou *escola das expectativas racionais*, bem como as contribuições de Robert Clower e Axel Leijonhufvud, nos anos 1960 e 1970.

Pois bem, Mises, em seu citado livro de 1912 (que ele amadurecera desde 1906), solucionou satisfatoriamente o desafio de Helfferich, aplicando a análise da utilidade marginal de Carl Menger – que fora anteriormente utilizada tão somente para explicar a determinação da demanda do consumidor e dos preços de mercado – aos fenômenos da demanda de moeda e do seu valor, ou preço. A partir da *Theorie des Geldes und der Umlaufsmittel*, cuja segunda edição, de 1924, integrou as teorias da moeda, do capital e da utilidade marginal para explicar os problemas da inflação, da recessão e dos ciclos econômicos, os fenômenos monetários passaram a ser analisados em conjunto com os demais fenômenos econômicos, como os da oferta, demanda e preços, sem necessidade de serem isolados nos conceitos de "velocidades", "níveis gerais de preços" ou "equações de troca".

A contribuição de Mises à teoria monetária começa a partir de sua solução para o "problema da circularidade" (ou "círculo austríaco") e de sua demonstração de que a moeda, ao invés de ter sido inventada de modo pré-concebido pelo homem, sob a forma de um contrato social, é uma instituição resultante de ações individuais não intencionais, nas quais os agentes econômicos foram percebendo a superioridade (em termos de geração de estados mais satisfatórios) das trocas indiretas, isto é, as efetuadas mediante a utilização de um meio de trocas, em relação às trocas diretas. Tal meio de trocas – a moeda – é o mais negociável, o mais aceito entre todos os demais bens e o seu desenvolvimento deu-se, para usarmos a linguagem de Hayek, como uma *ordem espontânea*.

Os livros-textos listam como funções básicas da moeda a de meio de trocas, a de unidade de contas e a de reserva de valor. A dificuldade, contudo, consiste em saber quais, dentre os diversos ativos financeiros, desempenhando tais funções, possam ser caracterizados como moeda, fato que gerou conhecidas controvérsias entre os economistas. Sob o ponto de vista da teoria monetária moderna, entretanto, o que se requer, mais do que uma simples e universal definição de moeda, é a solidez de uma teoria que consiga explicar os fenômenos monetários.

De acordo com a Escola Austríaca, uma boa teoria monetária deve partir do pressuposto de que a demanda de moeda por parte de um indivíduo depende de suas estimativas a respeito do poder de compra da moeda em termos dos preços de "ontem", ou seja, do passado. De fato, cada indivíduo, ao decidir a porção de sua riqueza a ser mantida sob a forma de moeda (liquidez "não usada"), deve subjetivamente estimar a utilidade marginal de cada unidade monetária, ou seja, seu poder de compra, ou, ainda, seu preço. Ocorre, porém, que o poder de compra da moeda, por sua vez, depende fortemente dos saldos monetários que os indivíduos decidem manter, isto é, de suas demandas individuais de moeda.

2
O PROBLEMA DA CIRCULARIDADE OU *CÍRCULO AUSTRÍACO*

Eis, então o *problema da circularidade*: já que a demanda de moeda e, portanto, sua utilidade, depende de seu preço pré-existente (ou poder de compra), como pode então este ser explicado pela demanda? O leitor deve observar que esta aparente armadilha circular surge somente ao tentarmos aplicar a teoria da utilidade marginal para explicar a determinação do preço da moeda. Ele não existe para os outros bens e serviços: ao estabelecermos nossas escalas de valores para tênis, sorvetes ou canetas, por exemplo, o que importa na determinação da utilidade marginal de cada um desses produtos é sua natureza física ou seu poder de satisfazer necessidades específicas. Isto é, essas valorações não dependem de preços pré-existentes: na realidade, elas determinam aqueles preços. Com relação à moeda, no entanto, nós a demandamos não para uso direto em consumo, mas para retê-la sob a forma de saldos monetários, com o objetivo de trocá-los por bens e serviços que possamos consumir diretamente.

Em outras palavras, não utilizamos a moeda pelo fato dela ser consumida, mas sim porque ela tem um valor prévio de troca, já que ela será permutada com outros bens. A moeda é demandada, portanto, por possuir um poder de compra pré-existente; sua utilidade não apenas é independente de seu preço de mercado, mas deriva também do fato de que ela tem um preço, ou poder de compra, em termos dos demais bens e serviços.

Em linguagem técnica, as utilidades de cada unidade monetária relativamente aos outros bens determinam as demandas individuais de saldos monetários, isto é, que parcela da riqueza será mantida sob a forma de moeda, relativamente à que será gasta. Mises, aplicando a lei da utilidade (ordinal) marginal decrescente e considerando que o "uso" da moeda existe para fazer frente a futuras trocas, chegou implicitamente a uma "curva" de demanda de moeda que é decrescente em relação ao poder de compra de cada unidade monetária, que ele denominou de "valor objetivo de troca" da moeda e que é determinado, nos moldes da análise convencional de oferta e demanda, pela interseção da demanda de moeda com o estoque existente de moeda. Este último – ou oferta de moeda – é, em qualquer instante de tempo, nada mais, nada menos que a soma dos saldos monetários individuais: nenhuma unidade monetária existente deixa de ser possuída por alguém, não podendo, por isso, deixar de estar contida em alguma demanda monetária individual.

Contudo, o poder de compra da moeda não é, como se costuma considerar, simplesmente o inverso do "nível geral de preços" – que é, por sinal, algo que não existe concretamente, já que o que existe são, meramente, preços. O poder de compra ou preço de uma unidade monetária é, na realidade, um conjunto das quantidades de bens e serviços alternativos que essa unidade monetária pode comprar. E, como tal conjunto é específico e é heterogêneo, ele não pode ser simplesmente somado para obtermos uma unidade de preços agregados, ou "nível geral de preços".

3
O *TEOREMA DA REGRESSÃO* DE MISES

Mises resolveu o problema da circularidade, cuja aparente insolubilidade fez com que os economistas da *mainstream* deixassem de aplicar a análise marginal para determinar o valor da moeda, o que os fez adotar uma postura *walrasiana* de equilíbrio geral, da qual, por sinal, ainda não se libertaram. Sua solução é conhecida como o *teorema da regressão* e foi apresentada na primeira edição de seu tratado *Theorie des Geldes und der Umlaufsmittel*. Este teorema, apesar de ser uma das importantes contribuições que Mises legou à ciência econômica, é também, infelizmente, um dos menos conhecidos, fato que gerou muitos erros. Verifiquemos sua brilhante solução para o problema do *círculo austríaco*.

Em qualquer período de tempo, digamos, no dia D $_{(t)}$, o valor ou poder de compra da moeda é determinado pela interação da oferta de moeda com a demanda de moeda, observadas naquele dia. Esta última, como sabemos, é determinada pela utilidade marginal da moeda para os indivíduos, a qual possui um componente histórico, pois depende do poder de compra, V, existente no dia anterior, isto é, de V $_{(t-1)}$. Este, por sua vez, fora determinado pela oferta e demanda monetárias no dia precedente, D $_{(t-2)}$, o qual dependia de V $_{(t-3)}$ e assim sucessivamente.

A solução de Mises para este problema consiste em ir empurrando essa regressão temporal para trás, até o dia, digamos, D $_{(0)}$, em que a moeda não era usada como meio de trocas, sendo apenas utilizada para consumo direto. O dia D $_{(1)}$, então, foi o primeiro em que a moeda passou a ser usada como tal, enquanto D $_{(0)}$ foi o último dia em que a moeda foi utilizada como uma mercadoria comum, digamos, ouro. Portanto, podemos fazer regredir em uma cadeia temporal o valor da moeda em qualquer instante D $_{(t)}$, até D $_{(1)}$ e, daí, a D $_{(0)}$. Vemos, então, que a demanda da moeda-mercadoria (ouro) no dia D $_{(1)}$ dependia do poder de compra do ouro no dia anterior, isto é, de V $_{(0)}$. A regressão temporal deve necessariamente ter um fim, uma vez que a demanda de ouro no dia D $_{(0)}$ consistia, necessariamente, de seu valor direto para consumo, sem qualquer componente histórico, ou seja, sem influência do preço do ouro no dia D $_{(-1)}$.

Com isto, Mises solucionou o *problema da circularidade*, mostrando, adicionalmente, que, diferentemente dos valores dos demais bens e serviços, o valor da moeda tem um importante componente histórico. Além disso, o *teorema da regressão* mostra-nos que a moeda, em qualquer sociedade, não pode ter sido criada a não ser pelo processo de mercado que caracteriza as trocas, ou seja, a moeda é uma *ordem espontânea*. Não faz qualquer sentido, portanto, acreditar que se possa "criar" moeda mediante contratos sociais, ou por imposição dos governos, ou por quaisquer esquemas artificiais propostos por economistas: a moeda surge, como observa Rothbard,"organicamente, de dentro do mercado".

A partir desse ponto, depois que mostramos, em linhas gerais, o que é a moeda (e o que não é), podemos examinar a teoria monetária da Escola Austríaca.

4
A TEORIA MONETÁRIA *AUSTRÍACA*

A rigor, não existem divergências entre os economistas da Escola Austríaca, os adeptos de Milton Friedman (*monetaristas*) e os *no-*

vos clássicos da *escola de expectativas racionais*, no que se refere ao fato de que a política monetária – e nada mais – seja a causa da inflação. Mises, por exemplo, via como uma ameaça à própria democracia a capacidade que os governos têm de emitir moeda. Também no que se refere aos efeitos das políticas *keynesianas* de "pleno emprego" e de "sintonia fina", Hayek, Friedman e Sargent concordam quanto ao fato de que são desastrosas, porque geram a aceleração da inflação e o desemprego e, no limite, a hiperinflação.

As diferenças mais importantes entre *austríacos* e *monetaristas* estão em três importantes hipóteses: a primeira é que a Escola Austríaca possui uma Teoria do Capital, algo que não existe nas demais abordagens; a segunda é que os *austríacos* encaram os mercados como processos essencialmente dinâmicos e, portanto, não utilizam análises de equilíbrio; e a terceira é o contraste entre a fundamentação microeconômica da primeira (que influenciou a *escola das expectativas racionais*, embora esta não seja subjetivista) e a ênfase macroeconômica da segunda.

A visão *austríaca* é de que os efeitos das variações do estoque de moeda, provocadas por alterações nos fluxos monetários, não são uniformes, afetando desigualmente os preços relativos, a estrutura de capital e os padrões de produção da economia, bem como alterando os níveis de emprego dos fatores produtivos, em um processo que se vai tornando progressivamente mais forte, à medida que o governo, para corrigí-lo, altera a política monetária.

Mises já havia mostrado a falaciosidade do conceito de "nível geral de preços", ao examinar porque os preços sobem – isto é, porque o poder de compra da moeda cai – em resposta a um aumento na oferta de moeda (mantidas constantes as escalas valorativas individuais que determinam as respectivas demandas de moeda): ao invés de seguir o procedimento neoclássico de separar a economia em um setor real e um setor monetário, ele mostrou que as expansões monetárias afetam desigualmente a estrutura de capital da economia e os diferentes mercados e, portanto, provocam inescapavelmente alterações nos preços relativos. Esta implicação, que refuta a tese neoclássica da "neutralidade da moeda", foi posteriormente desenvolvida por Hayek, em diversos trabalhos.

Rothbard, para explicar que a moeda afeta diferentemente os preços absolutos, recorre ao que denomina de *modelo do Anjo Gabriel*. A moeda não entra uniformemente na economia, mas, mesmo se fosse assim, como no caso em que o anjo descesse do céu e, de noite, aumentasse os encaixes monetários de todos os habitantes do país em, digamos, 100%, os preços não dobrariam em sua totalidade: alguns mais do que dobrariam, outros subiriam menos do que 100%, outros ficariam constantes e outros poderiam cair. Isto ocorre porque cada indivíduo tem uma escala de valores própria, uma ordenação característica de preferências, que contém as utilidades marginais das unidades monetárias relativamente às utilidades marginais dos demais bens. À medida que os saldos monetários dos diferentes indivíduos aumentam, suas compras de bens e serviços mudarão de acordo com as novas posições desses bens e serviços relativamente à moeda, em suas diferentes escalas de valores. A estrutura da demanda, bem como os preços relativos e as rendas relativas sofrerão alterações e, portanto, a composição do conjunto que constitui o poder de compra da moeda, por conseguinte, também será alterada.

Ora, se isto ocorreria em uma situação tão simples quanto improvável, como a descrita pelo *modelo do Anjo Gabriel*, é evidente que ocorre com muito maior intensidade por ocasião das expansões monetárias que se verificam no mundo real. Quando o Banco Central ou os bancos comerciais expandem a moeda e o crédito, o dinheiro novo assim criado é gasto, inicialmente, em bens e serviços específicos. As demandas por esses produtos sobem em relação às demandas dos demais, o que aumenta seus preços relativamente aos demais preços. À medida que o dinheiro novo espalha-se pela economia, outras demandas aumentam e, portanto, outros preços também aumentam. A riqueza e a renda se redistribuem, em favor daqueles que receberam a moeda nova no início do processo e em detrimento dos que só passaram a recebê-la nos estágios posteriores. Ocorrem, portanto, duas modalidades de alterações de preços relativos: a primeira é esta redistribuição de rendas dos últimos para os primeiros receptores do dinheiro novo, que ocorre durante o processo inflacionário e a segunda são as mudanças permanentes na riqueza e na renda que continuam a se verificar mesmo depois que a moeda nova já se tenha espalhado por toda a economia.

Já em 1912 Mises chamara a atenção para o fato – que fora observado por David Ricardo cem anos antes – de que aumentos na oferta de moeda não geram benefícios para a sociedade, basicamente porque eles não alteram os serviços de troca que a moeda proporciona; apenas diluem o poder de compra de cada unidade monetária. Portanto, não existe nenhuma "necessidade social" que justifique o crescimento da oferta monetária, nem mesmo se a produção ou a população aumentarem: simplesmente, as pessoas poderão manter uma proporção maior de saldos monetários reais (em termos de poder de compra) para uma dada oferta de moeda, gastando menos, o que fará subir o poder de compra de seus saldos monetários. Conforme Mises escreveu no capítulo XVII de *Ação Humana*, em 1948, "... a quantidade de moeda disponível em toda a economia é sempre suficiente para assegurar a todos tudo o que a moeda faz e pode fazer".

A inflação – que não deve ser entendida simplesmente como um aumento contínuo e generalizado de preços (este é o seu efeito, não a sua causa), mas como uma queda progressiva do poder de compra da unidade monetária e a correspondente elevação dos preços – é um método pelo qual o governo, o sistema bancário que ele controla e os grupos que ele favorece politicamente adquirem a capacidade de expropriar parte da riqueza dos demais grupos da sociedade. Portanto, é mais do que aconselhável – é crucial – que a sociedade, mediante o estabelecimento de instituições adequadas, impeça que a política monetária fique sujeita às pressões de natureza política. Existem três mecanismos institucionais voltados para esse fim.

O primeiro, defendido por Mises, é ancorar a moeda ao estoque de ouro dos bancos centrais, isto é, o regime do padrão ouro; o segundo, sugerido por Hayek, consiste na *desnacionalização* da moeda, em que se estimularia a competição entre as diversas moedas sobre as quais os bancos passariam a ter poder de emissão, de modo que as moedas das instituições bancárias administradas mais eficientemente teriam utilidades marginais maiores do que as emitidas pelos bancos mal administrados e, portanto, seus valores seriam mais elevados do que os das segundas, o que faria o sistema tender para a estabilidade. Por fim, o terceiro mecanismo, que, embora não tenha sido proposto por economistas *austríacos*, tende a isolar a política monetária das pressões políticas, é a "independência ou autonomia do Banco Central", que equivale a separar a política monetária da política fiscal.

O grande desafio – a ser prontamente enfrentado, como frisou Hayek – é proteger permanentemente a moeda contra os falsos remédios receitados por muitos economistas, que podem surtir efeitos paliativos no curto prazo, o que sustenta sua popularidade e os leva a crer que possuem a chave da salvação. No Brasil e no mundo há milhares desses economistas, cujas teses, obviamente, quase sempre soam em harmonia com os interesses políticos de diversos grupos, mas que têm o efeito de, no longo prazo, abalar aquela que deve ser a instituição mais bem guardada dentre todas as outras: a moeda, cuja estabilidade deve ser o começo de qualquer conversa a respeito do crescimento sustentado.

5
Inflação, recessão, estagflação e ciclos econômicos

Para compreendermos melhor a visão da Escola Austríaca com relação aos problemas da inflação, da recessão, da estagflação e dos ciclos econômicos, podemos preliminarmente contrastá-la com as posições dos *keynesianos* e dos *monetaristas*. Inicialmente, essas duas escolas admitem implicitamente que o setor real da economia está permanentemente em algum tipo de equilíbrio de longo prazo, em que a política monetária afeta apenas o "nível geral de preços" e o produto nominal (ou o produto real), sem qualquer efeito sobre a estrutura de produção e a composição do produto real, já que esses modelos não contam com nenhuma Teoria do Capital – admitem, simplesmente, que o estoque de capital é "constante" no curto prazo.

Os *keynesianos*, que, de um modo geral, crêem que os preços são determinados pelos custos de produção, acreditam que as tentativas de controle da oferta de moeda, ao provocarem aumentos nos custos, aumentarão o desemprego sem reduzir a inflação. Por isso, costumam sugerir controles diretos de custos, via "políticas de rendas", como forma de obter estabilidade de preços e pleno emprego. É uma visão míope.

Para os *monetaristas*, a inflação é resultado das discrepâncias entre a oferta de moeda (historicamente instável) e a demanda de moeda (considerada estável, isto é, previsível), o que os leva a recomendar como única terapia anti-inflacionária correta o controle sobre a oferta de moeda, que deve crescer a uma taxa fixa. Para Friedman, o desemprego associado aos programas anti-inflacionários não deve ser visto como o remédio para a cura da inflação, mas como um inevitável efeito colateral, resultante de um "processo de ajustamento" de curto prazo que perdurará enquanto houver discrepâncias entre a inflação observada e as expectativas de inflação. É uma visão correta no que tange à identificação da causa e da solução do problema da inflação, mas, sob a ótica da Escola Austríaca, é incompleta: primeiro, por não mostrar como os fluxos monetários alteram os preços relativos; segundo, por não verificar como esses fluxos alteram a estrutura de capital e terceiro, por não considerar o mercado como um processo e, portanto, por não conseguir explicar (por seu enfoque macroeconômico e por sua hipótese de uniformidade *à la modelo do Anjo Gabriel*) a natureza das alterações geradas pela moeda nos preços absolutos e nos preços relativos.

A Teoria Austríaca, resumida a seguir, mediante a integração das teorias da moeda, do capital, do processo de mercado e dos ciclos econômicos e calcada epistemologicamente na *praxeologia* e no *individualismo metodológico*, consegue sanar estas deficiências do enfoque mais convencional.

A política monetária não é "neutra": ela não afeta todos os preços de maneira uniforme e, portanto, altera os preços relativos e, assim, a estrutura temporal de produção!

A ideia central é que o dinheiro novo entra em um ponto específico do sistema econômico e, sendo assim, ele é gasto em certos bens e serviços específicos, até que, gradualmente, vai-se espalhando por todo o sistema, assim como um objeto qualquer, ao ser atirado na superfície de um lago, forma círculos concêntricos com diâmetros progressivamente maiores, ou como quando se derrama mel no centro de um pires e ele vai-se espalhando a partir do montículo que se forma no ponto em que está sendo derramado (analogias, respectivamente, de Mises e Hayek). Por isso, alguns gastos e preços mudam antes e outros mudam depois e, enquanto a mudança monetária – digamos, uma expansão do crédito – for mantida, sua irradiação para gastos e preços persiste em movimento.

Assim, as alterações provocadas nos preços relativos produzem mudanças na alocação de recursos. Quando ocorre uma expansão do crédito bancário, supondo que as expectativas quanto à inflação futura não existam, as taxas de juros, inicialmente, caem, mantendo-se abaixo dos níveis que alcançariam se o crédito não tivesse aumentado. O efeito disso é que, necessariamente, os padrões de gastos sofrerão alterações: os gastos de investimentos subirão relativamente aos gastos de consumo corrente e às poupanças. Portanto, a expansão monetária, necessariamente, provoca uma descoordenação entre os planos de poupança e de investimento do setor privado. Esse impacto descoordenador da política monetária é essencial na visão *hayekiana*, mas não é levado em conta pela teoria macroeconômica convencional.

Até aqui, contudo, nem os *keynesianos* nem os *monetaristas* teriam muitos pontos de desacordo. De fato, para os primeiros, ocorreria um excesso do investimento sobre a poupança, o que faria crescer a renda e o produto real (e, possivelmente, os preços, assim que o "pleno emprego" fosse atingido); já para os monetaristas, a expansão monetária provocaria aumento na renda nominal e no "nível geral de preços" (e, possivelmente, no produto real, embora apenas no curto prazo, enquanto o "processo de ajustamento" friedmaniano não se completasse).

Hayek, porém, vai mais longe: ele estabelece em pormenores as alterações que a expansão creditícia provoca nos padrões de gastos e de produção. Na abordagem hayekiana, a produção é vista como uma série de *estágios*, que começam na produção de bens exclusivamente de consumo final (ou de *primeira ordem*) e vão até estágios de *ordens* mais elevadas, isto é, sistemática e sucessivamente afastados da produção de bens de consumo. Isto significa que a produção consiste em uma série de processos interligados, em que bens de capital, caracterizados pela heterogeneidade, são combinados em diversas proporções, juntamente com a terra e o trabalho. Esta é, como sabemos, a essência da Teoria do Capital de Böhm-Bawerk.

Tanto os bens de capital como o trabalho (e, de certa forma, a terra), são específicos a determinados estágios de produção e possuem as características de heterogeneidade e complementaridade. Adicionalmente, os investimentos devem realizar-se em uma estrutura de produção integrada, isto é, em uma série dependente e interligada de investimentos complementares.

Ora, a política monetária, ao alterar os preços relativos, modifica os sinais emitidos pelos preços. No caso de uma expansão monetária, estes sinais apontam para a redução dos lucros das empresas que produzem para consumo corrente e para o aumento dos lucros da produção de bens para consumo futuro. Alteram-se, portanto, as taxas de retorno sobre as várias combinações de capital. Os retornos nos estágios de produção mais próximos do consumo caem, enquanto crescem os retornos nos estágios de produção mais afastados do consumo; recursos não-específicos deslocam-se dos primeiros para os segundos; a produção de bens de consumo vai diminuindo, ao mesmo tempo em que os padrões de produção de bens de capital vão sofrendo alterações, passando-se a produzir bens que se adaptem a estruturas de produção que abarquem mais estágios do que anteriormente. Para que esses investimentos se completem até o estágio dos bens de consumo final, deverão ser subtraídos mais recursos do consumo, o que significa que a produção de bens de ordens mais baixas deverá manter-se em queda, até que a nova estrutura de produção se complete.

O processo descrito é autorreversível: na medida em que as rendas dos titulares dos fatores de produção aumentam (em decorrência da expansão monetária), cresce a demanda por bens de consumo, o que faz com que os preços desses bens, relativamente aos preços dos bens mais afastados do consumo, aumentem. Reverte-se, desta forma, o processo: caem os retornos nos estágios mais afastados do consumo final, enquanto sobem os retornos nos estágios mais próximos do consumo final; recursos não específicos fazem o caminho de volta; os bens de capital, que haviam sido dimensionados para a estrutura de produção anterior, têm agora que ser redimensionados para uma estrutura menos intensiva em capital; surgirão perdas e desemprego, que serão mais fortes nos setores que anteriormente haviam se expandido mais e que, agora, defrontam-se com superproduções.

As perdas e o desemprego gerados nada mais são do que a contrapartida das alocações perversas de recursos geradas pela expansão monetária. Ou seja, expansão monetária e recessão são inseparáveis!

Como escreveu Hayek, o excesso de comida não tem como não provocar indigestão.

As tentativas de fazer a estrutura de produção voltar à situação anterior, mediante novas expansões monetárias nos mesmos pontos em que elas inicialmente ocorreram apenas terão o efeito de perpetuar a descoordenação que se inoculou na estrutura de capital, o que fará com que cada vez mais inflação e mais desemprego sejam gerados para manter-se o artificialismo desejado. Eis aí a origem dos ciclos econômicos, segundo os *austríacos*.

Mesmo sob a vigência da famosa "*x-rule*" friedmaniana – isto é, com a oferta monetária crescendo a uma taxa constante – permanecerão os sintomas recessivos impostos pela realocação corretiva de recursos. Isto se explica pelo fato de que a ação conjunta das expectativas de inflação (que surgem com a manutenção da expansão monetária) e a escassez real (provocada pelas más informações que o sistema de preços passa a transmitir) fará com que as margens de lucros que haviam aumentado pelo estímulo da inflação passem a cair.

As tentativas de manutenção da inflação costumam ser incentivadas pelas pressões políticas, geradas pelo fato de que, via de regra, as rendas dos fatores não específicos são fortemente afetadas pelas variações nas demandas por seus serviços. A reflação, isto é, a aceleração da expansão monetária, provocará, então, desajustamentos adicionais: dados os contínuos e crescentes aumentos de preços e as quedas de salários reais, surgem normalmente pressões para que os preços sejam controlados. Os controles sobre os preços dos bens de consumo exacerbam a situação desconfortável que o próprio governo criou, uma vez que seu efeito será o de intensificar a escassez de bens de consumo e, portanto, o de perpetuar as pressões realocativas.

A estagflação provocada pelas más alocações geradas pelas políticas monetárias "anti-cíclicas" mostra que essas políticas, na realidade, são "pró-cíclicas"! Enquanto a expansão monetária persistir, continuarão a ser realizados maus investimentos, até a estrutura de capital ficar "grimpada".

Se o governo estancar a expansão monetária, ocorrerá rapidamente uma recessão que, embora possa ser forte, cessará, tão logo o reajustamento da estrutura de produção se complete e as trajetórias de produção e emprego se restabeleçam em moldes sustentáveis. Terminarão, então, as perturbações alocativas e a inflação. Se o governo, contudo, permanecer emitindo, a recessão e a inflação crescerão progressivamente.

Por fim, se o governo, para combater a recessão, resolver acelerar a expansão monetária – o que ocorrerá se ele ceder às pressões no sentido de reduzir as taxas de juros – o resultado, líquido e certo, no final do processo, será uma hiperinflação.

A indexação de preços, que foi largamente utilizada no Brasil até antes da implementação do Plano Real, além de não ser neutra em relação aos efeitos alocativos da inflação, ao representar mais uma pressão artificial sobre os preços relativos, agravava o problema. Na realidade, ela não podia fazer mais do que cobrir variações de preços que já haviam ocorrido no passado, em decorrência da expansão monetária.

Nunca é tarde, contudo, para aprender. Os economistas passaram quase todo o século XX e a primeira década do atual encantados com a pseudo-panacéia keynesiana e com a venenosa serpente marxista. Mas Mises, desde 1912, apontou-nos o caminho correto para a estabilidade de preços; Hayek, dos anos 1920 até sua morte, em março de 1992, aplainou aquele caminho. Ambos foram, por isso, perseguidos e negligenciados.

A tarefa dos *austríacos* de hoje é resgatar suas ideias, procurar aperfeiçoá-las e contribuir para que sejam adotadas pelos governos. É uma tarefa difícil, muito difícil – como os "remédios" adotados pelos governos em todo o mundo em reação à crise de setembro de 2008 estão aí para atestar – mas devemos esperar que os economistas e os governos, de tanto errarem, venham a exercer sua condição de seres racionais e, portanto, aprendam...

6
Conclusões

Esperamos que o que foi exposto tenha contribuído para ajudar o leitor a compreender que, conceitualmente, não existe uma "teoria monetária" austríaca, no sentido puro, mas uma teoria mais ampla, que integra as teorias da moeda, do capital, do processo de mercado e dos ciclos econômicos. No mundo real, não há um "setor monetário" e um "setor real", não existe um bem chamado "PIB" que se possa comprar em padarias ou lanchonetes, não há tampouco algo como um "nível geral de preços", não existe uma "taxa de juros" e muito menos o estoque de capital é "constante" – ou, como disse certa vez um aluno, referindo-se à notação dos modelos macroeconômicos (que denominam de K_0 o estoque de capital de curto prazo, considerado constante), "não existe um *kazão* que fique parado o tempo inteiro "...

Se Keynes conhecesse a Teoria Austríaca do Capital, provavelmente não teria escrito a Teoria Geral e Friedman não tentaria ter corrigido a Teoria Geral. E o mundo seria melhor sem a Teoria Geral.

Capítulo 6

Moeda, Capital e Tempo na Teoria Macroeconômica

1 Introdução

Este capítulo objetiva enfatizar a importância do capital, da moeda e do tempo na teoria econômica e, mais especificamente, na macroeconomia. Desde a Teoria Geral de Keynes, formulada nos anos 1930 do século passado, os economistas, infelizmente, abandonaram quase completamente a teoria do capital, sem colocar outra teoria para substituí-la. Com efeito, os modelos ditos “macroeconômicos”, sejam de viés *keynesiano* ou *neoclássico*, tendem a enfatizar que no curto prazo o estoque de capital de uma economia é constante, o que os levou ao abandono mencionado. Há, além disso, concepções distintas sobre o papel da moeda e do fator tempo nessas teorias. Isto tudo somado, ou seja, o abandono da teoria do capital, as visões diferentes da moeda e as formas como é introduzido o fator tempo, permite-nos estabelecer comparações teóricas bastante interessantes entre a *mainstream economics* (*keynesianos* e *neoclássicos*) e a Escola Austríaca de Economia, que sempre deu importância à teoria do capital e que possui concepções diferentes a respeito de como a moeda e o tempo devem ser tratados teoricamente.

As idéias aqui expostas não são de nossa autoria, embora as endosse integralmente, mas do Professor Roger Garrison, da Universidade de Auburn, nos Estados Unidos, um economista *austríaco* bastante criativo e que tem se dedicado a estudar a Teoria Austríaca dos Ciclos Econômicos, modernizando-a e procurando compará-la com as diferentes visões da *mainstream economics*. Neste capítulo, apenas as explicamos e fazemos alguns comentários adicionais.

Garrison observa que podemos de início ancorar as proposições macroeconômicas no binômio tempo/moeda. As doenças macroeconômicas originam-se nas formas especiais de interação, em uma economia de mercado, desses dois elementos, que constituem a universalidade, ou os denominadores comuns da teoria macroeconômica. O reconhecimento explícito desse universo proporciona uma comparação bastante rica entre *keynesianos* e *monetaristas*: os primeiros negam a possibilidade de soluções de mercado para as doenças macroeconômicas, enquanto os segundos tendem a negar as próprias doenças. A Teoria Austríaca situa-se entre esses dois extremos.

2
O UNIVERSO DA TEORIA MACROECONÔMICA

Existe um "mercado de tempo" e um "mercado de moeda" e esses dois mercados, tanto se forem isolados conceitualmente ou interagindo no mundo real, é que dão origem a todos os fenômenos que se convencionou chamar de "macroeconômicos". A Escola Austríaca é a única a reconhecer explicitamente a natureza universal do tempo na teoria econômica, ao propor que todas as escolhas são feitas com um olho no futuro e levando em conta uma memória que as liga ao passado e todas as ações humanas são escolhas levadas a efeito no tempo e em ambiente de incerteza genuína, em que os mercados são considerados como processos de permanentes descobertas, em procedimentos de erros e tentativas.

Analisar uma economia de mercado nada mais é do que identificar ações individuais que originam os fenômenos de mercado, mas sabendo que o tempo, literalmente, é o meio através do qual essas ações transpiram. A prática comum na microeconomia, particularmente nas teorias *walrasianas* de equilíbrio geral, de limitar os problemas a casos de economias de trocas, não passa de uma tentativa de abstração do elemento tempo. O sabor macroeconômico distingue-se da análise de equilíbrio geral pela atenção que procura dispensar ao fator tempo, associando-o com decisões de produção. Essas considerações com respeito ao tempo são feitas, na tradição de Chicago, por meio dos conceitos de *custos de informação*; na tradição *keynesiana*, por meio dos conceitos de *viscosidade* e de *rigidez* e, na tradição austríaca iniciada por Carl Menger, pelo conceito de *estrutura de capital*. As teorias macroeconômicas alternativas, cada uma à sua maneira, consistem em tentativas de explicação do comportamento dos indivíduos em seus intuitos de, como o próprio Keynes escreveu, "*... defeat the dark forces of time and ignorance which envelope our future*".

Tal como no tratamento do fator tempo, a forma como a moeda é introduzida nas diferentes teorias, seja como um ativo financeiro, seja como um *hedge* contra taxas de juros que tendem a subir, seja como um meio de troca, explica boa parte das principais diferenças entre as concepções alternativas. Tempo é meio de ação; moeda é meio de troca. Os dois, em conjunto, servem para definir a análise macroeconômica. Se as trocas intertemporais e interpessoais pudessem ser isoladas em uma economia de mercado, a macroeconomia convencional, como sugere o

Professor Garrison, seria fortemente redundante e nesse caso a teoria do capital de Cambridge (que se abstrai das trocas interpessoais) e a teoria do equilíbrio geral *walrasiana* (que se abstrai das trocas intertemporais), resolveriam adequadamente os principais problemas. Mas é precisamente essa "interseção" dos "mercados" de tempo e de moeda que se constitui na principal questão macroeconômica.

3
Capital e tempo

William Stanley Jevons já afirmava que uma das maneiras de se concretizar a noção de "mercado de tempo" consiste em reconhecer o aspecto temporal essencial dos mercados de bens de capital em sua concepção mais ampla. Menger, como sabemos, introduziu em seu livro seminal, que deu origem à Escola Austríaca, a ideia de *bens de diversas ordens*, em que *ordem* denota uma relação temporal entre um bem de capital e o eventual bem de consumo que esse bem de capital contribui para produzir. Por exemplo, se o pão é um bem de consumo e a farinha um bem utilizado na fabricação de pães, então o primeiro é considerado um bem de primeira ordem e a segunda um bem de segunda ordem, enquanto o trigo, usado para fabricar a farinha, o bem de terceira ordem.

Seria bem interessante se pudéssemos comparar a noção de capital da Escola Austríaca com alguma visão alternativa formulada por Keynes, mas isto não é possível, porque, apesar de haver repudiado a contribuição de Böhm-Bawerk, Keynes não a substituiu por nenhuma outra. Assim, o *keynesianismo* representa um perigoso desligamento do pensamento macroeconômico das importantes questões relacionadas com a Teoria do Capital e representa também, infelizmente, o abandono direto das abordagens que têm o objetivo de lidar com o fator tempo, caracterizadas por aquela famosa frase de que "no longo prazo estaremos todos mortos" – uma afirmativa bastante infeliz e que produziu efeitos desastrosos na teoria econômica e na prática.

É claro que sua teoria requer algum tipo de especulação em relação ao futuro, mas, quando o "espírito animal" dos investidores *keynesianos* é colocado diante das "forças obscuras do tempo e da ignorância", estas parecem vencer sempre. Esta característica da teoria *keynesiana* (e da Macroeconomia em geral), deriva diretamente do abandono da teoria do capital utilizada antes de Keynes para incorporar o "mercado de tempo". Vejamos, agora, o papel da moeda para os *austríacos*, os *keynesianos* e os *monetaristas* (novos clássicos).

4
A MOEDA COMO UMA *JUNTA FROUXA* (*LOOSE JOINT*)

As forças intertemporais de mercado encontram sua expressão mais direta e concreta nos mercados de bens de capital. Se estes bens fossem trocados diretamente por bens de consumo ou por outros bens de capital, a natureza da macroeconomia seria substancialmente diferente. Mas o fato de que os bens de capital e os bens correspondentes de consumo são trocados indiretamente via moeda é que adiciona a outra dimensão essencial. A teoria macroeconômica, então, deve analisar as implicações das trocas indiretas no contexto de uma economia que utiliza capital. Em sua *The Pure Theory of Capital*, Hayek concebe a moeda como uma *junta frouxa* (*loose joint*) dentro de um sistema de mercado que se auto-equilibra. A moeda é a junta que liga a capacidade de demanda com o desejo de produzir, o que dá margem para o entendimento correto da lei de Say. Dizer que a moeda é uma junta "frouxa" em uma economia que utiliza capital nos lembra que existe um lapso de tempo entre a oferta de um dado sortimento de bens de capital e a demanda subseqüente de bens de consumo. E é esse time *lag* que provoca os problemas macroeconômicos mais comuns, tais como o conhecido como "sobreinvestimento", que os austríacos chamam de "maus investimentos" ("*malinvestments*").

Essa imagem de Hayek nos permite testar a adequação das diversas teorias em que a moeda desempenha um papel importante. A concepção da moeda como uma *junta frouxa* sugere que devemos evitar duas construções teóricas polares. Introduzir a moeda como uma *junta apertada* (*tight joint*) é negar o problema da coordenação intertemporal. Tais modelos simplesmente colocam todas as trocas, sejam intertemporais ou não, em um contexto de equilíbrio geral atemporal. Por outro lado, introduzir a moeda como uma *junta quebrada* (*broken joint*) é negar a própria possibilidade de uma solução de mercado para os problemas de coordenação intertemporal.

Em um mundo em que a moeda fosse uma *junta quebrada*, os preços não transmitiriam as informações sobre as alocações de recursos desejadas ao longo do tempo, nem tampouco ajudariam a atualizar essas alocações. Em outras palavras, os conceitos de moeda como *junta apertada* e *junta quebrada* negam, respectivamente, o problema macroeconômico central e a sua solução. A macroeconomia da *mainstream*, a saber, o *monetarismo* e o *keynesianismo*, tende a adotar uma das duas posições polares e o resultado é que, como uma primeira aproximação, os problemas macroeconômicos ou são vistos como triviais ou, então, como insolúveis. Entre essas duas concepções extremas é que está a noção *hayekiana* da moeda como uma *junta frouxa*, que nos conduz a reconhecer os problemas e a deixar a possibilidade de soluções de mercado para eles como uma questão em aberto.

Notemos, contudo, que a hipótese de que a moeda é uma *junta apertada* não pode ser condenada em todos os contextos. Ela nos conduz, por exemplo, às noções da moeda como um "véu", bem como ao núcleo de verdade contido na *teoria quantitativa da moeda*, o de que a inflação é um fenômeno monetário. Mas, ao mesmo tempo, não podemos nos esquecer da excessiva simplicidade, face ao mundo real, dessa hipótese.

5
A MACROECONOMIA DA *MAINSTREAM*

(a) Embora Wicksell seja geralmente considerado como tendo sido o primeiro a integrar a teoria monetária com a teoria do valor, na realidade ele não fez isso. Em seu modelo, os preços, puxados pelo efeito dos saldos reais, movem-se todos simultaneamente, seja para cima ou para baixo. Mesmo quando é reconhecido que alguns preços podem variar (temporariamente) de maneiras diferentes entre si, o modelo *wicksellianio* não faz menção a variações correspondentes nas quantidades. Com isso, não explica as interações entre o mercado de moeda e os mercados de bens de capital, focalizando apenas as relações entre a quantidade total de moeda e o nível geral de preços.

(b) Considerações monetárias e de valor costumam ser segregadas pela hipótese implícita ou explícita de que a moeda é uma *junta apertada*. E é essa segregação entre as teorias monetária e do valor que costuma levar à substituição da estrutura *mengeriana* de produção por algum agregado (PIB), o que significa admitir que, dado o caráter de *tight joint* da moeda, nada de relevante se passa no setor real da economia.

(c) Keynes, por sua vez, descartou a teoria do capital de Böhm-Bawerk sem substituí-la por qualquer outra. Assim, seria apenas por "acidente ou desígnio" (*Teoria Geral*, ed. de 1964, p.28), em oposição a uma ordem espontânea, que a economia poderia atingir a coordenação macroeconômica. Ou seja, com a hipótese de que a moeda se constitui em uma *junta quebrada*, Keynes e os *keynesianos* de diversos matizes sempre acabam descartando a solução de mercado para os problemas macroeconômicos.

(d) Sob essa perspectiva, a alternativa à teoria macroeconômica oferecida por Mises, Hayek e por outros *austríacos* representa um meio termo, ao mesmo tempo em que é radical, no sentido de ir diretamente à raiz dos problemas.

6
A TEORIA "MACROECONÔMICA" AUSTRÍACA

Embora os economistas *austríacos* rejeitem a macroeconomia, podemos nos valer deste termo para efeitos de comparação com as teorias macroeconômicas conhecidas. Entretanto, é conveniente que o usemos sempre entre aspas.

O ponto significativo da Escola Austríaca que ressalta a moeda como uma *junta frouxa* é o da complementaridade intertemporal entre as diversas ordens de bens de capital. Por exemplo, a ocorrência de um excesso de bens de ordens elevadas (bens de capital), que será removido no futuro através do surgimento de bens de ordens inferiores (por exemplo, cimento para ser usado na indústria de construção civil), não é visto imediatamente como um excesso. Essa percepção depende das projeções empresariais sobre a demanda futura e essa previsão só poderá ser considerada errada quando ocorrer um excesso nos estágios subsequentes de produção. Na literatura austríaca, esse excesso se revelará na forma de escassez relativa de bens de capital necessários para completar o processo de produção. Esse cenário particular enfatiza a noção de complementaridade intertemporal entre as diferentes ordens de bens de capital e o ponto significante é que os excessos de oferta e de demanda, uma vez revelados, não podem ser remediados de uma forma simples: os ajustamentos envolvem reestruturações fundamentais nos processos econômicos de produção.

O caráter de *frouxidão* (*looseness*) da junta monetária é responsável por um montante de ausência de coordenação intertemporal não percebida, durante algum tempo, o que gera *sobreinvestimentos* em alguns bens de capital e *subinvestimentos* em outros. Assim, não existe surpresa no fato de que o processo de mercado, ao corrigir essas faltas de coordenação, não o faça instantaneamente e sem dor. A frouxidão da junta monetária, que provoca a quebra da coordenação, prescreve um remédio doloroso e de efeito lento. A teoria *hayekiana* é consistente com a visão da chamada *Escola da Public Choice* das decisões políticas, com a noção de ciclos econômicos políticos e com a análise *friedmaniana* da curva de Phillips de curto prazo e de longo prazo.

7
ALGUNS AVANÇOS NA *MAINSTREAM ECONOMICS*

Sugere-nos o velho bom senso que as fronteiras da macroeconomia devem estar entre as duas posições extremas, em algum ponto a ser descoberto entre o curto e o longo prazo. Este é o horizonte temporal relevante, porque é nele que os problemas econômicos efetivamente se manifestam. Há algum tempo têm sido feitas algumas tentativas na literatura no sentido de tentar capturar esse horizonte de tempo relevante; e elas diferem na medida em que partem de pontos de partida diametralmente diferentes. Em particular, vejamos os pontos de vista de David Laidler e de Paul Davidson – respectivamente, um *monetarista* e um *keynesiano* –, o que nos facilitará a comparar a *mainstream* com a teoria austríaca.

Laidler percebeu corretamente a importância do tempo e da moeda, mas, como parte da tradição de longo prazo da *teoria quantitativa da moeda*, sua análise revela a necessidade de "encurtar o longo prazo" e o meio que utiliza para isso é o mercado de informações. A hipótese de que existem custos para obter informações representa sua tentativa de capturar, pelo menos parcialmente, a dimensão temporal e a interação entre o mercado de informações e o mercado monetário, traduzindo o que ele chama de "a nova microeconomia". O problema com esse tipo de *approach* é que a incerteza, na visão dos economistas *austríacos*, é uma *proxy* fraca para a variável tempo.

O trabalho de Davidson representa a contrapartida *keynesiana* da análise de Laidler; este precisava encurtar o longo prazo, enquanto Davidson, trabalhando na tradição *keynesiana*, sentiu a necessidade de criar uma junta onde ela não existia, ou seja, percebeu que precisava alongar o curto prazo. E o instrumento de que se utilizou foi o dos contratos de salários nominais (*money-wage contracts*). Assim, enquanto Laidler buscou capturar o tempo através do mercado de informações, Davidson o fez por meio do mercado de trabalho a termo. Sua análise padece do mesmo problema apresentado pela de Laidler, porque o mercado a termo de mão de obra, tal como o mercado de informações de Laidler, são apenas duas dentre as inúmeras maneiras de realização das trocas intertemporais.

Embora essas tentativas representem esforços de incorporar corretamente as relações entre tempo e moeda, o que as torna incompletas é que ambas carecem de uma teoria do capital, que nada mais é do que uma teoria geral a respeito da natureza das relações intertemporais que caracterizam a economia e do modo como essas relações podem ser modificadas por mudanças paramétricas ou de política econômica. Portanto, a teoria do *money-wage contract* é o meio que Davidson usa para se aventurar no conceito de tempo relevante (para encontrar Laidler, que se aventurou partindo do outro extremo), mas sem ter de lidar com os problemas básicos com que a teoria do capital se defronta.

8
Conclusões

Reconhecer que os conceitos de tempo e de moeda devem ser centrais na teoria macroeconômica é definir o domínio da macroeconomia como sendo a interação entre o "mercado de tempo" e o "mercado de moeda". Esta concepção da macroeconomia permite comparar as visões da *mainstream* e mostrar como elas lidam indiretamente com o elemento tempo, por não incorporarem uma teoria do capital. A inadequação dessas teorias sugere que o remédio apropriado parece ser o dos *austríacos* e que as duas visões da *mainstream* poderiam estar mais próximas a partir de uma reincorporação da teoria do capital na macroeconomia, por representar o tratamento correto do elemento tempo e, assim, contribuir para um entendimento mais adequado do mundo real, que, no final das contas, deve ser a preocupação principal dos economistas.

A economia real pode ser adequadamente definida, de acordo com a visão *austríaca*, como *ação humana ao longo do tempo sob condições de incerteza genuína* (ou seja, não probabilística); o tempo é um fluxo permanente de novas experiências, ou seja, de ações sucessivas sempre praticadas com o objetivo de aumentar a satisfação individual, fluxo esse que não está *no* tempo (isto é, no eixo newtoniano do tempo), mas que *é* o próprio tempo. Portanto, o tempo deve ser necessariamente dinâmico, porque permite associar a memória, vale dizer, o conhecimento adquirido nos mercados e que é permanentemente rarefeito, com a percepção que cada indivíduo forma da realidade e suas consequentes ações e a moeda é o meio de troca, aquele que é usado em todas as transações econômicas.

Quando a moeda "entra" na economia ela não o faz por igual, por exemplo, uma cédula de 50 reais por cada metro quadrado do país: ela "entra" em determinados setores da estrutura de produção e a partir daí vai se espalhando, o que, por si só, é um argumento contrário ao *princípio da neutralidade da moeda*, segundo o qual variações nesta não produziriam efeitos sobre o setor real da economia, mas apenas sobre os preços. Na verdade, justamente porque a moeda, ao "entrar" na economia, o faz, para usamos a imagem de Hayek, como um fluxo de mel sendo despejado em um pires, os preços relativos – formados ao longo da estrutura de capital (ou, em linguagem moderna, na cadeia produtiva) –, necessariamente precisam se alterar, o que provoca efeitos sobre o setor real da economia. Somente após todas as mudanças nos preços relativos acontecerem é que o montículo central de "mel" termina de se assentar, tornando a superfície plana, tal como a teoria *monetarista* sugere.

Se a “nova” moeda cai primeiro em mãos de pessoas muito pobres, provavelmente elas irão utilizá-la para comprar alimentos e roupas, o que aumentará a demanda por esses produtos e tenderá a elevar os seus preços em relação, digamos, aos preços de automóveis. Os vendedores de alimentos e roupas, por sua vez, ao receberem dinheiro pelas suas maiores vendas, comprarão mais de seus fornecedores e assim por diante, até que a moeda “nova” se espalhe por toda a estrutura de produção. Esta é uma das vantagens que a teoria do capital proporciona, integrada com a teoria monetária.

Diante de todas essas considerações, parece claro que os economistas deveriam ter acesso, desde os cursos de graduação, aos ensinamentos da Escola Austríaca, que oferece *insights* muito interessantes para uma compreensão adequada dos fenômenos econômicos do mundo real. Na pior das hipóteses, tais ensinamentos servem, sem dúvida, para auxiliar a comparar as metodologias utilizadas pelos teóricos das diversas escolas econômicas.

Capítulo 7

A Teoria Austríaca dos Ciclos Econômicos

1
Introdução

Uma das opiniões mais difundidas entre economistas e leigos é a de que a *Grande Depressão* do final dos anos 1920 e início dos anos 1930 do século passado teria sido provocada por "gastos de menos e poupança demais". Esse consenso equivocado, endossado pelos governos desde aquele tempo, ainda é prevalecente entre a maioria dos economistas. Levou, por exemplo, os governos de muitos países a adotarem políticas de expansão dos gastos públicos em resposta à crise que se manifestou fortemente em 2008 nos Estados Unidos e que se alastrou pelo mundo. Como veremos neste capítulo, essa prática é equivalente a algo como lançar gasolina em uma fogueira.

Na verdade, embora esse diagnóstico tivesse prevalecido sobre os demais – o que se deve ao extraordinário poder de persuasão de *Lord* Keynes e ao argumento "técnico" que sua terapia de aumentar os gastos públicos representou – e sempre representará – para políticos de todos os matizes-, há outra teoria, da mesma época – para não mencionarmos uma terceira, formulada por Milton Friedman nos anos 1950 –, desenvolvida por Hayek, com base na tradição de Carl Menger, na *escola sueca* de Knut Wicksell e, principalmente, no abrangente tratado de teoria monetária publicado por Mises, em 1912. É uma teoria muito mais adequada, mas, infelizmente, desconhecida – podemos nos arriscar a dizer – por 999 em cada 1000 economistas.

Para Hayek e os economistas *austríacos*, a *Grande Depressão* não fora provocada por "gastos de menos e poupança demais", mas exatamente pelo oposto, isto é, "gastos demais e poupança de menos".

Serão loucos – ou incompetentes – os economistas, a ponto de dois dos mais famosos de sua época sustentarem cada um que aquilo que o outro apontava como causa era na verdade efeito e o que o colega apontava como efeito é que seria a verdadeira causa? Bem, há economistas loucos e há economistas incompetentes, mas não se pode dizer nem uma coisa nem outra tanto de Hayek como de Keynes, por mais que discordemos do último.

A questão crucial está nas considerações de natureza temporal subjacentes a cada teoria: Keynes, na *Teoria Geral*, olhou o curto prazo, os primeiros anos da década de 1930, em que de fato o setor privado gastava pouco, ao passo que Hayek, quando falava em *sobreinvestimentos*, estava se reportando aos imensos gastos realizados pelos governos nos anos 1920, especialmente após o fim da Primeira Guerra Mundial, comparando-os a um excesso de comida que, fatalmente, haveriam de provocar a indigestão da *Grande Depressão.*

Poucas frases foram tão infelizes e provocaram efeitos tão devastadores como a de Keynes, uma verdadeira condenação à vida das formigas e exaltação à das cigarras, segundo a qual "no longo prazo, todos estaremos mortos"... Para compreender por que, voltemos na máquina do tempo que é a História do Pensamento Econômico.

No início dos anos trinta, Hayek foi convidado pelo próprio Keynes para proferir uma série de três conferências na London School of Economics. O material daquelas palestras, então publicado sob o título de *Prices and Production*, representa sua primeira tentativa de elaborar uma teoria dos ciclos econômicos, combinando a análise das relações entre moeda e taxa de juros de Knut Wicksell com a teoria do capital de Böhm-Bawerk, e com a tradição iniciada em 1912 por Mises, no capítulo 19 de sua *Theorie des Geldes und der Umlaufsmittel.* As palestras de Hayek foram pontuadas por triângulos, de uma espécie que sua platéia jamais tinha visto anteriormente. Com efeito, aquilo era desconhecido para John Hicks, Nicolas Kaldor e Joan Robinson e outros acadêmicos de renome, ou seja, simplesmente, para alguns dos economistas acadêmicos mais famosos da época, que, não conseguiram compreender a novidade apresentada por aquele colega recém chegado da Áustria.

Este capítulo tem os objetivos de explicar o que Hayek pretendia representar com seus triângulos e apresentar de maneira conceitual a alternativa dos economistas *austríacos* às teorias dos ciclos econômicos dos modelos econômicos convencionais.

Essa teoria procura explicar de que maneira os distúrbios monetários provocam ausências de coordenação intertemporal nas atividades econômicas (os *booms* artificiais), como essas faltas de coordenação, ao serem descobertas, provocam recessões (os *busts*) e que ajustamentos elas desencadeiam no sentido da reestruturação da economia.

Trata-se, como já mencionamos, de uma tentativa de conciliar elementos *wicksellianos* e *böhm-bawerkianos*, tal como já o fizera Mises em seu tratado de 1912. Além disso, Hayek enriqueceu-a com as influências de David Ricardo e John Stuart Mill, bem como, é claro, com seus próprios *insights*. O resultado é uma integração magistral das teorias dos preços, da moeda, do capital e do processo de mercado. Os diversos elementos da teoria *hayekiana* – que são isolados a seguir para facilitar a compreensão e a análise do leitor – estão conectados por uma forte complementaridade, a tal ponto de não podermos rejeitar qualquer um deles sem que a teoria como um todo fique comprometida.

2
Os elementos da teoria

O processo de mercado

Embora, para efeitos de exposição, Hayek tenha partido de uma situação que se abstrai da existência de recursos ociosos, sua teoria dos ciclos é essencialmente *austríaca*, na medida em que trata os mercados como processos dinâmicos de descoberta e de coordenação. Como observou Fritz Machlup, a tese fundamental da teoria é que os ciclos são causados por fatores monetários, mas são constituídos por fatores reais. Esses últimos nada mais são do que o desenrolar do próprio processo de mercado em resposta a um choque descoordenador. Neste processo, os sinais emitidos pelos preços funcionam como elementos coordenadores: quando a manipulação monetária cria uma sinalização falsificada de preços, está plantada a semente da ausência de coordenação econômica.

Como qualquer análise *austríaca*, a teoria dos ciclos econômicos considera os mercados como processos – e não como estados estáticos de equilíbrio –, que tendem a convergir para o equilíbrio, mas que não o alcançam, porque a multiplicidade de fatores que determina a ação humana ao longo do tempo e sob condições de incerteza genuína não o permite.

A doutrina da *poupança forçada*

Quando ocorre uma expansão na oferta de moeda, verifica-se uma inchação na oferta de fundos para empréstimos, que introduz uma cunha entre poupança e investimento. A concepção de *poupança forçada* de Hayek refere-se a uma situação *ex-post*: os consumidores descobrem que devem consumir menos do que haviam planejado para cada nível de renda e a *poupança forçada* ou *artificial* é igual à diferença entre a poupança observada e a poupança planejada, que corresponde à expansão do crédito. Em outras palavras, a moeda nova *fantasia-se* de poupança, ao reduzir artificialmente a taxa de juros abaixo de seu nível *natural* (aquele que equilibra a oferta de empréstimos com a demanda de empréstimos), fazendo com que a trajetória de investimentos torne-se inconsistente com o montante de poupança real e com as preferências intertemporais de consumo e desencadeando um processo de ausência de coordenação intertemporal. A *poupança forçada* pode ser visualizada no gráfico abaixo como a distância DM, em que r representa a taxa de juros, S a poupança, I o investimento, S_p a poupança planejada , I_p o investimento planejado, r_n a taxa de juros natural e r' a taxa de juros de mercado.

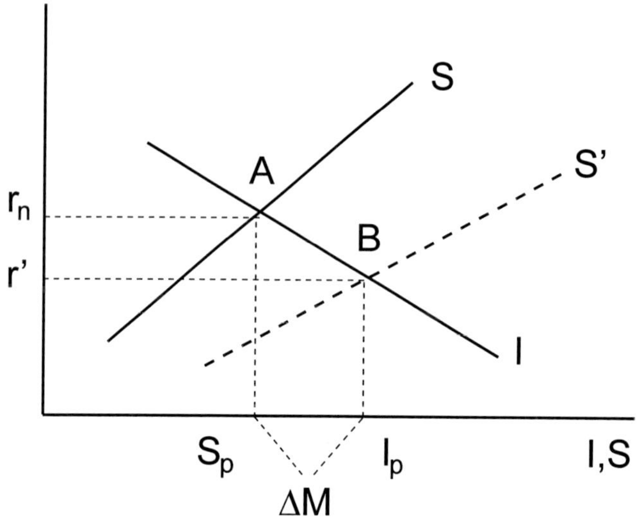

A ESTRUTURA MENGERIANA DE PRODUÇÃO (OU ESTRUTURA DE CAPITAL)

Os bens de capital, na concepção originária de Menger e desenvolvida posteriormente por Böhm-Bawerk, são heterogêneos e relacionam-se uns com os outros mediante diversos graus de complementaridade e substituibilidade, ao longo dos diversos estágios que caracterizam a estrutura de produção, que vão desde os bens de primeira ordem (de consumo final) até os bens de ordens mais elevadas. Tanto estes como os primeiros são complementares em termos intertemporais: taxas de juros artificialmente baixas provocam uma ausência de coordenação intertemporal, que se manifesta inicialmente na forma de sobre-investimentos em bens de capital (isto é, em bens de ordens mais elevadas). Na linguagem dos economistas austríacos, a estrutura de produção torna-se mais indireta (*roundabout*), isto é, aumenta o número de estágios que a compõem. Mas, com o decorrer do tempo e a conseqüente escassez dos bens de capital (complementares) de ordens mais inferiores, a falta de coordenação intertemporal acabará sendo percebida e esse fato desencadeará tentativas de retornar à estrutura de produção inicial (menos *roundabout*).

A estrutura de produção pode ser representada por uma série de retângulos em que, da direita para a esquerda, caminhamos dos bens de ordens menos elevadas (de consumo) para os de ordens mais elevadas (de capital). O eixo horizontal mede o tempo envolvido na estrutura de produção – contado da esquerda para a direita – e a altura de cada retângulo reflete o valor de produção (preço vezes quantidade) em cada diferente estágio de produção.

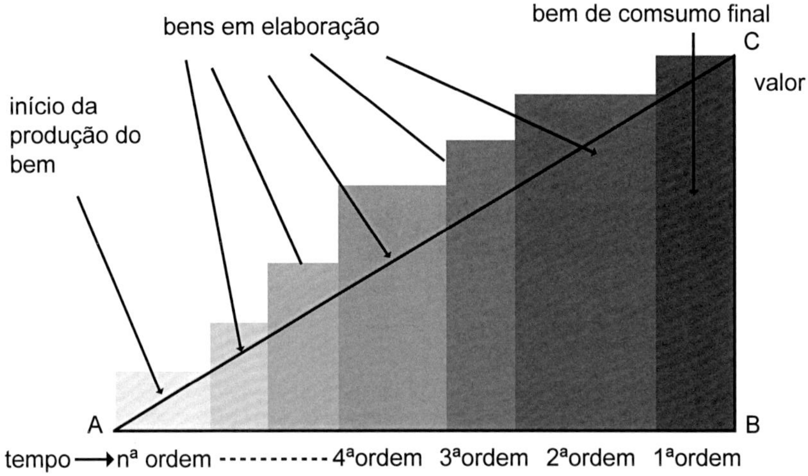

A figura que liga os pontos A, B e C corresponde a um triângulo retângulo e é conhecida como *triângulo de Hayek*, que é uma forma simplificada de representação da estrutura de produção.

A TAXA DE JUROS PROMOVE A COORDENAÇÃO INTERTEMPORAL

A função principal da taxa de juros na concepção austríaca é a de servir como elemento de coordenação entre as trajetórias de consumo e investimento (e, obviamente, de poupança). O tempo de produção (ou *período de produção*, na linguagem de Böhm-Bawerk), é uma variável endógena, na medida em que determinará a existência ou não de coordenação entre as decisões de produção e de consumo. E a taxa de juros é justamente a variável que, incorporando o tempo, afeta ambas as decisões.

Assim, quando a taxa de juros estiver em seu nível *natural*, isto é, quando for determinada exclusivamente pelas preferências intertemporais e pela demanda de investimentos, haverá coordenação entre as trajetórias de consumo e de investimento; quando não estiver, não existirá essa coordenação, o que significa que existirão desequilíbrios entre a demanda e a oferta ao longo da estrutura de produção.

O *EFEITO RICARDO*

Em sua formulação original, o *efeito Ricardo* dizia respeito à substituição de mão de obra (fator de produção de curto prazo) por capital (fator de produção de longo prazo), como decorrência de uma redução na taxa de juros. No contexto da teoria *hayekiana* dos ciclos, entretanto, a substituição não de dá entre "homem" e "máquina", mas sim entre bens de capital de ordens menos elevadas e de ordens mais elevadas: na fase inicial do ciclo, a taxa de juros artificialmente baixa estimula os investimentos em bens de capital de ordens mais elevadas. Com a conseqüente disputa por bens de capital de ordens mais baixas (complementares), os preços destes últimos tendem a aumentar o que provoca um crescimento na demanda por crédito *(desperation borrowing)* e o subsequente aumento da taxa de juros, encorajando, por sua vez, a liquidação dos projetos de produção iniciados na primeira fase, mas ainda não terminados. Voltaremos ao *efeito Ricardo* com maiores pormenores no próximo capítulo.

A *QUARTA PROPOSIÇÃO FUNDAMENTAL DE JOHN STUART MILL*

Com seu conhecido aforismo "demanda de mercadorias não é demanda de trabalho", Mill procurava ressaltar o perigo da incorporação de demandas derivadas em economia política. As teorias macroeconômicas modernas, em que as demandas pelo produto final e pelos fatores de produção movem-se sempre no mesmo sentido, parecem não dar importância à advertência de Mill. Mas a formulação *austríaca* reconhece que as duas demandas podem mover-se em sentidos opostos e essa atenção para com a quarta proposição daquele economista inglês do século XIX (de quem Hayek era um admirador) é uma das diferenças mais significativas entre a teoria dos ciclos austríaca e as suas rivais.

Se o consumo presente está caindo, isto não significa necessariamente que a demanda de trabalho e de outros fatores também esteja caindo; pode significar que a propensão a poupar esteja aumentando, o que poderá fazer surgir a expectativa de que o consumo futuro poderá subir, o que, por sua vez, poderá levar ao crescimento da produção de bens de consumo futuros e, assim, aumentar a demanda de trabalho no presente. Para Hayek, em um dado período, os gastos de consumo e de investimento podem e, sob condições de pleno emprego (ou de nível natural de emprego), devem mover-se em sentidos contrários.

Na verdade, este deslocamento de recursos entre bens de ordens inferiores ("consumo") e bens de ordens superiores ("investimento") e entre os diversos estágios da estrutura de produção é que leva à coordenação intertemporal ou à sua ausência: coordenação, quando o deslocamento é provocado por alterações nas preferências temporais e falta de coordenação, quando é causado por manipulações monetárias.

A TEORIA *HAYEKIANA* DO CONHECIMENTO
A manipulação monetária, promovida pela expansão inicial do crédito sem lastro em poupança genuína, ilude os participantes dos mercados, fazendo com que eles se comportem de modo diferente do que imaginavam; isto é possível porque o conhecimento sempre é limitado. Para Hayek, há dois tipos de conhecimento: o científico e o dos participantes dos mercados. Pode-se esperar que os participantes dos mercados – dado o seu conhecimento das circunstâncias particulares de tempo e lugar – sejam induzidos pelos preços de mercado a comportar-se "como se" eles possuíssem o conhecimento científico, isto é, como se compreendessem a estrutura do sistema econômico; mas não se pode esperar que eles interpretem instantaneamente como tais as distorções de preços provocadas pela manipulação monetária, com base em um conhecimento "científico" da estrutura da economia.

Com estes sete elementos básicos – que, como vimos, são indissociáveis – Hayek construiu sua teoria das flutuações cíclicas. Uma forma de sintetizá-la e, ao mesmo tempo, de visualizá-la, é representá-la diagramaticamente, na forma dos triângulos de Hayek (que os adaptou dos *gráficos de investimento* de Stanley Jevons) e dos vetores de oferta e de demanda "agregadas", como o fez o economista Mark Skousen (*The Structure of Production*, NYU Press, NewYork, 1990).

3
OS *TRIÂNGULOS DE HAYEK* E OS VETORES DE OFERTA E DEMANDA "AGREGADAS"

Este instrumental parte do princípio de que a estrutura de produção da economia tem duas dimensões – valor e tempo – e de que podemos usar triângulos retângulos para representá-las. Como vimos anteriormente, cada triângulo é uma representação aproximada da estrutura de produção da economia com seus diferentes estágios e dos bens que são gerados em cada um dos estágios. Nesta metáfora de Hayek, cada bem de consumo gera todos os seus serviços em um único período, o que é um expediente metodológico para escapar ao problema dos bens de consumo duráveis, uma vez que seu objetivo é analisar a distribuição temporal dos bens de capital. Os bens intermediários fluem nos sucessivos estágios de produção e seu valor em cada ponto da cadeia é uma função do tempo, $f(t)$. Seu valor total é, portanto, igual à integral dessa função mensurada em um período genérico s, igual ao tamanho da estrutura de produção adotada. Em outras palavras, se a injeção de capital e, portanto, a produção é iniciada no período de tempo h, então o valor dos produtos intermediários será:

$$\int_{h}^{h+s} f(t)\,dt$$

A taxa à qual surgem os bens de consumo final, isto é, a produção de bens de consumo final, é uma função crescente do intervalo de tempo, $f(h + s)$. Portanto, o modelo é expresso inteiramente em termos de fluxos (pois seu objetivo não é ressaltar o atributo de durabilidade dos bens, mas sim sua distribuição temporal).

No gráfico seguinte, o cateto AB representa a dimensão temporal, mensurada pelo número de estágios, admitindo-se que o número de estágios varia diretamente com o tempo da estrutura de produção. O cateto BC representa a produção de bens de consumo, isto é, $f(h + s)$. A hipotenusa AC, a função de produção, $f(t)$ e a área, a integral mencionada. Os diversos estágios de produção em que se subdivide o cateto AB consistem de bens de capital circulante, medidos em termos de valor.

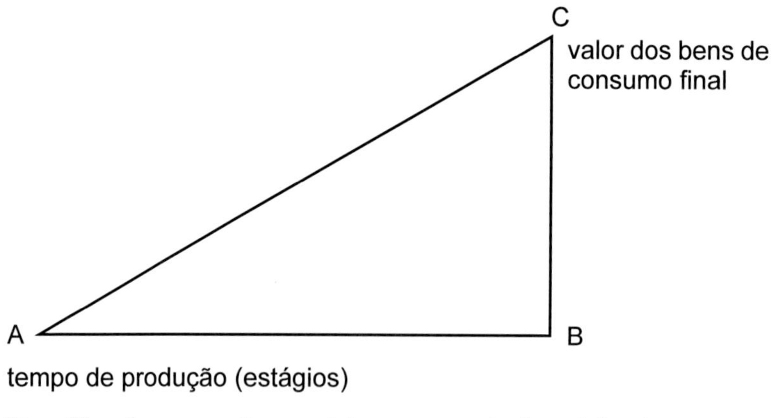

Para Hayek, a questão crucial para a teoria dos ciclos é a correspondência mútua entre os planos dos poupadores e investidores e os planos dos consumidores e produtores. O triângulo ilustra um *trade-off* reconhecido por Menger e enfatizado por Böhm-Bawerk: em um dado instante e na ausência de ociosidade de recursos, os investimentos crescem às expensas do consumo. Os investimentos, que exigem uma alocação de recursos que despenda mais tempo aumentam a dimensão temporal do triângulo, isto é, tornam o processo de produção, na linguagem de Hayek, mais *capitalista* ou *indireto (roundabout)*. Para que os investimentos aumentem, o consumo deve cair, inicialmente tanto em termos nominais como reais. Uma vez que a reestruturação do capital esteja completada, aumentará o nível correspondente de consumo real, mas o nível de consumo nominal ficará abaixo de seu valor inicial, porque a nova estrutura de produção, para ser mantida, exigirá gastos maiores em bens de ordens superiores que anteriormente.

Sempre que ocorrer uma recomposição do produto provocada por uma mudança nas preferências intertemporais, mudará a forma do triângulo. O ponto central é que se essas preferências mudarem em decorrência de uma variação na propensão a poupar, não haverá qualquer expansão cíclica, mas se elas se alterarem em resposta aos falsos sinais provocados pela política monetária, o ciclo será desencadeado.

O processo mediante o qual uma variação na oferta de moeda pode desencadear um ciclo econômico pode ser explicado de forma didática a partir dos conceitos de vetores de oferta e de demanda "agregadas". Imaginemos uma estrutura de produção bastante simples, com apenas quatro setores, a saber, o da matéria prima (bem de 4ª ordem), manufaturado (bem de 3ª ordem), atacado (bem de 2ª ordem) e varejo (bem de 1ª ordem).

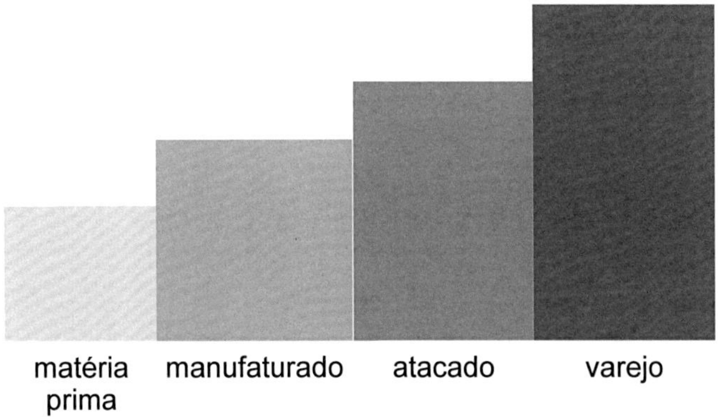

O vetor de oferta "agregada" pode ser considerado um *vetor* porque possui os atributos de módulo (comprimento), direção e sentido. Reflete o fato de que a produção move-se desde o estágio de matérias primas até o de consumo final, isto é, da esquerda para a direita, ao longo da cadeia produtiva. Todas as empresas transformam *inputs* em *outputs*, de baixo para cima, em direção ao consumo final. Conforme a produção se move de um estágio para o subseqüente, a receita agregada aumenta de acordo com a lucratividade de cada estágio. Assim, o vetor de oferta agregada (VOA) tem a seguinte forma:

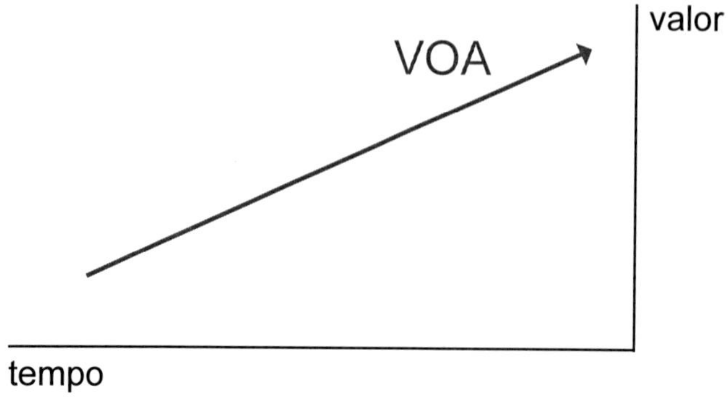

A direção e o módulo de VOA são determinados pela lucratividade de cada estágio, pela tecnologia e, de um modo geral, por todos os fatores que costumam influenciar a oferta.

Já o vetor de demanda agregada (VDA) move-se da direita para a esquerda e de cima para baixo, porque neste caso estamos percorrendo a cadeia produtiva desde o estágio produtor de bens de primeira ordem até o estágio de ordem mais elevada (no nosso exemplo, o da matéria prima). Reflete o fato de que o varejista compra do atacadista, este compra da manufatura e o responsável por esta compra a matéria prima. Uma das grandes contribuições dos economistas austríacos, desde Menger, foi demonstrar que os preços dos produtos finais é que determinam o valor dos bens utilizados para produzi-los, isto é, de que são os preços que determinam os custos.

O vetor de demanda agregada, a seguir representado, é influenciado, basicamente, pelas preferências intertemporais.

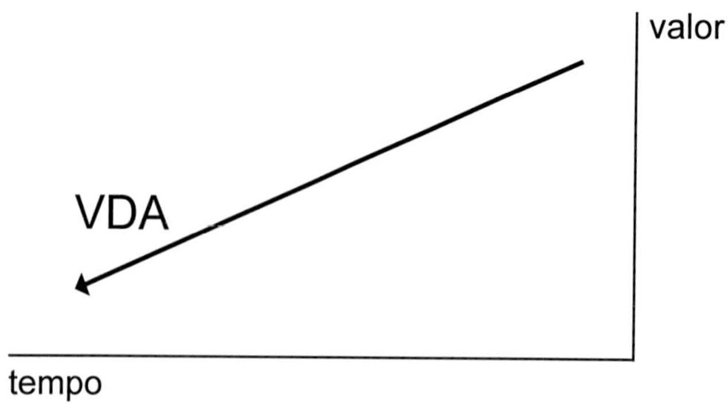

O equivalente na metodologia austríaca ao equilíbrio macroeconômico convencional entre a oferta e a demanda agregada é a coincidência entre os vetores VOA e VDA. De fato, supondo, para facilitar o raciocínio, uma economia uniformemente circular, podemos verificar que a condição para a ocorrência de equilíbrio no modelo de Hayek é que os dois vetores não apenas sejam paralelos, mas coincidam. Se, em um ponto qualquer da cadeia produtiva, isto é, em um determinado estágio de produção, houver um excesso de demanda sobre a oferta, os produtores nesse estágio terão lucros excedentes em relação aos produtores de outros estágios, o que, se existir mobilidade de recursos, fará com que estes sejam atraídos para o referido estágio, que se revela mais lucrativo. Assim, com o tempo, sua lucratividade cairá até que se iguale à dos demais estágios. *Mutatis mutandi,* se ocorrer um excesso de oferta em um determinado segmento da estrutura de produção, os recursos sairão desse estágio em busca de outros mais lucrativos, o que fará aumentar a lucratividade no primeiro estágio.

Devemos observar que a variável que mantém os dois vetores em equilíbrio é a taxa de juros que, na concepção austríaca, é o principal "regulador" da economia, uma vez que é esta variável que possibilita aos produtores determinar as quantidades de recursos destinadas aos diversos mercados intertemporais, ao mesmo tempo em que possibilita aos consumidores saber que frações de seus fundos disponíveis serão encaminhadas para poupança e para investimento. Sem taxas de juros livremente determinadas pelo mercado de *loanable funds*, o mercado não pode encontrar estabilidade.

O conceito de "equilíbrio macroeconômico" austríaco pode, dessa forma, ser representado graficamente pela coincidência entre os vetores VOA e VDA, como no gráfico seguinte.

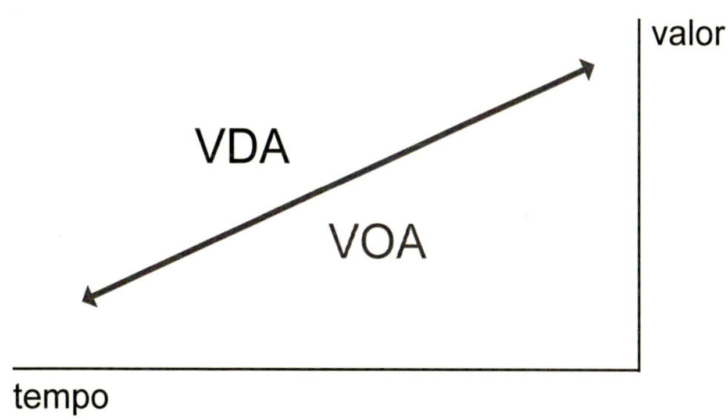

4
AS CINCO "FASES" DOS CICLOS ECONÔMICOS

Podemos agora, de posse deste aparato, verificar um pouco mais didaticamente como uma variação na oferta de moeda – admitamos que seja uma expansão monetária – afeta a estrutura de produção. A dinâmica dos ciclos obedece a cinco "fases" distintas, em que se sucedem os efeitos provocados pelos sete elementos centrais da teoria *hayekiana* que definimos anteriormente.

Suponhamos uma *economia uniformemente circular*, em que os vetores VOA e VDA sejam coincidentes e admitamos que nessa economia ocorra uma expansão na oferta de moeda. Sabemos que nestas condições e na ausência de inflação e de expectativas de inflação, o primeiro efeito do crescimento na oferta monetária será reduzir a taxa de juros de mercado, fazendo com que ela fique menor do que a taxa *natural* e criando, assim, uma diferença no mercado de *loanable funds* entre a poupança planejada e o investimento planejado, diferença que corresponde, como vimos, à *poupança forçada*. Ocorre que, no primeiro momento, os agentes econômicos não percebem que o crescimento no investimento planejado não é lastreado em poupança genuína, mas apenas em um excesso de oferta de moeda.

Assim, a queda na taxa de juros dos empréstimos vai afetar o valor presente dos diferentes projetos de investimentos de maneiras desiguais. Sendo, para exemplificar, y a renda futura de um ativo de capital, V o valor presente, r a taxa de juros e n o número de anos, temos:

$$V = [y / 1+r] + [y / (1+r)^2] + [y / (1+r)^3] + \dots\dots + [y / (1+r)^n]$$

Vemos, então, claramente que variações na taxa de juros afetam bem mais fortemente as rendas futuras do que as mais próximas do presente, uma vez que, quanto maior n, maior o aumento em V provocado por uma queda em r. Isto deflagra a primeira fase do ciclo.

1ª FASE:
BOOM NAS INDÚSTRIAS DE BENS DE CAPITAL SOB INFLAÇÃO

A queda na taxa de juros faz com que o triângulo de Hayek se altere de ABC para A'BC', tornando, pelo aumento do valor presente dos projetos de longo prazo, a estrutura de produção mais indireta *(roundabout)*.

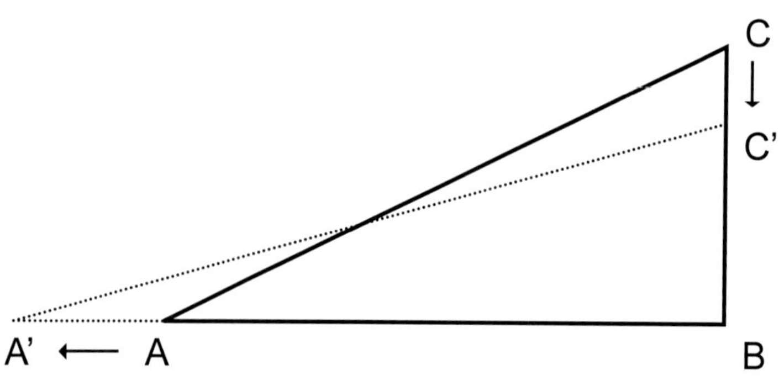

Observemos que a passagem de A para A' corresponde a um alargamento da estrutura de produção, que ocorre devido à incorporação de mais estágios e que o movimento de C para C' refere-se à queda no valor dos bens de consumo (ou, pelo menos, a um crescimento neste último menor do que o verificado no valor dos bens de capital localizados nos estágios iniciais da cadeia produtiva).

As alturas menores do triângulo A'BC' em relação ao triângulo original ABC mostram, primeiro, que a demanda pelo produto cai nos estágios finais de produção, seja em termos absolutos como no gráfico, seja em termos relativos; segundo, que a intensidade da queda diminui, na medida em que os estágios mais afastados do consumo passam a ser considerados (isto é, quando nos movemos de B para A'); terceiro, que os bens de ordens mais elevadas experimentam um crescimento de demanda e quarto, que novos estágios mais afastados do consumo são criados (aqueles situados entre A e A'). A nova inclinação da hipotenusa – agora menor do que a inicial – reflete a queda da taxa de juros, gerada pela agora menor preferência intertemporal. Como vimos no capítulo anterior, a taxa mais baixa de juros altera as margens de lucro nos diversos estágios de produção de forma diferenciada: em cada estágio, os preços dos fatores alteram-se em relação aos preços dos produtos e o efeito cumulativo desses ajustamentos de preços relativos torna-se maior nos estágios iniciais da produção. Isto é que faz com que os recursos se desloquem dos estágios finais para os iniciais.

Seria fundamental, para que a passagem do triângulo ABC para A'BC' fosse consistente com a complementação do processo de reestruturação de capital, que a queda da taxa de juros tivesse sido provocada não por uma pura expansão monetária, mas por um crescimento na propensão a poupar, pois somente assim os novos investimentos estariam sendo lastreados em poupança real. Como, entretanto, isto não ocorreu, podemos afirmar que o novo triângulo A'B C' é inconsistente com o processo de reestruturação do capital, porque haverá falta de coordenação nos planos dos agentes econômicos, provocada pela *poupança forçada*. Ao invés de crescimento econômico, surgirá então um ciclo econômico.

2ª FASE:
EFEITOS-RENDA

A partir de certo momento, em decorrência da maior utilização de recursos nos estágios que haviam se tornado mais lucrativos na fase anterior, as rendas dos fatores de produção utilizados naqueles estágios tenderão a subir, o que dará origem a uma expansão do consumo. Em outras palavras, conforme o tempo passa, a renda gerada pelo *boom* de investimentos vai sendo gasta na forma de mais consumo, já que, como não ocorreu nenhum incremento na propensão a poupar, a relação consumo/poupança crescerá.

Ocorrerá, então, um desequilíbrio entre os vetores de oferta e demanda agregadas, tal como no gráfico seguinte.

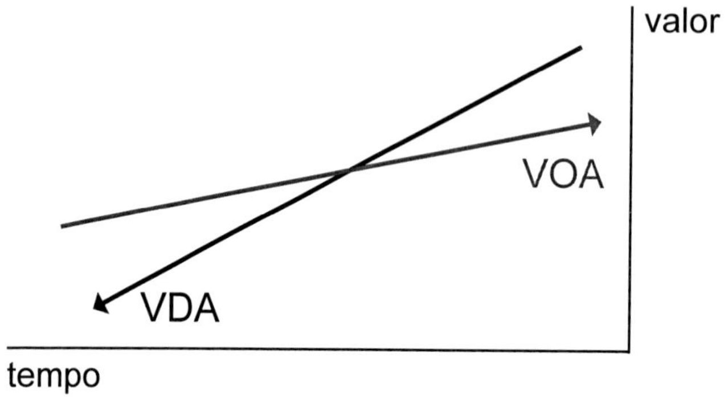

De fato, com o crescimento da relação consumo/poupança, os dois vetores necessariamente passarão a mover-se em direções diferentes, o que rompe a condição necessária para a ocorrência de equilíbrio macroeconômico. Se o crescimento da renda fosse suficiente para comprar o agora maior volume de bens e serviços que estão sendo produzidos, ocorreria inflação, porém sem desequilíbrios entre produção e consumo, tal como sustentavam os monetaristas. A propósito desses, vale lembrar sua ênfase no fato de que a velocidade de circulação da moeda deveria crescer durante os *booms* e cair durante as recessões. Mas isso não reflete a realidade das atividades econômicas; para uma compreensão mais adequada dos fenômenos do mundo real é mais interessante desagregarmos a velocidade de acordo com os diferentes estágios de produção. Durante um *boom*, a velocidade de circulação da moeda inicialmente cresce nos estágios mais afastados do consumo final; mais tarde, ela passa a crescer em todos os estágios até que, finalmente, no ponto de pico do *boom*, ela torna-se mais elevada nos estágios próximos ao consumo final do que nos mais afastados. A ênfase, portanto, não deve ser macroeconômica, mas sim microeconômica.

No modelo austríaco, ocorrerão simultaneamente inflação com desequilíbrios entre produção e consumo (VOA e VDA), porque a manipulação monetária sem o correspondente crescimento da propensão a poupar introduziu necessariamente divergências entre as preferências intertemporais individuais (expressas pelas proporções em que as rendas nominais são poupadas, investidas ou consumidas) e a estrutura temporal de produção.

3ª FASE:
O APERTO DE CRÉDITO

O crescimento dos gastos em bens de consumo que agora se verifica de maneira cada vez mais forte termina criando um "cabo-de-guerra" entre os setores produtores desses bens e as indústrias, ainda em expansão, de bens de capital. Esta disputa tem o efeito de aumentar tanto os preços dos bens de capital quanto a taxa de juros e, como as rendas são maiores nos estágios de bens de capital do que nos de bens de consumo (pois a expansão dos primeiros iniciou-se antes que a dos segundos), ocorrerá uma escassez de capital nas indústrias cuja expansão somente agora se inicia.

Trata-se de uma competição por *loanable funds* que está sendo travada em todos os estágios da estrutura de produção. É bastante provável que tanto as taxas de juros de curto prazo como as de longo prazo aumentem, mas é de se esperar que, em termos relativos, o crescimento das taxas de juros de curto prazo seja maior, criando uma *curva de rendimentos (yield curve)* temporariamente invertida, isto é, decrescente, como no gráfico seguinte:

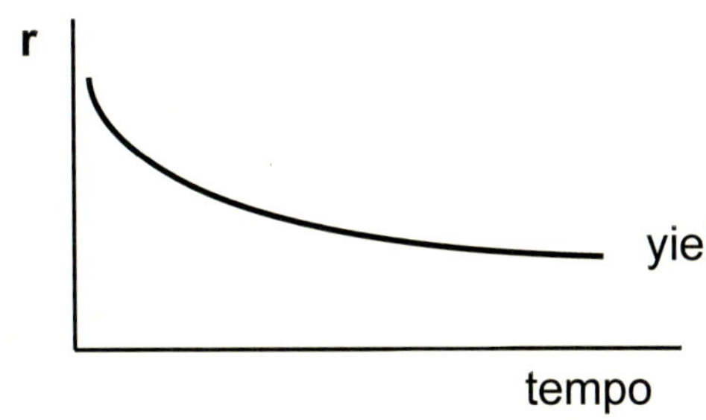

O aperto de crédito, portanto, aumenta as taxas de juros para níveis superiores aos seus níveis de equilíbrio de longo prazo e é provocado pelo *efeito Ricardo à la Hayek*. O *boom* inicial termina porque uma de suas conseqüências é o aumento dos preços dos bens de capital relativamente aos salários, o que faz com que as empresas procurem substituir os métodos de produção poupadores de trabalho pelos métodos mais intensivos neste fator de produção. Observemos que esses últimos são mais característicos dos estágios produtores de bens de consumo, enquanto os métodos de produção intensivos em capital são mais característicos dos estágios mais afastados do consumo final. O efeito da disputa pelo crédito é o de deslocar o triângulo de Hayek de A'BC' para, digamos, A"BC". Isto ocorre porque a "volta" de A'BC' para o triângulo original ABC, que seria, em um contexto estático, a posição de equilíbrio final, é um fenômeno impossível diante das hipóteses de incerteza genuína e de tempo dinâmico que caracterizam a metodologia austríaca.

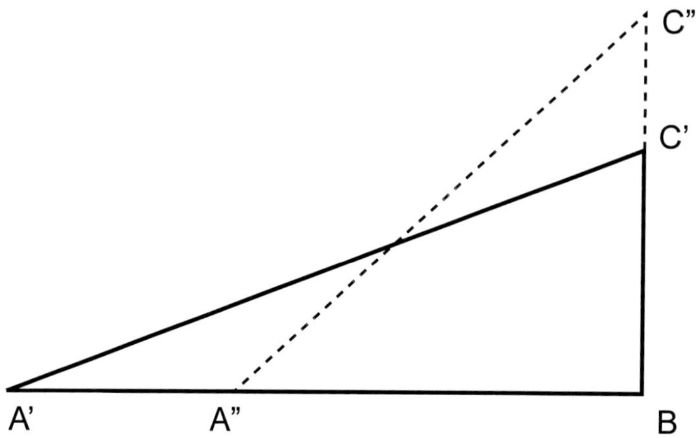

4ª FASE:
RECESSÃO

Nesta etapa, o boom inicial transforma-se em *bust*, ou seja, a expansão transforma-se em retração. Projetos são abandonados, ordens de compra são canceladas, trabalhadores são demitidos, a estrutura de capital torna-se mais *wide* (utilização maior de máquinas e equipamentos velhos) e, portanto, menos *deep* (cancelamento de compras de máquinas e equipamentos novos), aumentam os estoques, caem as rendas e os preços nas indústrias de ordens mais elevadas.

Estes fatos desagradáveis ocorrem porque, simplesmente, nenhuma expansão artificial (isto é, não lastreada em poupança genuína) do crédito pode decretar o crescimento da oferta real de bens; o que ela pode fazer é provocar um rearranjo da estrutura de produção, pelas inumeráveis alterações de preços relativos que desencadeia. São essas alterações que desviam os investimentos e a produção de suas trajetórias anteriores à expansão artificial do crédito. Como resposta, ocorre um "boom" inicial, mas que, por carecer de bases sólidas, não pode representar uma situação de real prosperidade, mas apenas a de uma prosperidade ilusória e efêmera. Tudo se passa como se alguém começasse a construir um enorme edifício e, já com a obra em pleno andamento, viesse a descobrir, tarde demais, que os fundos de que dispunha não eram suficientes para levar o projeto até o fim. Moeda não é poupança! O máximo que uma expansão monetária pode conseguir é fantasiar-se de poupança durante algum tempo, durante o qual conseguirá iludir os agentes econômicos.

É muito importante atentarmos para o fato de que, contrariamente do sugerido pelos diversos modelos macroeconômicos existentes, a recessão ou depressão não é apenas um caso de desemprego generalizado crescente, mas de desemprego que ocorre principalmente nos estágios de bens de ordens mais elevadas e nos mercados que se relacionam com esses estágios. Para visualizar melhor este aspecto fundamental da, "teoria macroeconômica" austríaca, voltemos à nossa estrutura de produção simplificada, composta apenas pelos estágios de matérias primas, manufaturados, atacado e varejo. Podemos resumir os efeitos que ocorrem ao longo desta cadeia produtiva, durante a quarta fase do ciclo, da seguinte forma: (1º) as quedas maiores de preços, produção e emprego normalmente têm lugar no estágio produtor de bens de 4ª ordem (matérias primas); (2º) no estágio de manufaturados, também ocorrem quedas de preços e produção, mas em intensidade menor; (3º) as quedas observadas no setor de bens de 2ª ordem (atacado) são ainda menos intensas e (4º) no estágio de bens de consumo final, o efeito é o menos intenso, podendo até, no caso de expansões monetárias substanciais, continuar a ocorrer aumento de preços e de produção. A figura seguinte ilustra essas alterações relativas de preços, produção e emprego, provocadas pelas mudanças nos diversos determinantes da oferta e da demanda ao longo da estrutura de produção.

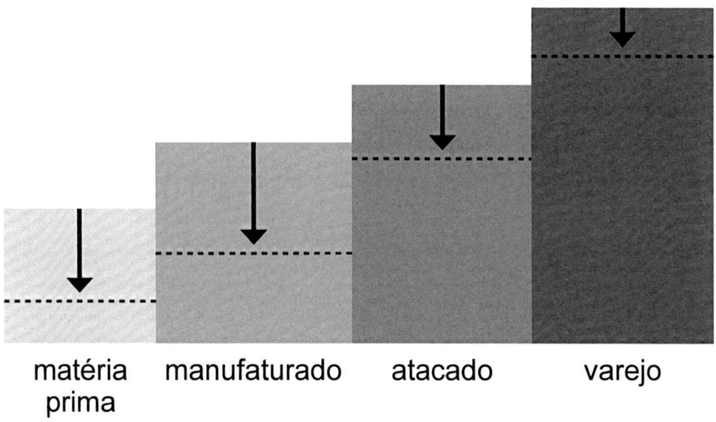

Os efeitos que se processam ao longo da estrutura de produção durante os períodos de expansão são simétricos, isto é, preços, produção e emprego de fatores de produção experimentam aumentos crescentes à medida que nos movemos da esquerda para a direita, desde o estágio de matérias primas até o de varejo, tal como na figura seguinte:

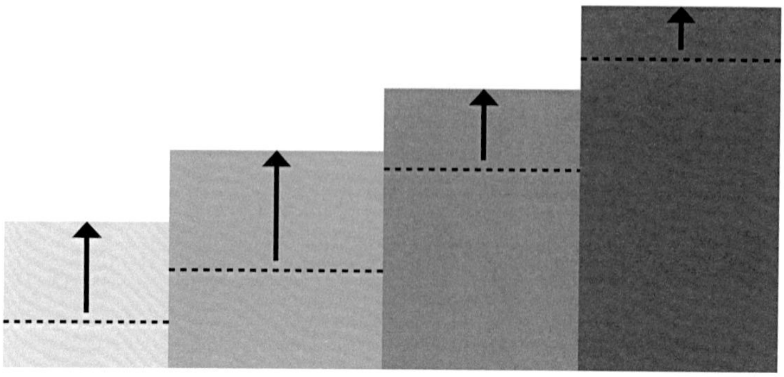

5ª FASE:
RETOMADA E ESTABILIDADE

A etapa final é atingida quando os preços das indústrias de bens de capital param de cair e essas indústrias entram em colapso, ao mesmo tempo em que o consumo diminui em resposta às quedas nas rendas setoriais. Isto vai ocorrer até que os dois vetores, VOA e VDA, novamente voltem a coincidir, embora em uma posição certamente diferente de sua posição de equilíbrio anterior ao início do ciclo. Não há nenhuma razão que faça com que o ciclo se repita, a menos que o governo volte a expandir a oferta monetária. Vemos, assim, que o *boom* induzido pela inflação não resulta em um jogo de soma zero, uma vez que tanto os níveis como a própria estrutura da atividade econômica serão diferentes dos prevalecentes antes do início da inflação.

Em conclusão, o ciclo é provocado pela expansão artificial do crédito, que gera um *boom* inicial nos negócios que não pode ser mantido, devido à não uniformidade que ele provoca entre os vetores de oferta e de demanda agregadas. O que a inflação, entendida como a expansão da moeda sem lastro em poupança real, consegue é tão somente provocar distúrbios na atividade econômica.

A abordagem essencialmente microeconômica da Escola Austríaca permite analisar a economia de uma forma bem mais realista do que a análise agregada utilizada pelos modelos macroeconômicos. Com efeito, não se trata simplesmente de pensar em termos de expansões ou recessões generalizadas, nem de aumentos ou quedas generalizadas no nível geral de preços ou no nível de emprego, mas de observar que a inflação provoca distúrbios alocativos em toda a estrutura de produção da economia, porque ela altera os preços e as rendas relativas entre os diferentes estágios de produção.

5
A NÃO NEUTRALIDADE DA MOEDA

Vimos como a metodologia *austríaca*, ao analisar a atividade econômica levando em consideração a dimensão temporal embutida na estrutura de produção, demonstra que os efeitos de uma inflação monetária não podem ser uniformes. Este resultado contrasta com os da Teoria Quantitativa da Moeda, sintetizada pela conhecida equação M V = P y, em que M representa o estoque de moeda, V sua velocidade de circulação, P o nível geral de preços e y o produto real (PIB). A tese monetarista é a de que, admitindo-se uma razoável estabilidade na velocidade (que é, na versão de Milton Friedman, determinada pelos parâmetros dos mercados financeiros) e também que o produto real esteja perto de seu nível "natural" (situação em que o nível de preços observado e o esperado coincidem), então, no longo prazo, a moeda é neutra, significando que uma variação em sua oferta provocará uma variação no mesmo sentido e na mesma proporção no nível geral de preços, de modo que, em termos reais, tanto a produção como o nível de emprego permanecerão os mesmos. De acordo com o princípio da neutralidade da moeda, então, a estrutura de produção sofreria alterações uniformes ao longo de toda a cadeia produtiva: por exemplo, um crescimento de, digamos, x% na oferta de moeda faria com que, no longo prazo, todos os preços subissem também em x%, o que deslocaria a estrutura de produção para cima em x% em todos os seus diferentes estágios, tal como no gráfico que se segue.

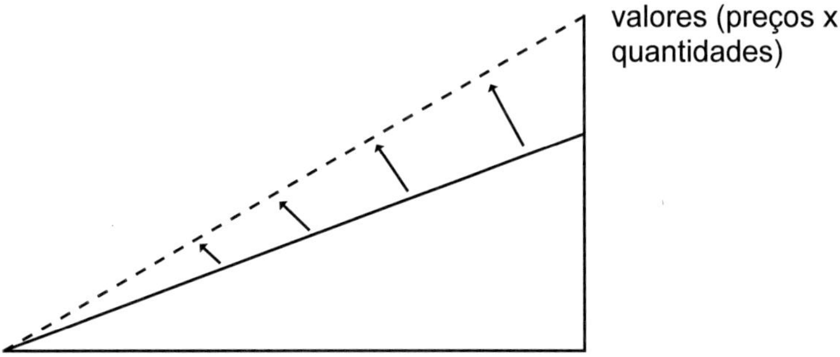

Em termos diagramáticos, podemos visualizar a neutralidade da moeda como a reta OM no gráfico seguinte, em que estão representados, no eixo vertical, o estoque monetário original, isto é, M_0 , anterior à expansão monetária, e, no eixo horizontal, a nova magnitude do estoque de moeda, M_1 . A bissetriz OA, evidentemente, representa a igualdade entre os dois estoques e é utilizada como um referencial. Se a expansão na oferta monetária for neutra, então ela vai corresponder simplesmente a uma rotação no sentido dos ponteiros do relógio da linha OA.

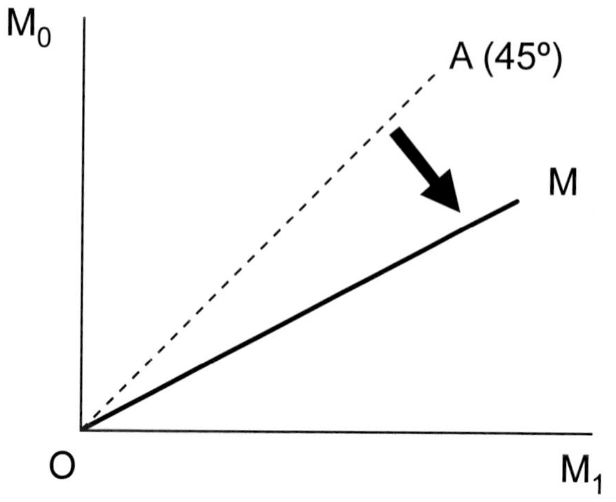

Mas ocorre que a expansão do crédito não ocorre uniformemente, como se um helicóptero despejasse moeda sobre todos os setores da economia por igual. Como vimos no capítulo anterior, ela se dá inicialmente em um (ou em alguns) ponto da cadeia produtiva e, por isso, ela não pode ser neutra. Imaginemos, para simplificar, uma economia com apenas dois estágios, A e B, e sejam M_A e M_B, respectivamente, as quantidades de moeda de posse de A e B. Imaginemos uma expansão monetária que aumente o estoque de moeda, tal como no exemplo anterior, de M_0 para M_1 e que toda a moeda nova, sob a forma de crédito, caia desproporcionalmente em mãos do setor A. Isto pode ser representado em um diagrama que mostre separadamente os aumentos das quantidades de moeda em mãos de cada um dos dois setores. Inicialmente, o estágio B não é afetado pela expansão monetária, fato representado graficamente por M'_B, que coincide com a bissetriz utilizada como linha de referência. O estágio A, por sua vez, experimenta uma expansão monetária indicada por M'_A. Mas, na medida em que este estágio começa a gastar a nova moeda, ela vai se transferindo para o setor B, até que, finalmente, as expansões monetárias verificadas nos dois estágios sejam iguais, o que é indicado pela linha M''_A » M''_B, revelando, assim, a não-neutralidade da expansão monetária, que se manifesta como uma distorção temporária no mercado intertemporal.

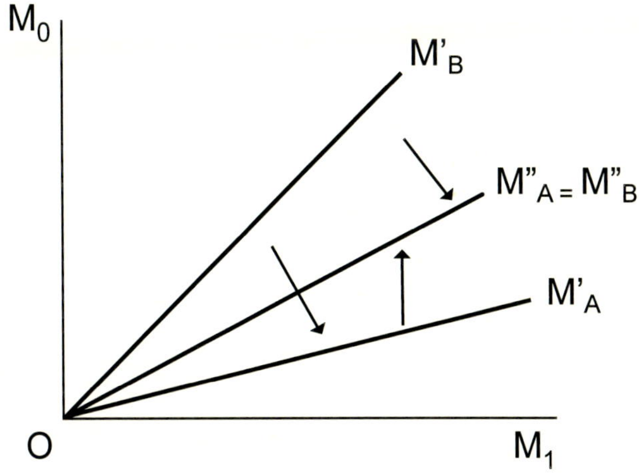

Em suma, de acordo com a metodologia *austríaca*, o postulado da neutralidade da moeda é falho, porque não reconhece que os fatores monetários afetam não apenas o volume da produção, mas também a sua direção. Assim, uma teoria que pretenda explicar os ciclos econômicos sem levar em conta que a produção de bens de capital flutua bem mais do que a de bens de consumo, não pode ser inteiramente satisfatória. A macroeconomia, por enfatizar agregados, como nível de preços e PIB, ignora os mecanismos precisos de transmissão que a inflação provoca na economia, prendendo-se apenas aos seus efeitos finais.

6
OS *TRIÂNGULOS DE HAYEK* E A *CURVA DE PHILLIPS*

É interessante observarmos a semelhança entre os triângulos *hayekianos* e a curva de Phillips, que Friedman, Phelps e outros ajudaram a popularizar nos anos 1960 e 1970. No entanto, devemos frisar que a análise monetarista, seguindo a tendência da macroeconomia convencional, concentra-se apenas no mercado de trabalho, isto é, nas divergências entre salários esperados e salários observados, até que, no "longo prazo" – definido como o período em que essas divergências desaparecem, ou seja, em que não mais existirem erros de expectativas – o *trade-off* proposto pela curva de Phillips entre inflação e desemprego deixa de existir. Comparemos graficamente os dois modelos. Os *triângulos de Hayek* estão representados à esquerda e *curva de Phillips* no lado direito do gráfico seguinte.

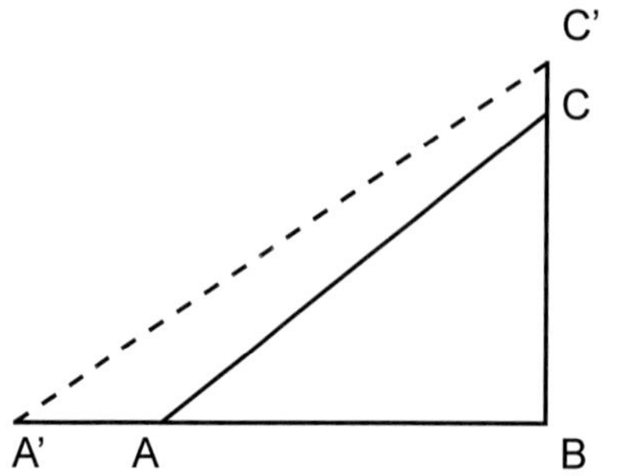

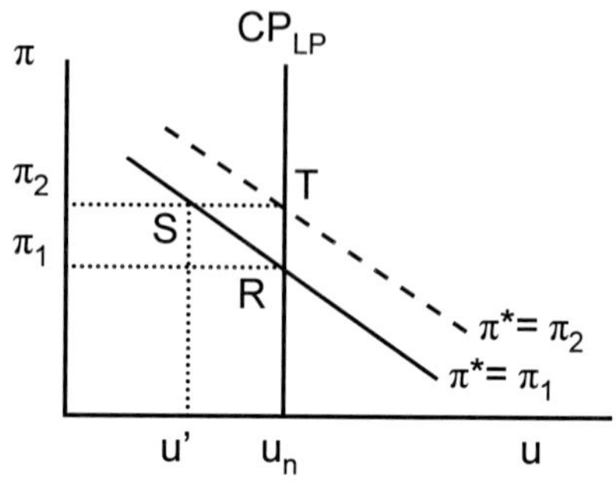

Observando a curva de Phillips, vemos que, partindo do ponto R, em que a economia está operando na taxa de desemprego "natural" (U_n), quando o governo, para reduzir o desemprego, expande a oferta monetária, ele consegue temporariamente o seu objetivo, reduzindo o desemprego do nível natural para U'. Caminhamos do ponto R para o ponto S, o que significa que a taxa de inflação, medida no eixo das ordenadas, aumentou de π_1 para π_2. Este aumento da inflação, no entanto, não é percebido imediatamente pelos trabalhadores, o que faz com que, no curto prazo, a curva de Phillips inicial, definida como o lugar geométrico das combinações de taxa de inflação e taxa de desemprego em que as expectativas de inflação sejam $\pi^* = \pi 1$, permaneça fixa. Isto continuará a ocorrer, de acordo com Friedman, enquanto os trabalhadores não perceberem que o salário real que eles acham que estão ganhando é menor do que o salário real que estão efetivamente ganhando. Mas, a partir do momento em que eles perceberem que suas expectativas estão incorretas, começarão a ajustar suas horas de trabalho oferecidas à nova situação, o que deslocará a curva de oferta de trabalho e a curva de oferta agregada para a esquerda, levando a curva de Phillips para cima e para a direita, até em que, finalmente, a expectativa de inflação, já ajustada para cima, atinge π^*_2, que é igual à inflação observada, isto é, π_2. Caminhamos, agora, então, do ponto S para o ponto T.

Assim, no curto prazo, em que as expectativas de preços estão incorretas, caminhamos de R para S (menor desemprego, isto é, um *boom*); no longo prazo, com a correção das expectativas, iríamos de S para T (o desemprego voltaria ao seu nível natural), com o deslocamento da *curva de Phillips* de curto prazo para cima e para a direita. Para os monetaristas, portanto, no longo prazo, definido como a ausência de erros de expectativas, não existiria nenhum *trade-off* entre inflação e desemprego, de vez que a *curva de Phillips* relevante no longo prazo é a reta que passa por todos os pontos tais como R e T, em que as expectativas não apresentam erros e a economia opera no seu nível natural ou normal de produção.

Estes movimentos *friedmanianos* de R para S e daí para T podem ser comparados com os movimentos *hayekianos* de A para A' e, daí, com a descoberta da ausência de coordenação que a expansão monetária provoca, de volta para A (admitindo, para simplificar, que a reversão do triângulo de A'BC' para ABC possa ser completada).

Como vemos, a análise de Hayek é mais rica: ela transcende o mercado de trabalho para concentrar-se em toda a estrutura de produção. O ponto S, para Friedman, representa uma taxa de desemprego temporariamente abaixo da natural, o que é insustentável; o ponto A' do segundo triângulo, para Hayek, representa uma *profundidade* de capital temporariamente elevada – o que também é insustentável –, mantida por uma taxa de juros de empréstimos artificialmente menor do que a taxa de juros natural, no sentido *wickselliano*.

Comparando a teoria *austríaca* com as diversas escolas macroeconômicas que, digamos, rivalizam com ela, a saber, a *keynesiana*, a monetarista e a de *expectativas racionais*, podemos detectar algumas afinidades, especialmente em relação à última e, um pouco menos, em relação ao monetarismo; no que se refere ao *keynesianismo*, obviamente, não há semelhanças, a não ser, se podemos chamar isso de semelhança, as críticas que os *keynesianos* sempre fizeram ao postulado da neutralidade da moeda. O que destaca, contudo, a Escola Austríaca das demais e que dificulta sobremaneira as comparações – apesar dos importantes esforços de Garrison e Skousen nesse sentido – é sua teoria do capital, que lhe permite analisar, com vantagens evidentes sobre os modelos macroeconômicos conhecidos, os movimentos auto reversivos intertemporais inerentes ao processo de mercado. A macroeconomia, a rigor, negligencia inteiramente a teoria do capital, o que, obviamente, tende a enfraquecer sua capacidade de análise.

7
Conclusões

Nos anos recentes, especialmente devido à crise que se manifestou em 2008 na economia norte-americana e que se alastrou pelo mundo inteiro, tem ocorrido um renovado interesse em torno do tema das flutuações cíclicas, o que não ocorria desde os anos 1930. É nossa convicção que todos os economistas, qualquer que seja a escola em que se enquadrem, têm muito que aprender com isso. Em particular, os *insights* da Escola Austríaca parecem ser muito importantes para que os fenômenos do mundo real – como o *boom* dos anos 1980, o *bust* do início dos anos 1990 nos países asiáticos e a crise mundial de 2008 e 2009 – sejam devidamente compreendidos.

Seria uma grande ingenuidade pretender que toda a verdade a respeito dos ciclos econômicos tenha sido revelada por Hayek, ao analisar com seus triângulos o *boom* dos anos 1920 e a depressão do início dos anos 1930. Aliás, uma atitude dessas negaria até o *falsificacionismo metodológico*, uma das características mais importantes da ciência econômica na concepção dos economistas *austríacos*. Mas, por outro lado, seria também um enorme erro argumentar que a teoria *hayekiana* dos ciclos não tem aplicabilidade ao mundo atual.

Apenas a título de instigação, podemos tentar captar a mensagem de Hayek, generalizá-la e aplicá-la a contextos diferentes daqueles que o inspiraram nas conferências da London School of Economics: o tempo de produção inerente aos estágios da estrutura agregada de produção, ao ser alterado artificialmente pela intervenção governamental sobre a taxa de juros, é o elemento crucial. A taxa de juros tem três componentes: um fator de desconto, um prêmio inflacionário e um prêmio de risco. Os triângulos de Hayek dos anos 1930 baseavam-se no primeiro componente. A crise mundial de 2008 e 2009, ao que parece, foi deflagrada pelo terceiro. É evidente que os três podem ser afetados pelas políticas governamentais, desencadeando processos de quebra de coordenação semelhantes aos analisados pelo modelo austríaco.

No Brasil, em particular, o impressionante grau de intervencionismo da economia afetou profundamente o prêmio inflacionário e o prêmio de risco. O primeiro deles foi objeto de extensas pesquisas por parte da comunidade acadêmica, especialmente a partir dos anos 1960, quando os economistas passaram a preocupar-se mais fortemente com a formação de expectativas. Os monetaristas dos anos 1950 e 1960 e os novos clássicos a partir dos anos 1970 são exemplos dessa preocupação.

Mas o prêmio de risco tem carecido de maior atenção e parece ser um campo bastante promissor de estudos, especialmente depois da crise de 2008 e 2009. A economia política do déficit público apresenta diversos custos sociais adicionais, gerados pelo financiamento do déficit via dívida pública. Tais custos são, entre outros, a ausência de coordenação econômica, a desestabilização de preços, a externalização dos riscos e a tendência ao crescimento dos déficits e das dívidas dos governos.

Isto, sem dúvida, abre caminho para tentativas de extensão da análise de Hayek, uma vez que, ao externalizar os riscos, desestabilizar a economia e promover a quebra de coordenação, o déficit público afeta claramente a estrutura de produção. De fato, o processo de mercado aloca o risco entre os participantes de acordo com o desejo de cada um de manter uma posição com maior ou menor risco. As políticas de financiar os déficits com dívida podem criar uma discrepância entre risco desejado e risco efetivamente tomado: os riscos dos tomadores de títulos públicos são transferidos para os detentores de títulos privados. Em razão de o fator tempo ser crítico nas posições de risco, essas políticas, como sugere Garrison, podem produzir relações de causa e efeito que se manifestem sob a forma de ciclos econômicos.

De fato, a externalização do risco pode gerar uma expansão cíclica, ao sinalizar no sentido de um alargamento da estrutura de produção *(boom)*. Posteriormente, este falso sinal será visto como tal e surgirá uma ausência de coordenação, que se manifestará de modo semelhante ao caso dos triângulos que analisamos *(bust)*. A manutenção do déficit – e de seu financiamento via títulos – perpetua a situação.

Parece também evidente a aplicabilidade da Teoria Austríaca dos Ciclos Econômicos ao caso da crise mundial de 2008 e 2009. Como se sabe, desde a segunda metade dos anos 1990 e especialmente nos primeiros anos da primeira década deste século, o governo americano para incentivar o crédito, praticou uma política de taxas de juros muito baixas que, em alguns casos, em termos reais, eram até negativas. Encorajou a proliferação de empréstimos hipotecários e estabeleceu, inclusive, um sistema de seguro de crédito para garantir aos bancos o recebimento dos débitos de clientes inadimplentes. O resultado de curto prazo foi um fantástico *boom*, seguido – conforme a Teoria Austríaca poderia prever – por uma forte recessão, manifestada inicialmente nos setores de bens de capital, exatamente aqueles mais beneficiados pelo *boom inicial*, no caso, a indústria de construção civil. Fenômenos semelhantes ocorreram, com alguma defasagem, na Europa e na Ásia. Quando a crise estourou, para enfrentar a recessão, os governos adotaram políticas de forte expansão dos gastos públicos de inspiração *keynesiana*, ao mesmo tempo em que reduziram mais ainda as taxas de juros básicas.

Os resultados, também como a Teoria Austríaca poderia perfeitamente prever, foram pífios. Já nos anos 1930, Hayek dizia que Keynes, na Teoria Geral, estava errado. E o erro repetiu-se mais de setenta anos depois...

A teoria *austríaca* funciona e o mínimo que se deveria esperar é que, por merecimento, voltasse a ser estudada pelo *establishment* dos meios acadêmicos.

Capítulo 8

Hayek, o *Efeito Ricardo* e o *Efeito Concertina*

1 Introdução

No debate travado entre ambos, nos anos trinta do século passado, Keynes afirmava que a recessões são provocadas por investimentos de menos e poupança de mais, enquanto Hayek sustentava que elas são causadas por investimentos de mais e poupança de menos. Evidentemente, posições assim tão antagônicas confundem facilmente não apenas os leigos, mas também muitos economistas e, ao mesmo tempo, mostram como a economia é um campo de estudos fascinante.

Conforme comentamos em capítulos anteriores, uma das maiores dificuldades da maioria dos economistas da *mainstream* é entender a Teoria Austríaca do Capital e, consequentemente, a Teoria Austríaca dos Ciclos Econômicos, porque esta última integra a primeira com as teorias da moeda e do processo de mercado.

Em particular, temos observado que existe uma dificuldade muito grande por parte dos economistas – até mais do que entre os leigos – em compreender o *insight* austríaco, segundo o qual variações no estoque de moeda e na taxa de juros afetam a economia de modo não uniforme. A dificuldade é porque, em praticamente todos os casos, os economistas recebem uma formação que divide a economia em *macro e micro* e sequer estudam a teoria do capital.

Em *Monetary Theory and the Trade Cycle*, de 1933 e em *Prices and Production*, de 1937, Hayek salientou que as flutuações cíclicas podem ser provocadas por fatores monetários, isto é, por aumentos da oferta de moeda não lastreados em poupança e que o fenômeno das flutuações, embora tendo causas monetárias, manifesta-se por alterações no setor real da economia, em sua estrutura real de produção ou estrutura de capital. Naqueles livros, Hayek mostrou serem diferentes os impactos de uma queda na taxa de juros causados por aumentos na oferta de moeda e no aumento da poupança: os primeiros provocam flutuações cíclicas, os segundos não; os primeiros são maléficos, enquanto os segundos são benéficos. Esses impactos de uma expansão monetária não lastreada em poupança sobre a estrutura de produção da economia podem ser chamados de *efeito taxa de juros*.

Mais tarde, em *Profits, Interest and Investment*, em 1939 e em *The Pure Theory of Capital*, em 1941, reconhecendo a existência de lacunas nos dois livros anteriores, Hayek direcionou a atenção para os impactos que as variações nos preços relativos provocados pelas expansões monetárias causam sobre as decisões de investimentos. Esses impactos constituem o *efeito preços relativos*.

2
O *EFEITO RICARDO*

Os dois efeitos são plenamente compatíveis um com o outro e ambos acontecem no contexto do chamado *efeito Ricardo*, para o qual há duas interpretações: a original, formulada por David Ricardo no início do século XIX e a proposta por Hayek.

Segundo a *teoria do valor-trabalho*, que Ricardo importou de Adam Smith, os preços relativos são determinados pela quantidade de trabalho requerida para produzir cada produto. Para Ricardo, no entanto, isso poderia não acontecer quando se utiliza capital, pelo motivo de que uma máquina capaz de produzir, por um método indireto, a mesma quantidade de produto que, por exemplo, cem trabalhadores/mês podem produzir por um método direto, requer um número de trabalhadores inferior a cem/mês, pois, em caso contrário, não haveria razão para se utilizar a máquina.

Consequentemente, um aumento nos salários aumenta o custo dos cem trabalhadores em um montante menor do que o crescimento no custo da máquina. O *efeito Ricardo* refere-se ao fato desse aumento de salários, ao mesmo tempo, encorajar a substituição de homens por máquinas e diminuir os preços dos bens produzidos com o uso da máquina relativamente aos preços dos bens produzidos por processos mais diretos, sem a sua utilização.

Esse efeito também funciona no sentido oposto: elevações nos preços dos bens de consumo final diminuem os salários reais, fazendo com que as máquinas sejam substituídas por trabalhadores. O *efeito Ricardo*, portanto, em sua formulação original, refere-se à substituição de homens por máquinas quando os salários aumentam e/ou os preços dos bens de consumo final caem.

Entretanto, para Hayek, que trabalhou dentro da perspectiva da Teoria do Capital Austríaca, o efeito não pode se restringir meramente à substituição entre mão de obra e máquinas, mas à substituição entre métodos de produção mais indiretos (*roundabout*) e métodos menos indiretos. Não é correta, portanto, a impressão de que a teoria *hayekiana* dos ciclos econômicos é uma simples discussão acerca das variações na proporção entre capital e trabalho ao longo do tempo.

A relevância da expansão monetária torna-se evidente: a implantação bem sucedida de métodos de produção indiretos requer uma provisão prévia de recursos sob a forma de poupança voluntária. A *poupança forçada*, definida como expansões no crédito não lastreadas em expansões na poupança, termina gerando uma inflação nos preços dos bens de ordens mais baixas e reduz os salários reais e, portanto, não é uma boa alternativa, porque o *efeito Ricardo* atua cumulativamente contra os métodos de produção mais indiretos. Por isso, um *boom* de investimentos desencadeado por expansão monetária está fadado ao fracasso. As políticas *keynesianas* ditas de pleno emprego são implausíveis, exatamente por causa do *efeito Ricardo*.

Em resumo, o *efeito Ricardo* original refere-se à substituição de homens por máquinas, quando os salários nominais aumentam e/ou os preços dos bens caem, enquanto o *efeito Ricardo hayekiano* diz respeito à substituição de métodos mais indiretos por métodos menos indiretos, em decorrência de aumentos salariais e/ou quedas nos preços.

AS PROPOSIÇÕES DE HAYEK

Para efeitos didáticos, podemos resumir as principais proposições de Hayek:

(1ª) As recessões são causadas pelo encurtamento dos processos de produção (*efeito concertina*), cuja causa principal é o fenômeno da poupança forçada que, por sua vez, é provocada pela nova moeda posta em circulação, cujos efeitos benéficos são temporários.

(2ª) Aumentos na poupança voluntária alargam permanentemente os processos de produção indiretos. Em contraste com Keynes, poupar faz "bem" à economia!

(3ª) Um aumento na demanda de bens finais causado por um crescimento não neutro na oferta de moeda encurta inevitavelmente os processos de produção (*efeito concertina*) e leva futuramente, também inevitavelmente, a uma recessão na economia.

(4ª) Níveis excessivamente altos de gastos públicos e de impostos aumentam a relação gastos/poupança, encurtam os processos de produção (novamente, o *efeito concertina*) e levam futuramente à recessão.

(5ª) A oferta de moeda não deve variar, exceto o necessário para contrabalançar as variações na "velocidade de circulação", os efeitos provocados pela integração nos negócios e as eventuais mudanças em métodos de pagamentos.

(6ª) Uma expansão monetária efetuada fora esses casos é danosa, por encurtar, após algum tempo, os processos de produção (outra vez, o *efeito concertina*).

(7ª) Crescimentos na produção e no comércio não justificam aumentos no crédito bancário.

(8ª) O governo não deve tentar enfrentar as recessões fazendo reflações monetárias, isto é, emitindo moeda, porque tais medidas apenas tenderiam a agravar o problema, uma vez que o *efeito concertina* iria se repetindo enquanto o governo persistisse em corrigir os desequilíbrios causados pela expansão monetária sem lastro com expansões monetárias adicionais.

3
Efeito taxa de juros

À medida que a taxa de juros cai, os retornos aumentam em geral, mas os processos mais indiretos ficam relativamente mais lucrativos. A isto os austríacos denominam de *capital deepening*, ou *aprofundamento do capital*, para indicar que a base do *triângulo de Hayek* se alarga, com a criação de novos estágios de produção à esquerda, mais afastados, portanto, do estágio do bem de consumo final ou bem de primeira ordem.

E, conforme a taxa de juros aumenta, os retornos caem em geral, mas com um viés em favor dos processos de produção mais diretos. Nesse caso, tende a acontecer um estreitamento da base do *triângulo de Hayek*, ou *capital shallowing*.

Existe, portanto, uma assimetria nos *switches* de curto para longo prazo e de longo para curto prazo, ou seja, variações na taxa de juros não afetam de maneira proporcional todos os setores da estrutura de produção. As variações na taxa de juros afetam a economia de uma forma desigual ao longo da estrutura de produção. Isso não é considerado pelos modelos macroeconômicos, em que mudanças na taxa de juros afetam toda a economia por igual, de modo uniforme.

Simbolicamente, sejam y o rendimento e t, t_{-1} e t_{-2} três estágios consecutivos da estrutura de produção. Em equilíbrio, então, teríamos:

$$y_{t-2} = y\, t_{-1} = y_t$$

Cada um desses rendimentos ou *yields* é um valor presente; por exemplo, sendo A a margem não descontada e r a taxa de desconto (taxa de juros), pode-se escrever:

$$y_{t-2} = A_{t-2}(1+r)^{-2} \;;\; y_{t-1} = A_{t-1}(1+r)^{-1} \;;\text{ e } y_t = A_t(1+r)$$

Se as condições iniciais são: $y_{t-2} = y_{t-1} = y_t$, à taxa de desconto r_0, então:

– a uma taxa de desconto $r_1 < r_0$ teríamos $y_{t-2} > y_{t-1} > y_t$, indicando que os projetos com maior duração serão mais beneficiados do que os de curta duração e

– a uma taxa de desconto $r_2 > r_0$ teríamos $y_{t-2} < y_{t-1} < y_t$, sugerindo que os projetos de prazo mais longo são mais prejudicados do que os de prazo mais curto.

No gráfico seguinte, VP é o valor presente de dois projetos (um “longo” e um “curto”) e y é o rendimento. A uma dada taxa de desconto (que não aparece no gráfico), os dois valores presentes são iguais, para um dado rendimento. Evidentemente, a elasticidade dos projetos de prazos maiores é menor do que a dos projetos de prazos menores.

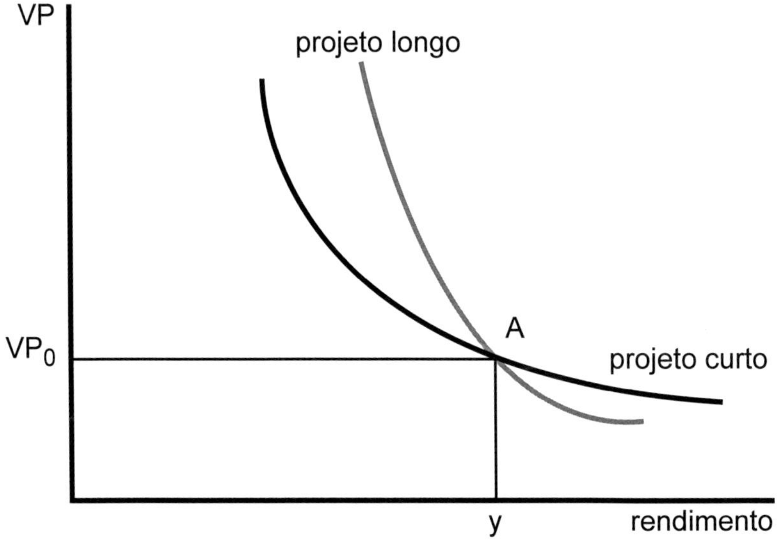

4
EFEITO PREÇOS RELATIVOS

O aprofundamento dos processos de produção permite obter quantidades de produto maiores a partir de um dado volume de fatores de produção; mas estes bens só estarão disponíveis posteriormente, e tanto mais posteriormente quanto mais indireto for o processo de produção. Eis a decisão econômica: é mais lucrativo manter ou alterar a estrutura de produção? A resposta vai depender da comparação entre o preço recebido pelo bem final e os preços que devem ser pagos pelos bens intermediários.

Tomemos o caso de uma expansão na oferta de moeda. Ela reduz a taxa de juros, o que aumenta o grau de *roundaboutness*, isto é, acontece um alargamento da estrutura de produção. Com isso, os preços dos bens finais irão subir comparativamente aos preços dos bens mais distantes do consumo final, o que elevará os rendimentos nos setores produtores dos primeiros e provocará, assim, uma redução no grau de *roundaboutness*. Hayek denominou isto, como vimos, de *efeito Ricardo* que, em sua formulação original, referia-se à substituição de mão-de-obra (fator de produção de curto prazo) por capital (fator de produção de longo prazo), em decorrência de uma redução na taxa de juros. Mas, para Hayek e os austríacos, a substituição relevante não é entre "homem" e "máquina", mas entre bens de capital de ordens menos elevadas e de ordens mais elevadas ao longo da estrutura de capital. Na fase inicial do ciclo, a taxa de juros artificialmente baixa estimula os investimentos em bens de capital em estágios mais afastados do consumo final. Isto provocará uma disputa por bens de capital de ordens mais baixas – complementares aos de ordens mais elevadas –, fazendo subir os seus preços, o que provoca um aumento na demanda por crédito *(desperation borrowing)* e o subsequente aumento da taxa de juros, o que, por sua vez, encoraja a liquidação dos projetos de produção iniciados na primeira fase, mas ainda não terminados.

O economista G. R. Steele (*The Economics of Friedrich Hayek*, MacMillan Press, Londres, 1996, cap. 8) nos dá um exemplo simples desse fenômeno.

Sendo x_0 o custo do investimento em t=0, *B* o valor da receita líquida contínua da venda de bens finais, *n* o ponto do tempo no futuro em que a receita deixará de existir e *r* a taxa de juros, então:

$$x_0 = \int_0^n B\, e^{-rt}\, dt = B(1 - e^{-rn}) / r$$

Steele admite que os níveis de investimentos estejam em seus ótimos, com cada unidade marginal (R$100) proporcionando uma taxa interna de retorno (TIR) igual à taxa de juros de mercado (em seu exemplo, 7%). Podem se encontrar valores para B para qualquer método de produção e, selecionando valores para n e utilizando a equação acima, pode-se escrever:

n:	5	10	15	20	25	30
B (R$):	23,7	13,9	10,8	9,3	8,5	8,0

A estrutura de capital está em equilíbrio. Para verificar o impacto de um aumento nos preços dos bens finais, podemos fazer cada B subir, por exemplo, 5% e, levar os novos valores para a mesma equação. As novas taxas internas de retorno serão:

n:	5	10	15	20	25	30
B (R$):	8,9	8,1	7,8	7,6	7,6	7,5

Podemos verificar que todos os rendimentos são agora maiores do que o original (que foi admitido ser de 7%). Há, assim, incentivos para investir em todos os métodos de produção (*capital widening* ou *capital deepening*), mas o incentivo é maior para os métodos menos indiretos (*capital shallowing*).

O *efeito Ricardo* produz, então, um impacto inicial de aumentar o produto (embora o nível de investimento não mude), mas produz o fenômeno do *capital shallowing* ou *efeito concertina* – em português, algo como *efeito sanfona*, já que a concertina é um instrumento musical com fole, semelhante a um acordeão, em que, ao abrir-se o fole pressionando um botão, obtém-se uma nota musical e, ao fechar o fole, tem-se outra nota.

O *efeito concertina* refere-se, portanto, ao fato de que a poupança forçada incentiva inicialmente métodos de produção mais indiretos, mas, após algum tempo, os investimentos acabam sendo realocados para os métodos menos indiretos, fazendo com que a estrutura de capital "estique" e "encolha", tal como uma sanfona. No final das contas, o estoque de capital "agregado" ou capital fixo diminui. Esta proposição é que os economistas *keynesianos*, entre eles Kaldor, que criticou a teoria *hayekiana*, não foram capazes de entender.

A conclusão é que a expansão monetária e a queda da taxa de juros encorajam investimentos em capital em geral, especialmente os mais indiretos, mas o efeito subsequente de elevação dos preços dos bens finais tende a anular este viés, antes mesmo que a taxa de juros aumente. No fim, vem a recessão, mas a facilidade de recursos e a queda dos rendimentos nos estágios de bens finais deflagram o efeito Ricardo reverso. E começam novamente a se tornar atrativos os investimentos em métodos de produção mais indiretos.

O *boom* artificial induzido pela expansão monetária provoca, após algum tempo, então, distorções consideráveis na estrutura de produção. Mesmo antes do aumento na taxa de juros, as subidas nas taxas de retorno fazem com que projetos investimentos de investimentos que pareciam lucrativos tornarem-se não lucrativos e serem abandonados. Quando a taxa de juros subir – o que acontecerá em decorrência da disputa pelo crédito entre os setores mais próximos e os mais afastados dos bens de consumo final – ocorrerá uma aceleração nesse processo. Adicionalmente, os efeitos da queda na renda nesses setores agora não mais lucrativos causarão queda na demanda de bens de consumo final e mais desemprego. A queda na demanda de bens intermediários da estrutura de produção, gerada pela demanda de bens finais menor, será mais um agravante.

REPRESENTAÇÃO GRÁFICA DO *EFEITO TAXA DE JUROS*

Suponhamos que a expansão monetária reduza a taxa de juros de r para r'. Os recursos migrarão dos projetos curtos para os longos, o que, admitindo que a eficiência marginal do capital seja decrescente, fará crescer os rendimentos dos projetos de curtos e cair as dos longos, deslocando as curvas e eliminando os diferenciais entre as taxas de retorno. Com isso, o equilíbrio se desloca do ponto A e vai para o ponto B, onde os valores presentes dos dois projetos são novamente iguais.

Mas o ponto B não configura um equilíbrio estável, porque tanto a migração de recursos para novos investimentos como o *switch* no investimento fazem o produto final cair. Com a demanda de bens finais constante, ou, mesmo, aumentando caso o *boom* de crédito reduza o desemprego, os preços dos bens finais subirão.

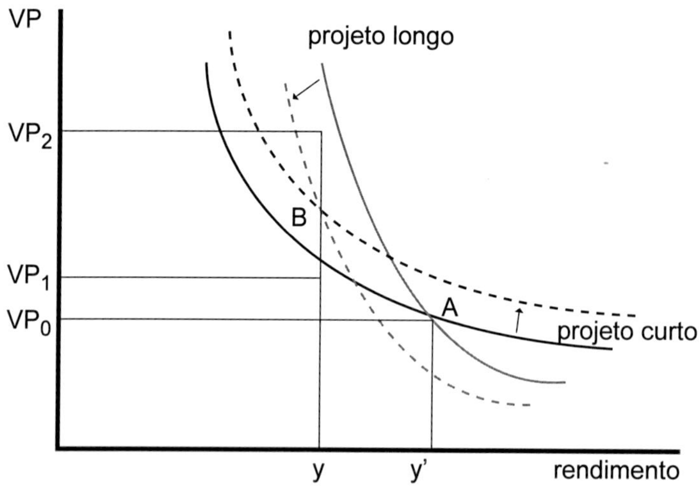

REPRESENTAÇÃO GRÁFICA DO *EFEITO PREÇOS RELATIVOS*

Quando os preços aumentam, os valores proporcionais dos rendimentos futuros crescem e, com isso, os valores presentes dos dois projetos. Mas os rendimentos aumentam diferenciadamente. Uma elevação de x % no preço aumenta o retorno de y' para y''' no projeto curto e de y' para y'' no longo. Se não houvesse limites para os fundos de investimentos, o equilíbrio, à nova taxa de desconto de r', iria do ponto A para o ponto C.

No entanto, como os recursos são limitados, o incentivo provocará um *switch* dos projetos de longos para os curtos que, dado que a eficiência marginal do capital é decrescente, fará o *yield* do projeto longo subir e o do projeto curto cair, o que deslocará as duas curvas.

Comparativamente às curvas que se cortam em C, a curva do projeto curto se desloca para baixo e a curva do projeto longo se desloca para cima. A nova combinação ótima de investimentos ocorrerá em um ponto como D, que admite, por sua localização, que não haja variações no fluxo de investimento.

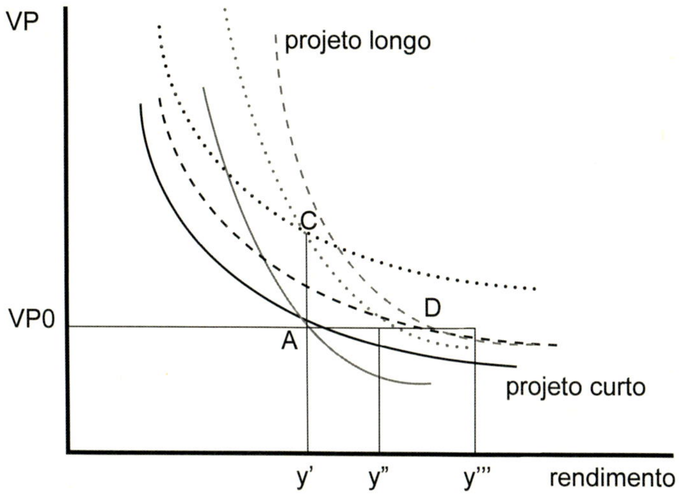

5
Conclusões

Este capítulo é uma extensão um pouco mais sofisticada de alguns aspectos do capítulo anterior, em que expusemos a Teoria Austríaca dos Ciclos Econômicos, que diagnostica as causas das flutuações cíclicas da economia nas expansões de moeda e crédito não lastreadas em um correspondente aumento na disposição de poupar dos indivíduos e empresas.

Ao ingressar na economia, a moeda "nova" provoca o efeito de diminuir a taxa de juros e, assim, estimular os projetos de longa maturação mais do que proporcionalmente aos de custo prazo. A base da estrutura de produção se "alarga". Contudo, quando a artificialidade da taxa de juros é descoberta pelos agentes no processo de mercado, isto é, quando eles percebem que não se tratava de "mais poupança", mas apenas de "mais moeda fantasiada de poupança", surge a quebra de coordenação, que faz com que a taxa de juros suba, o que desestimula os investimentos realizados anteriormente nos estágios mais afastados da estrutura de produção, que deixam de se tornar lucrativos. A estrutura de produção "encolhe". É o *efeito concertina* em ação.

O *efeito Ricardo hayekiano* não diz respeito à substituição de trabalhadores por máquinas no decorrer dos ciclos, mas à substituição de métodos mais indiretos (*roundabout*) por métodos menos indiretos, em decorrência dos ajustamentos impostos ao setor real da economia pela ausência de coordenação provocada pela *poupança forçada*.

Capítulo 9

A Macroeconomia da Estrutura de Capital

1
Introdução

Embora a metodologia *austríaca* rejeite o método macroeconômico, é bastante útil, para efeitos de comparação com a *mainstream economics*, procurar conciliar os modelos macroeconômicos conhecidos com as premissas da Escola Austríaca. Foi exatamente isto o que fez o Professor Roger W. Garrisson, da Auburn University, um economista extremamente criativo, no seu interessantíssimo *Time and Money: The Macroeconomics of Capital Structure* (Routledge, Londres, 2001), cuja essência está condensada em seguida.

Se nos deixarmos imobilizar por um purismo acadêmico que, embora aceitável sob certas circunstâncias, tende sempre a nos tornar cada vez mais isolados e a manter nossas análises desconhecidas por parte da maioria dos economistas, seremos tentados a considerar o trabalho de Garrison uma heresia – já que, além de rejeitarem as construções macroeconômicas, os *austríacos* tradicionalmente não fazem uso de gráficos e de equações. Se, porém, buscarmos maior integração com a *mainstream economics* (até mesmo pelo simples motivo de que precisamos dialogar), acreditamos que devemos encarar a busca por uma simbiose entre a análise *austríaca* e a convencional como uma importante contribuição para uma compreensão mais apurada dos intrincados problemas da economia, especialmente os relacionados ao processo de mercado, aos desequilíbrios e aos ciclos econômicos.

É sabido que tanto a macroeconomia como a microeconomia tradicionalmente lidam com estados de equilíbrio, ou seja, não consideram os mercados como processos que tendem para o equilíbrio, mas que não o atingem. A macroeconomia, além de trabalhar com modelos de equilíbrio (parcial ou geral), por enfatizar situações de curto prazo, deixa de lado as variações no estoque de capital. E as teorias modernas de crescimento trabalham com variações no estoque de capital, mas abstraem-se dos desequilíbrios da economia. Garrison observa com acuidade que a realidade da economia é um *mix* dos dois *insights*. A *Macroeconomia da Estrutu-*

ra de Capital (*MEC*) procura incorporar essa mistura, considerando que a habilidade do processo de mercado para alocar recursos ao longo do tempo está relacionada com a estrutura de capital da economia.

2
OS TRÊS ELEMENTOS DA *MACROECONOMIA DA ESTRUTURA DE CAPITAL*

As principais ferramentas da *MEC* são três conceitos elementares, os dois primeiros comuns à *mainstream economics* e o terceiro de concepção *austríaca*, que podem ser combinados para gerar interessantes comparações. Os três conceitos são: o mercado de *loanable funds* (fundos para empréstimos), a fronteira de possibilidades de produção e a estrutura intertemporal (de capital) de produção.

O MERCADO DE *LOANABLE FUNDS*

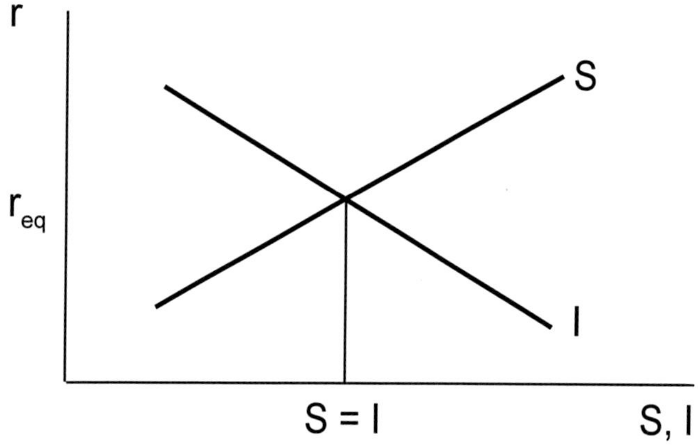

Como de praxe, r representa a taxa de juros, S a poupança e I o investimento. Poupar, na *Macroeconomia da Estrutura de Capital*, significa, mais do que qualquer outra coisa, acumular poder de compra para ser exercido no futuro. Assim, S representa a curva de oferta e I a de demanda de fundos para empréstimos. É a conhecida decisão intertemporal entre consumir agora ou esforçar-se, poupando, para poder consumir mais no futuro. Na teoria austríaca, a taxa de juros é o elemento que coordena as escolhas intertemporais dos indivíduos. Se ela for considerada alta, haverá estímulos a poupar e se for encarada como baixa, o consumo é que será encorajado. No gráfico acima, a taxa de juros "de equilíbrio", equivalente à *taxa natural* de Wicksell, é aquela que proporcionaria perfeita coordenação entre os planos de poupar, ou seja, de adiar o consumo agora em troca de maiores possibilidades de consumir no futuro, com a demanda de bens de capital, refletida na curva de investimento.

A *FRONTEIRA DE POSSIBILIDADES DE PRODUÇÃO* (*FPP*)

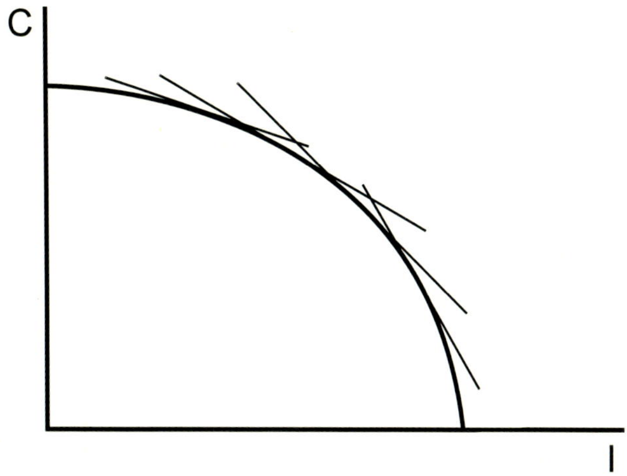

A *FPP* (ou *curva de transformação*) é uma velha conhecida de todos os que frequentaram cursos introdutórios de economia. Se, para simplificar, só existirem dois bens (C, bem de consumo e I, bem de capital), a taxa marginal de substituição técnica, que nos indica a quantas unidades de um dos bens devemos renunciar para ter acesso a uma unidade do outro, é decrescente: para produzir unidades adicionais (iguais) de bens de capital será necessário renunciar à produção de quantidades cada vez maiores de bens de consumo. E o crescimento da economia requer sempre incrementos na produção de bens de capital, ou seja, investimentos. Se a economia está sobre a *FPP* podemos considerar que está operando em pleno emprego ou, mais modernamente, no nível "natural" de emprego.

O investimento é medido em termos brutos (manutenção e expansão de capital). Em algum ponto da *FPP* – denominado de "ponto de estacionamento" ou "*no-growth*") – o investimento bruto será igual ao montante para cobrir a depreciação, sem investimento líquido, isto é, teremos uma economia estacionária. É interessante observarmos que, no gráfico seguinte, à direita do ponto de *no-growth* ocorre expansão da *FPP* (maior eficiência) e à sua esquerda uma contração da *FPP* (perda de eficiência).

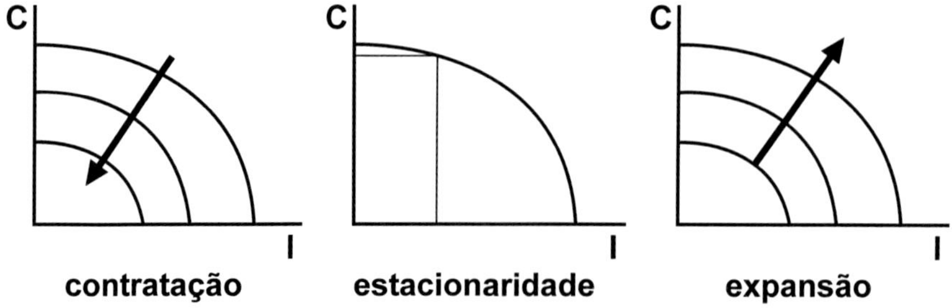

A ESTRUTURA INTERTEMPORAL DE PRODUÇÃO

Este terceiro elemento, infelizmente desconhecido pela grande maioria dos economistas, é característico da Escola Austríaca e já foi desenvolvido anteriormente, especialmente no quarto e no sétimo capítulos. Trata-se da *estrutura de capital* (ou *estrutura intertemporal de produção*, ou *estrutura mengeriana* de produção, ou *estrutura bawerkiana* ou, ainda, *triângulos de Hayek*).

Nos modelos macroeconômicos, que não levam em conta essa estrutura intertemporal, o intervalo de tempo entre o início da produção de um bem e a sua chegada à loja em que será vendido para o consumidor final é zero, ou seja, esses modelos não levam em consideração o tempo que decorre entre o início da produção e cada estágio sucessivo na cadeia de produção, até que, sob a forma de um bem final (ou *bem de primeira ordem* na nomenclatura de Menger), seja colocado à venda.

Mas, como sempre ensinaram os *austríacos*, desde Menger e, especialmente, Böhm-Bawerk, esse tempo é muito relevante. A estrutura de produção ou de capital possui duas dimensões: valor e tempo, em que o último é contado da esquerda para a direita e o primeiro é representado pela altura observada no eixo das ordenadas em cada estágio de produção. Há três possíveis desdobramentos:

(a) o primeiro é o consumo instantâneo (*continuous-input/point-output*)

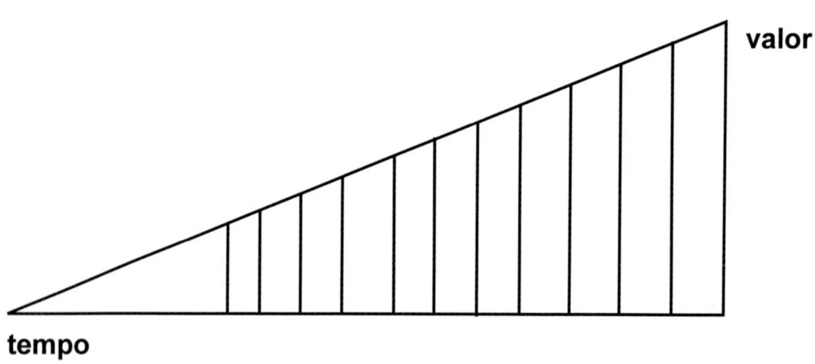

(b) o segundo é o consumo não instantâneo (*continuous-input/continuous output*), analisado pela primeira vez por William Stanley Jevons.

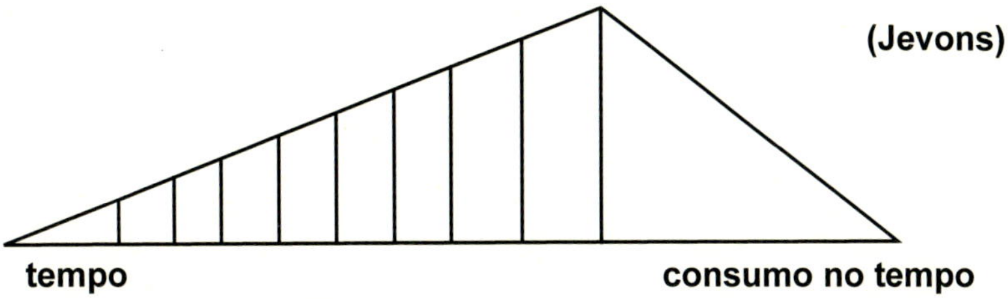

(c) o terceiro é a combinação de produção e consumo instantâneos (*point-input/point-output*).

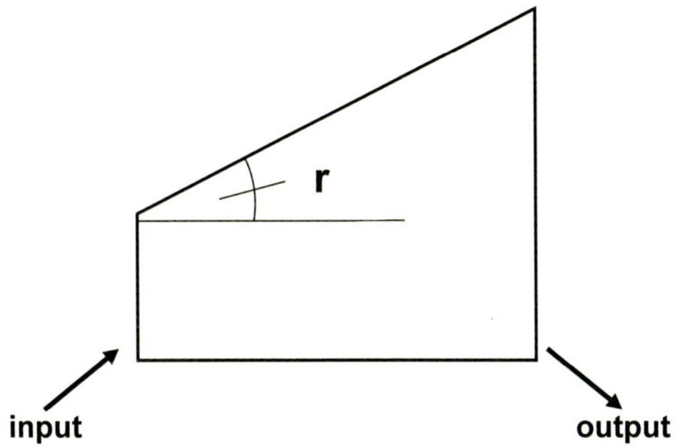

É conveniente não nos esquecermos de que, nos três casos, a taxa de juros é representada pela inclinação da estrutura de produção.

3
A *MACROECONOMIA DA ESTRUTURA DE CAPITAL*

Resulta da combinação em um único diagrama dos três gráficos acima, ou seja, do mercado de fundos para empréstimos, da fronteira de possibilidades de produção e da estrutura intertemporal de produção.

Trata-se de um método bastante interessante para comparar o *insight* da Escola Austríaca com conceitos que são largamente utilizados pela teoria econômica convencional há muitos anos. Acreditamos que esse procedimento, que devemos à criatividade do professor Roger Garrison, se constitui em um instrumento de análise bastante poderoso para entendermos diversos conceitos importantes, como o crescimento secular, o crescimento sustentado e não sustentado, o progresso tecnológico, as mudanças nas preferências intertemporais e a reestruturação de capital, como veremos, passo a passo, em seguida.

Podemos agora construir um gráfico levando em conta simultaneamente esses três elementos.

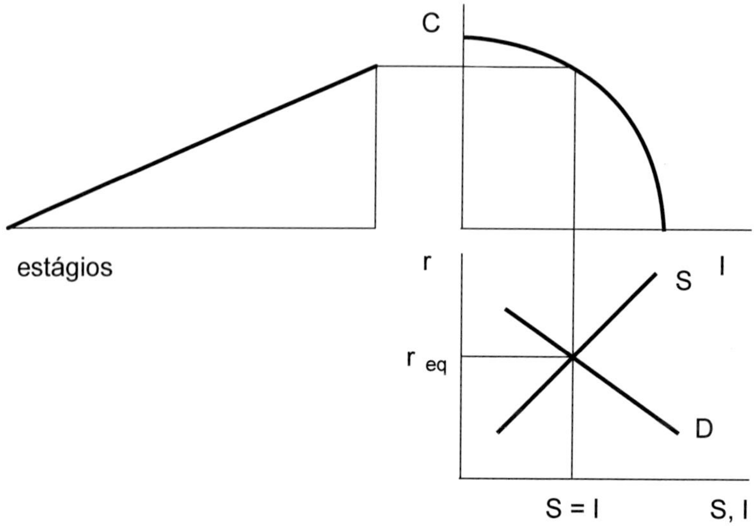

Neste gráfico, supomos que a economia está em seu nível natural; que os investimentos são apenas suficientes para compensar a depreciação do capital, não havendo investimento líquido; que o consumo mantém-se no nível da FPP e que a poupança situa-se em um montante estritamente necessário para financiar o investimento bruto.

Como vimos, a taxa de juros reflete as preferências intertemporais dos agentes do mercado e determina a inclinação da estrutura de produção. Essas interpretações de *steady-state* equivalem à *evenly rotating economy* (economia uniformemente circular) de Mises e permitem analisar o crescimento secular (sustentado) e as flutuações cíclicas, estabelecendo interessantes comparações com a macroeconomia convencional, tanto os modelos de inspiração *keynesiana* quanto os de corte neoclássico ou *monetarista*.

Pontos de contraste com a macroeconomia usual

(a) os gráficos não incluem o mercado monetário explicitamente, pois, para os *austríacos*, a moeda é uma *loose joint* ou *junta frouxa*. Na verdade, a variável "moeda" está em todos os eixos do diagrama e, além disso, o fato de não a incluirmos explicitamente não significa que estamos ignorando as importantes considerações monetárias. A *teoria austríaca dos ciclos econômicos*, a despeito de explicitar apenas a poupança, o consumo, o investimento e o tempo de produção, é uma teoria monetária dos ciclos. Em outras palavras, os ciclos econômicos são fenômenos reais, que se manifestam por oscilações no emprego de fatores e na produção, porém são provocados por fenômenos monetários, vale dizer, por um excesso de moeda que, durante algum tempo, é interpretado como um incremento na disposição de poupar.

(b) os gráficos não incluem variações no nível de preços, o que não significa negar as verdades essenciais da *teoria quantitativa da moeda*, das quais a principal é que a inflação, no longo prazo, é um fenômeno monetário. A *macroeconomia da estrutura de capital* apenas frisa veementemente que a alocação intertemporal de capital não é governada por variações no nível de preços, mas sim por variações nos preços relativos dentro da estrutura de capital. E que a moeda, portanto, não é "neutra", exatamente porque variações em sua quantidade afetam os preços relativos e, portanto, o setor real da economia.

Neste sentido, vale lembrar que, no contexto conhecido do modelo IS-LM, de inspiração *keynesiana*, os impactos da moeda sobre o setor real, quando são levados em consideração, dão-se através do *efeito-riqueza* ou *efeito Pigou*, enquanto que, para os austríacos, além desse efeito, há outro, certamente mais importante e significativo, que é aquele que as variações monetárias provocam sobre a realocação de capital ao longo da estrutura de produção.

(c) os gráficos não incluem o mercado de trabalho, pois a *MEC* não enfatiza apenas esse mercado, como a macroeconomia o faz. Mas lembremo-nos de que as variações na taxa de juros afetam diferentemente a demanda de trabalho em cada estágio. Além disso, podemos desenhar diagramas auxiliares, um para cada estágio, incorporando o mercado de trabalho específico a cada um deles. O mundo real, não é "macro", é "micro". Esta, aliás, é a razão pela qual, no título deste capítulo, fizemos questão de escrever a palavra *macroeconomia* em itálico.

A *MACROECONOMIA* DO CRESCIMENTO SECULAR

O crescimento secular acontece, teoricamente, sem ser provocado por políticas, avanços tecnológicos ou variações nas preferências intertemporais. Nele, por definição, os investimentos brutos aumentam de estritamente modo suficiente para manter o estoque de capital e para acumular capital. Com o aumento das rendas, a poupança aumenta e o investimento bruto também, em proporções tais que a taxa de juros mantém-se constante.

Embora historicamente os aumentos na riqueza provoquem queda nas preferências intertemporais, ou seja, aumento da poupança, o que reduz a taxa de juros, o tratamento de Garrison abstrai-se desse efeito.

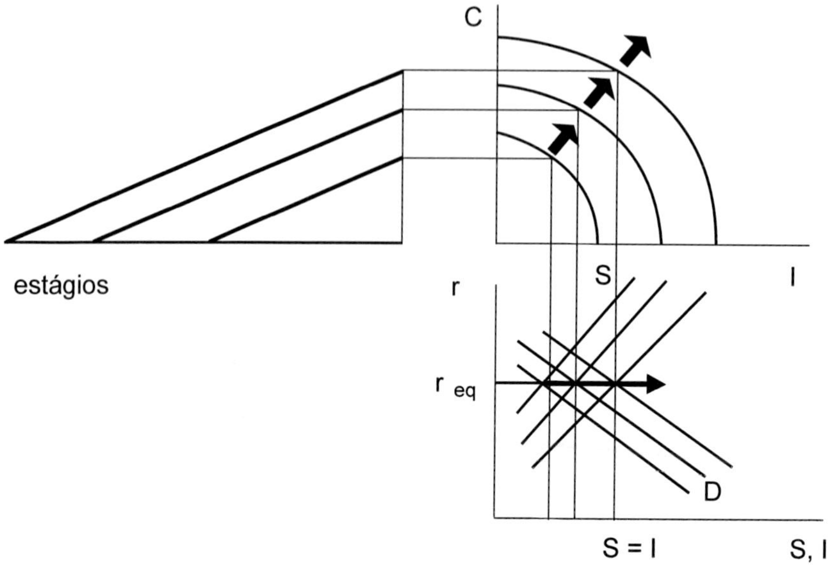

Se a taxa de juros permanece constante, as hipotenusas dos triângulos de Hayek são paralelas, isto é, a taxa de juros aloca recursos entre os estágios de modo a alterar o tamanho, mas não os *profits* intertemporais da estrutura de capital. E o que dizer sobre a moeda e o nível geral de preços? Se MV=PY (em que M é o estoque de moeda, V a sua "velocidade", P o "nível geral de preços" e Y o "PIB" real) dados M e V, como preconiza a versão de Irving Fisher da *teoria quantitativa da moeda*, como C (consumo) e I (investimento) aumentam (C + I = Y), isso significa que o nível geral de preços deve cair. É o caso conhecido como *deflação secular*.

Em uma economia em crescimento secular, o equilíbrio costuma requerer preços e salários mais baixos; e esses ajustamentos nos preços e salários se dão nos mercados particulares em que o crescimento em si ocorre. O resultado é que a média dos preços (o nível geral de preços) cai.

É necessário identificar como o processo de mercado funciona, para distinguir entre o crescimento econômico salutar, induzido por poupança e auto-sustentado, e os *booms* artificiais, induzidos por políticas de expansão da demanda e intrinsecamente não sustentáveis ao longo do tempo, o que faremos a seguir.

Crescimento sustentado e crescimento não sustentado

1. Progresso tecnológico e maior dotação de recursos

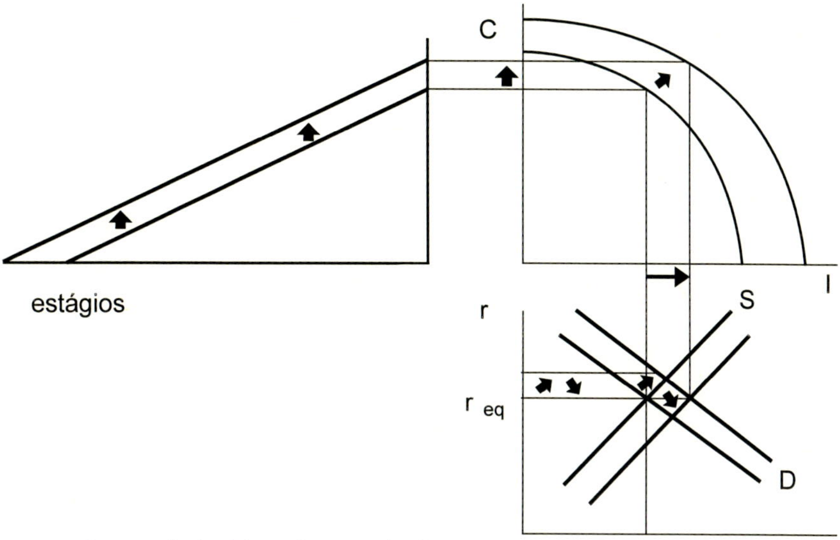

crescimento induzido pela tecnologia

Neste caso, a FPP desloca-se para cima (possivelmente, sua forma também muda, dependendo da natureza específica da mudança tecnológica). A demanda de investimentos desloca-se para a direita, na medida em que as empresas dão-se conta de que podem beneficiar-se com a nova tecnologia. As rendas maiores resultantes deslocam a oferta de poupança também para a direita. O efeito sobre a taxa de juros é indeterminado, pois depende das magnitudes dos deslocamentos que se verificam nas duas curvas. O progresso tecnológico aumenta o potencial dos recursos disponíveis para investimentos. Na terminologia antiga dos clássicos, aumenta o *fundo de subsistência*.

No gráfico anterior, o progresso tecnológico é neutro em relação à taxa de juros, o que explica que as duas estruturas de produção são paralelas.

Há dois casos possíveis de progresso tecnológico:

(1) ele afeta *todos* os estágios de produção direta e proporcionalmente, não havendo, neste caso, realocação de recursos entre os estágios.

(2) ele surge ou se manifesta em um ou em alguns estágios da estrutura de produção. Neste caso, a demanda de investimentos aumenta à medida que os produtores tentam obter vantagens da nova tecnologia que afeta diretamente um estágio, digamos, precursor. A taxa de juros

aumenta e, como o progresso tecnológico ocorreu em um estágio inicial de produção, o consumo não aumenta imediatamente (por existir um "bias" inicial, em que o investimento aumenta, mas o consumo permanece constante). Mas o aumento na taxa de juros faz com que os recursos não envolvidos diretamente na adoção da nova tecnologia sejam realocados em direção aos estágios mais avançados, o que faz o consumo aumentar. À medida que as rendas aumentam (devido ao aumento nos investimentos), então a poupança também aumenta e a taxa de juros volta ao nível inicial.

Nos dois casos, a trajetória de crescimento da economia aumenta e permanece no novo nível: o crescimento é sustentado. A mudança tecnológica, isto é, nas realidades econômicas, altera a trajetória de crescimento e o processo de mercado transforma o progresso tecnológico em uma nova trajetória de crescimento. E não há nada na natureza do processo de mercado que altere de novo a trajetória.

No entanto, há três observações importantes a fazer: a primeira é que se a poupança subir de modo não suficiente (por exemplo, no caso dos preços dos bens de consumo subirem muito, exigindo uma porção maior das rendas), a estrutura de produção será puxada de volta e, em termos líquidos, a taxa de juros aumentará. A segunda é que se o progresso tecnológico ocorrer em um estágio da cadeia produtiva próximo ao consumo, este ficará satisfeito, a poupança aumentará e a taxa de juros, por conseguinte, cairá. E a terceira é que os efeitos de um aumento na dotação de recursos são similares aos do progresso tecnológico.

2. Mudanças nas preferências intertemporais

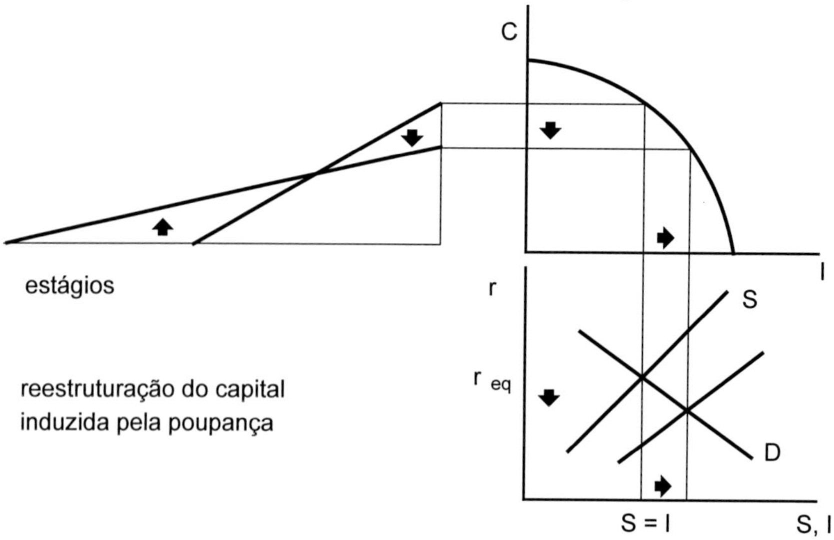

Suponhamos que aumente a frugalidade ou parcimônia. Na macroeconomia convencional, que se baseia no mercado de trabalho, o consumo presente e o consumo futuro são complementares, mas, na *macroeconomia da estrutura de capital*, eles são substitutos. Daí a expressão *SUFS*, *saving-up-for something*.

Se as preferências intertemporais aumentarem a poupança, o que fará o processo de mercado? Se seguirmos Keynes, o consumo presente cairá e, logo, o consumo futuro também cairá e teremos falhas de coordenação no processo de mercado. Mas Keynes estava errado, de acordo com a *MEC*!

A poupança se desloca para a direita; logo, a taxa de juros cai. Na fronteira de possibilidades de produção, os recursos liberados pela queda no consumo vão aumentar o investimento. Não há efeitos-renda significantes na oferta de *loanable funds*. Se o consumo caísse sem que o investimento aumentasse, então as rendas cairiam e a poupança se deslocaria para a esquerda, o que poderia anular o crescimento. Nesse caso, o "paradoxo da poupança" de Keynes estaria correto: um aumento na poupança aumentaria a taxa de crescimento, mas a queda nas rendas reduziria os gastos, o que geraria pessimismo e reduziria o investimento.

Na *macroeconomia da estrutura de capital* o processo de mercado funciona desde que prestemos a devida atenção à estrutura intertemporal de produção: se a taxa de juros cai em decorrência de um aumento na frugalidade, então haverá um "alongamento" da estrutura de produção, ou seja, um incentivo a investimentos nos estágios iniciais (de longo prazo) da estrutura de produção, como no gráfico abaixo:

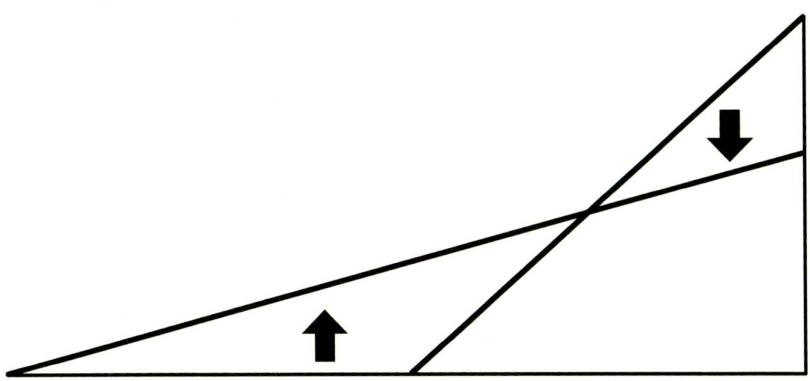

Reestruturação de capital (com ajustamentos auxiliares no mercado de trabalho)

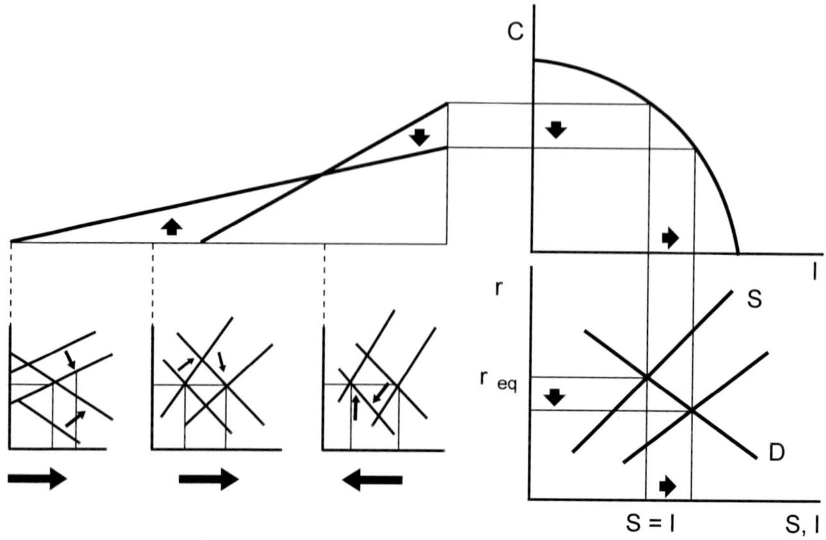

O aumento na poupança produz dois efeitos separados sobre a demanda de trabalho, considerando-se os dois conceitos básicos de demanda derivada e de desconto no tempo:

(a) a demanda de trabalho é uma demanda derivada; logo, quando o consumo cai, ela também cai proporcionalmente nos setores que produzem os bens de consumo;

(b) o trabalho é valorado a uma taxa de desconto; logo, quando a taxa de juros cai, o desconto também cai, o que aumenta o valor do trabalho nos setores que produzem os bens de capital.

Os dois efeitos operam em sentidos opostos e, conjuntamente, mudam a forma do triângulo de Hayek. A interseção das duas hipotenusas representa o ponto em que os dois efeitos se contrabalançam. Nos estágios à direita, cai a demanda de trabalho, o que diminui os salários. O *efeito Ricardo* reduz a oferta de trabalho, o que eleva os salários até o nível inicial. Nos estágios à esquerda, sobe a demanda de trabalho, o que eleva os salários. Como esses setores estão em expansão, o *efeito Ricardo* aumentará a oferta de trabalho, fazendo com que o salário caia até o nível inicial. Em um estágio recentemente criado (bem à esquerda), antes, a oferta e a demanda de trabalho se interceptavam a um nível de emprego negativo, mas, agora, algum emprego é ofertado e demandado. O fator trabalho, na análise, é tratado como não-específico, isto é, sua oferta de curto prazo é crescente e sua oferta de longo prazo é inelástica.

Duas qualificações são agora importantes:

(1ª) as habilidades que tornam o trabalho específico são classificadas como capital humano e integram a estrutura de capital propriamente dita (essa mão de obra é fixa, pois seus salários sobem ou caem dependendo do estágio);

(2ª) os gráficos auxiliares representando os movimentos do trabalho não-específico podem também representar os movimentos do capital não específico. Em geral, para qualquer dado estágio de produção, os fatores específicos obedecem a ajustamentos via preços (*neoclássicos*) e os não específicos a ajustamentos via quantidades (*keynesianos*).

Por conveniência, a análise gráfica considera apenas o trabalho não específico. Quando a taxa de juros cai, aumentam os preços dos fatores empregados nos estágios iniciais e esse aumento é permanente para os fatores específicos e transitórios para os não específicos. Observemos a importância nesta análise não apenas do *efeito Ricardo*, mas também da *4ª proposição fundamental de J. S. Mill*, que sugere que as variações na taxa de juros afetam a composição do emprego, mas não a sua magnitude.

4
A *MACROECONOMIA* DOS *BOOMS* E *BUSTS* (*AUSTRIAN BUSINESS CYCLE THEORY – ABCT*)

Todo esse instrumental desenvolvido por Garrison com base na tradição *austríaca* de um lado e na teoria econômica convencional, de outro, tornam-se muito úteis para nos ajudar a visualizar graficamente o fenômeno dos ciclos econômicos.

A *MEC* identifica as diferenças essenciais entre crescimento genuíno e *boom* artificial, que derivam dos papéis diferentes desempenhados pelos poupadores e pelas autoridades monetárias. Por quê? Há três motivações para ressaltarmos a importância das considerações de natureza monetária:

1. as variações de preços relativos que iniciam o *boom* derivam da expansão monetária; o foco não é a variação na quantidade de moeda ou as consequentes variações no "nível de preços", mas o ponto de entrada da moeda nova;

2. a moeda é uma *loose joint*, uma "junta frouxa";

3. as variações na demanda de moeda não são importantes na ABCT, pois a oferta de *loanable funds* inclui a oferta de poupança

criada pelo Banco Central. Os três instrumentos clássicos da política monetária (redesconto, recolhimento compulsório e operações de mercado aberto) têm uma característica comum: são simples meios de aumentar o crédito.

Desde Ragnar Frisch (1933), os economistas passaram a considerar que os ciclos econômicos têm duas características: impulso e propagação. Na *ABCT*, o impulso é a moeda, via variações nos preços relativos afetando a estrutura de produção, e esse impulso é provocado pela característica de *looseness* (frouxidão) inerente às trocas indiretas; a propagação é constituída pelos efeitos dessas alterações nos preços relativos sobre o setor real da economia.

Boom e *bust* (desequilíbrio intertemporal induzido pela política monetária)

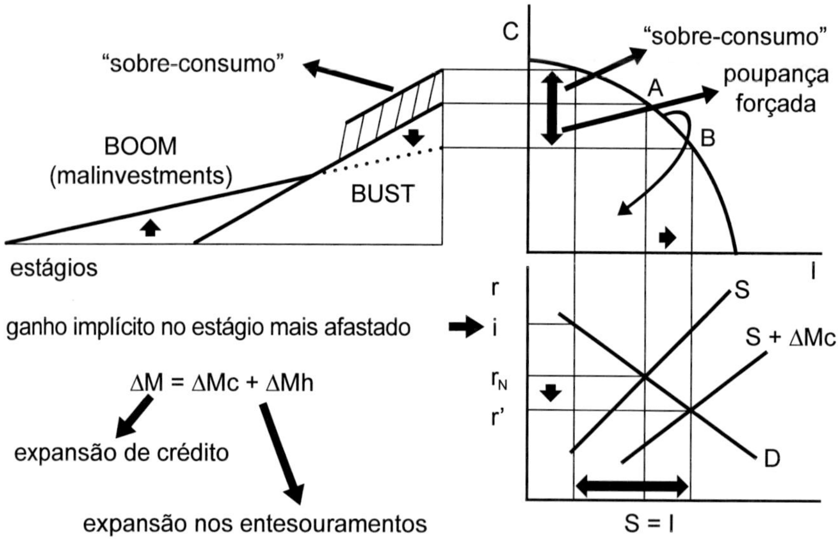

Existe agora um conflito entre poupança e investimento, pois os dois movem-se em sentidos opostos: a expansão do crédito reduziu a taxa de juros, o que diminuiu também a poupança e aumentou o investimento, levando-o para a direita da FPP. E, na FPP, a queda na poupança significa que o consumo aumentou, sendo levado para o norte da FPP. Logo, o consumo e também o investimento cresceram, o que significa um fenômeno conhecido como *overproduction*, em ambas as categorias de bens.

O *gap* entre a poupança e o investimento no mercado de *loanable funds* transfere para a FPP um cabo-de-guerra (com a corda curta), entre consumidores e investidores. Quem ganha? No início, são os investidores, pois eles têm mais corda para puxar, que é a taxa de juros menor.

Este cabo-de-guerra empurra o triângulo de Hayek para dois sentidos: o investimento e o consumo aumentam, com encolhimentos nos setores do meio da estrutura de produção, o que é um sinal da não sustentabilidade do *boom*. Os vetores de oferta e de demanda agregadas se desequilibram. A linha pontilhada à direita mostra que a reestruturação não pode ser finalizada: a escassez de recursos e um contínuo aumento nas demandas dos bens de consumo transformam o *boom* em *bust*! As expectativas, que são endógenas por excelência, mudam.

Quando a taxa de juros aumenta, muitos projetos de longo prazo são abandonados ou parcialmente cortados, o que gera desemprego nesses setores, tanto de trabalho quanto de capital. Isto reduz as rendas, o que por sua vez reduz os gastos, levando a economia de volta, em direção à FPP. A economia cruza a FPP e chega a um ponto em que o investimento é maior e o consumo é menor em relação ao *mix* original.

Se os investidores ganhassem o cabo-de-guerra, a economia iria para o ponto B, refletindo o aumento nos *loanable funds*. O componente vertical desse movimento ao longo da FPP representa o limite superior da poupança forçada: recursos indo para os estágios mais afastados. O componente horizontal representa o sobreinvestimento que corresponde a esse nível de poupança forçada.

Se, por sua vez, os consumidores ganhassem o cabo-de-guerra, a economia iria, ao longo de FPP, para uma trajetória contrária ao movimento dos ponteiros do relógio, refletindo integralmente o decréscimo na poupança induzido pela política. O componente vertical desse movimento ao longo da FPP representa o limite superior do "sobreconsumo" correspondente.

A atual poupança forçada e o atual "sobreinvestimento", ambos gerados pela expansão monetária, são menores do que a poupança genuína e o investimento sustentado associados a uma redução nas preferências intertemporais, ou seja, a uma atitude de maior parcimônia.

Não há nada que possa prevenir a espiral decrescente depois que a trajetória de ajustamento cruza a FPP: as rendas e os gastos caem, o que leva a economia para dentro da FPP. Isto ainda se agravará se a oferta e a demanda de fundos se deslocarem para a esquerda, o que pode acontecer se os poupadores desejarem ficar mais líquidos e os investidores perderem a confiança na economia. Esse aumento na "preferência pela liquidez" não é psicológico, como sustentava Keynes na Teoria Geral: é simples aversão ao risco!

Hayek chamou a essa *spiraling downward* de deflação secundária, pois o primeiro problema – o básico – foi a má alocação intertemporal de recursos, que Mises chamava de *malinvestment*.

5
Generalização da teoria

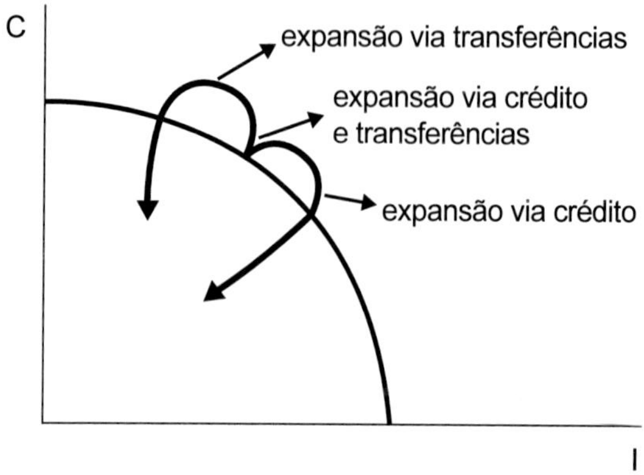

Nas transferências para os consumidores feitas pelo governo (*transfer expansion*), há um viés pró-consumo: os recursos vão dos estágios afastados para os mais próximos ao consumo final, mas esse movimento é limitado pelas especificidades do capital. Então, a demanda de fundos cresce para expandir as atividades nos estágios de consumo, o que faz consumo e investimento subirem, com o primeiro subindo mais do que o segundo. A economia volta-se para a esquerda, para além da FPP e a taxa de juros sobe artificialmente, provocando uma recessão, mas com uma diferença: os investimentos nos estágios de ordens menores são liquidados mais facilmente do que os iniciados em estágios de ordens mais elevadas. Por isso, uma expansão via transferências é menos grave nos seus efeitos finais do que uma expansão via crédito. Em uma expansão neutra, a gravidade é ainda menor, já que não há ausência de coordenação intertemporal sistemática. O caso mais importante, no mundo real, é o da expansão via crédito.

Elasticidade das expectativas e *lags structure* (estrutura de defasagens)

O mercado funciona, mas não instantaneamente. Garrison trabalha com duas hipóteses:

(1) preços, salários e juros comunicam informações sobre as realidades da economia;

(2) os participantes não têm informações suficientes sobre essas

realidades, a ponto de tornar irrelevante a comunicação das informações pelos preços, salários e taxa de juros.

Qual o efeito de uma variação de preço (ou salário, ou juros) sobre as expectativas em relação a esse preço? Hicks, em 1939, nos deu a terminologia: por exemplo, se a taxa de juros cair (via aumento na poupança ou no estoque de moeda), ela permanecerá no novo nível, cairá mais ainda ou voltará ao nível inicial? Em outras palavras, a elasticidade das expectativas será igual a 1, maior do que 1 ou menor do que 1, respectivamente?

A resposta depende das percepções dos *entrepreneurs* e do mercado em geral sobre a natureza da queda na taxa de juros. Para que o mercado não seja enganado pela menor taxa de juros provocada pela expansão monetária, a elasticidade das expectativas em relação à taxa de juros deve ser zero.

A idéia de que o Banco Central não pode, mesmo no curto prazo, reduzir a taxa de juros é tão implausível quanto a de que ele pode iludir completamente a economia de forma permanente. Tal como o "problema da extração do sinal" da Teoria de Expectativas Racionais (as variações no preço são locais ou globais?), na Teoria Austríaca, os participantes dos mercados não podem identificar instantaneamente se a queda na taxa de juros é definitiva (induzida por maior frugalidade) ou temporária (induzida pelo aumento na quantidade de moeda ou *poupança forçada*). Há um paralelo entre Lucas e Hayek: as elasticidades das expectativas são maiores do que zero para ambas as escolas (em paralelo à *curva de oferta de Lucas*, pode-se imaginar uma *curva de demanda de Hayek* para *inputs* nos estágios mais afastados do consumo final).

Portanto, os participantes podem ser enganados apenas temporariamente pelas autoridades monetárias e as expectativas sobre a taxa de juros são bastante misturadas e mal formadas. As questões abertas para discussão passam a ser: como os agentes são enganados? Em que extensão? E por quanto tempo?

As expectativas quanto à taxa de juros, misturadas e confusas na hora em que essa variável cai, mudarão com as experiências cumulativas dos mercados, que surgirão certamente como resultado dessa queda. Elas são, portanto, endógenas.

Quanto tempo as novas realidades da economia levarão para serem inteiramente refletidas nas expectativas?

Se o *lag* é curto, então os *booms* artificiais e as crises subsequentes são de pequena importância e todas as reduções prolongadas na taxa de juros são vistas como reais e geram maior taxa de crescimento. Se o *lag* é longo, então a distinção entre *boom* genuíno e artificial é, ela própria, artificial.

O problema central de uma teoria dos ciclos econômicos é o de assegurar um *lag* intermediário que seja longo o suficiente para permitir um *boom* e curto o suficiente para impedir que ele mature em crescimento real. Tal como as expectativas, os *lags* não são, na teoria *austríaca*, exógenos, mas são endógenos. Espelham-se na estrutura de produção.

A ABCT não é uma teoria de "sobreinvestimento": é de maus investimentos! E são esses maus investimentos que transformam o *boom* em *bust*. E é o processo de mercado, muito mais do que hipóteses sobre expectativas e elasticidades existentes no início dos *booms*, que importa! A crise mundial que explodiu no segundo semestre de 2008 é uma prova dessa afirmativa.

O *triângulo de Hayek* abstrai-se de complexidades existentes na estrutura de capital, que o tornam, no mundo real, não linear: *feedback loops*, múltiplas alternativas para os *inputs* e múltiplos usos para os *outputs*. Mas essas complexidades são a regra, não a exceção. A ideia de que os *entrepreneurs* sabem o suficiente a respeito de suas respectivas posições no triângulo para fazerem um *hedge* contra o Banco Central e, assim, anularem o processo, é implausível, mas também é implausível que eles não tenham qualquer idéia de onde estão no triângulo, ou seja, na complexa estrutura de produção da economia. Isto negaria as soluções de mercado.

A alocação intertemporal de recursos requer:

(a) um conhecimento das informações disponíveis e das relações de cada agente com o resto da economia;

(b) um acompanhamento permanente do mercado, para verificar acertos ou erros e ajustar as expectativas.

Portanto, é o processo de mercado que transforma uma mudança nas preferências intertemporais em crescimento sustentado e um distúrbio monetário em uma crise e ciclo. O *lag* que Hicks e outros tantos procuraram não é nada mais nada menos do que o reconhecimento de que o processo de mercado opera ao longo do tempo, não sendo, portanto, instantâneo.

6
Conclusões

Neste capítulo explicamos o interessante instrumental analítico desenvolvido por Roger Garrison, em que combinamos dois elementos da análise econômica tradicional, como os conceitos de fronteira de possibilidades de produção (ou curva de transformação) e o mercado de *loanable funds* ou fundos para empréstimos, com o importante conceito *austríaco* de *estrutura de capital*.

Com isso, como vimos, é possível analisar fenômenos ditos *macroeconômicos* falando a mesma linguagem, ou, pelo menos, um vocabulário com diversas palavras e expressões comuns, já que uma das maiores dificuldades dos economistas *austríacos* para se fazerem entender é que sua teoria é expressa em termos bastante peculiares, de acordo com a tradição iniciada por Menger em 1871, e isto geralmente a faz soar como que "estranha" aos ouvidos de praticamente todos os economistas, que, em sua totalidade, como sabemos, são educados na *mainstream economics*.

Creio que o esforço de Garrison contribui sobremaneira para um diálogo entre a *mainstream* e os *austríacos*. É como se um economista *austríaco* esteja dizendo aos seus pares *neoclássicos* e *keynesianos* algo como "já que vocês se recusam a vir até nós, então nós estamos indo até vocês".

A chamada *crise da subprime* que, na verdade, foi muito mais do que esse título sugere, mostrou, a nosso ver, que a *teoria austríaca* é a que consegue explicar de forma mais convincente as causas dos ciclos econômicos e, portanto, a que pode oferecer os melhores remédios para evitá-los.

Capítulo 10

Ordem Social, Liberdade e Virtude

1
Introdução

Uma sociedade livre e virtuosa – ou, para seguirmos a nomenclatura de Hayek –, uma *sociedade de indivíduos livres e virtuosos* – deve ter uma ordem social sustentada em princípios, valores e instituições que lhe garantam a própria essência de liberdade coresponsável, *liberdade de* (e não *liberdade para*) e que estimulem a prática das virtudes, com os consequentes subprodutos de progresso, respeito aos direitos individuais, cooperação e respeito inalienável à dignidade da pessoa humana. O que entendemos por uma ordem social *livre* e ao mesmo tempo *virtuosa*? Como definir liberdade e virtude nos contextos dos três grandes subsistemas que compõem as sociedades, a saber, o econômico, o político e o cultural-ético-moral? Os postulados da Escola Austríaca atendem a essas exigências?

Este capítulo procura esclarecer esta questão, tentando lançar alguma luz nas discussões que, embora algumas vezes bem intencionadas, costumam ser ponteadas por confusões conceituais e pela prevalência linguagem "politicamente correta", nem sempre rica em boas intenções.

Como o leitor poderá perceber, existe um alto grau de compatibilidade entre os princípios, valores e instituições expostos, que caracterizam uma ordem social condizente com a liberdade individual e as virtudes e os valores, princípios e instituições que fazem parte da tradição da Escola Austríaca, que pode ser identificada com a chamada *economia personalista*, por sua ênfase no *individualismo metodológico*.

A *economia personalista* é uma abordagem do ordenamento social inspirada por séculos de tradição de pensamento antropológico judaico-cristão sobre os aspectos éticos da vida social, política e econômica. Preocupa-se com o desenvolvimento de um entendimento mais profundo da dimensão moral das atividades econômica, política e cultural. Por essa razão, seus estudiosos buscam o desenvolvimento de um diálogo interdisciplinar entre a *doutrina social cristã*, a tradição do *direito natural* e as melhores visões da economia de mercado (com destaque para a Escola Austríaca), do *Estado de Direito* e da democracia representativa.

Nessas bases, a *economia personalista* pode ser descrita como um método de reflexão, sem separar fé e razão, sobre os dilemas morais, econômicos e políticos propostos pela modernidade. Como postura filosófica, no entanto, a *economia personalista* repousa sobre a tradição humanista ocidental e, portanto, é definida pelo desejo de ajudar a realizar uma economia livre e humana, no contexto de uma sociedade *livre* e *virtuosa*. Pressupõe a economia personalista que todas essas instituições devem se fundamentar em uma antropologia que reflita a dignidade da pessoa humana. Um de seus objetivos, portanto, é demonstrar que a tradição ocidental – que repousa na herança das civilizações da antiguidade clássica e da cristandade medieval – ainda guarda uma imensa atualidade, desde que se abstenha das premissas utilitaristas, coletivistas, relativistas e do racionalismo construtivista e utópico sobre as quais, infelizmente, têm se baseado.

Sob esse aspecto, a *economia personalista* busca complementar a visão de economia livre com a de uma antropologia cristã de nítidos contornos na fé e na reta razão. Ela reconhece, utilizando o individualismo metodológico, que a tradição do direito natural é uma das formas de comunicar essa visão nas sociedades pluralistas, caracterizadas por diferenças significativas nas crenças fundamentais, mas que trazem a unidade da moral judaico-cristã como base dos valores culturais. Como vemos, a *economia personalista* trabalha com muitos dos conceitos básicos da Escola Austríaca.

Ao contrário do que normalmente se pensa, a Escola Austríaca de Economia tem uma sólida fundamentação moral. Seus elementos mais importantes, como os conceitos básicos de ação humana e de limitação do conhecimento, seu enfoque subjetivista, sua preocupação em valorizar as ordens espontâneas, seu esforço para conter o excesso de poder do estado sobre os indivíduos e sua defesa das liberdades individuais encaixam-se perfeitamente nos ensinamentos morais mais importantes que serviram de sustentação para a civilização ocidental, especialmente os da tradição judaico-cristã e, em especial, os da denominada Doutrina Social da Igreja, interpretada de maneira reta, o que vale dizer, escoimada das deturpações da denominada "teologia da libertação".

Acreditamos que a principal premissa a ser posta, que representa o pilar de muito do que se dirá em seguida, é a da prevalência dos valores éticos e morais da civilização ocidental herdados da tradição judaico-cristã sobre a qual a sociedade ocidental sempre repousou. Com efeito, dos três sistemas mencionados, embora cada um tenha seus próprios mecanismos e leis de funcionamento, sabemos que o sistema social é uma complexa interação entre eles e, sem dúvida, o sistema ético-moral-cultural – em particular, a rica tradição do ocidente, da qual a chamada Doutrina Social da Igreja representa uma síntese bastante satisfatória –, deve servir de pano de fundo para o sistema político e o sistema econômico.

Os economistas *austríacos* sempre argumentaram, corretamente, que a ciência econômica deve ser neutra em relação aos aspectos morais. Sua preocupação deve ser analisar as escolhas inerentes à ação humana dos indivíduos nos mercados, ao longo do tempo e sob condições de incerteza genuína. Assim, ela deve ter a capacidade de explicar qualquer mercado, seja qual for o bem ou serviço transacionado nele.

Mas um ato econômico pode ser, sob o ponto de vista moral, "bom", "mau" ou "neutro". Por exemplo, a compra ou a venda de fraldas para bebês é um ato moralmente bom, porque a fralda irá servir a uma criança inocente; já a compra ou a venda de cocaína, que também é uma ação no sentido que a Escola Austríaca dá a esse conceito, é moralmente má; e a compra ou venda de um tubo de creme para barbear, em princípio, pode ser considerada como moralmente neutra. Evidentemente, as ações políticas também podem ser moralmente más, boas ou neutras, assim como todas as ações praticadas por indivíduos em todos os campos.

Como salientou o economista *austríaco* Israel Kirzner em conferência proferida no Rio de Janeiro, em 1993, o mercado funciona sempre, mas possui uma natureza que pode ser ética ou antiética. De fato, mercados de mamadeiras funcionam tão bem, no sentido puramente econômico, quanto os mercados de drogas. Nesse ponto, a economia é neutra: deve ser capaz de explicar satisfatoriamente ambos os mercados. Mas, quando entramos em considerações sobre a condição humana, percebemos que, quando se tem em vista o bem estar e a dignidade da pessoa humana, a economia – não a *economics*, mas a *economy* – não pode ser analisada, por seu conteúdo humano, sem levar em conta suas interações com a ética, a moral e a política. Ou seja, os economistas não podem abster-se de saber que determinados mercados são bons, por contribuírem para a dignidade dos indivíduos e que outros mercados são maus, porque agridem a dignidade da pessoa humana e prejudicam terceiros.

2
Fundamentos Éticos

Liberdade e *virtude*, quando apresentados isoladamente, são atributos universalmente aceitos. De fato, não nos lembramos de ter visto ou ouvido ninguém – nem mesmo os piores ditadores ou os criminosos mais contumazes – denegrir publicamente a liberdade ou enaltecer o vício. Mas, quando se considera uma das formas mais elementares de liberdade, que é a econômica, é muito comum associá-la com licenciosidade, com permissividade, com egoísmo individualista e com muitos outros vícios. Isso poderia levar-nos a crer que liberdade e virtude seriam dois objetivos incompatíveis. Mas, felizmente, é exatamente o contrário que acontece.

A visão, especialmente peculiar aos denominados *intelectuais*, de associar liberdade econômica com vício e liberdade política com virtude, é totalmente imprópria e dá margem a interessantes reflexões, podendo ser identificada, especialmente nos países da América Latina, como uma das causas da pouca penetração das doutrinas liberais e conservadoras, como a da Escola Austríaca, que sustentam a tese da inseparabilidade e indivisibilidade da liberdade e da virtude.

A moral como arte

Segundo o antropólogo espanhol Juan Luis Lorda (*Moral: a Arte de Viver*, Quadrante, São Paulo, 2001), há três definições equivalentes de moral. A primeira a conceitua como a arte de viver bem, de viver em harmonia com a dignidade inerente à pessoa humana. Mas, como a característica principal dos seres humanos é a liberdade, podemos também definir moral como a arte de educar a liberdade, ou de usá-la bem. Por fim, como a educação da liberdade consiste em conhecer, praticar, adquirir e aprender bons costumes, podemos definir moral como o conhecimento, a prática, a aquisição e o aprendizado de bons costumes, que são, por definição, aqueles que proporcionam ao homem viver como ser humano, diferentemente dos outros animais que, por não possuírem a faculdade da razão, praticam todos os seus atos por instinto.

Observemos que nas três definições considera-se a moral como uma arte. De fato, a moral é uma arte e o que acontece com ela não é diferente do que ocorre com as artes: sem base teórica, torna-se impossível orientar bem a prática e sem uma boa prática torna-se impossível fazer as coisas satisfatoriamente. Para tocar-se bem o piano, é preciso primeiro adquirir conhecimentos teóricos básicos, tais como a leitura do pentagrama, a postura correta do corpo, dos pulsos e as melhores maneiras de dedilhar o teclado. Depois, é preciso prática, muita prática, se o objetivo é o de ser um verdadeiro artista. O que dissemos para o piano vale para qualquer arte. E vale também para a moral. Para viver-se bem, para educar a liberdade e para adquirir e praticar bons costumes, é necessário primeiro adquirir conhecimentos acumulados por outros e forjar hábitos que só podem ser adquiridos mediante o exercício pessoal. A arte da moral requer conhecimentos e habilidades, teoria e prática, princípios e hábitos, vocação e disposição.

Praticamente quase toda a nossa vida moral consiste no desenvolvimento livre das capacidades que recebemos desde que fomos criados e postos neste mundo, as quais possuem as suas próprias leis, que não podemos reinventar nem alterar. Não podemos, por exemplo, inventar como é a liberdade, a amizade e o amor, o máximo que podemos fazer, às vezes, é escolhê-los livremente. Assim, a moral não depende de nossos gostos e preferências, nem tampouco é uma questão de simples opinião. O aprendizado moral é bastante difícil e delicado, o que exige muito esforço para obtê-lo, mas sempre vale a pena tentar fazê-lo, pois seria realmente lamentável deixar transcorrer toda a vida sem ter tido a percepção do que ela tem de mais importante. Há, como diz Lorda, um verdadeiro supermercado de sistemas morais. Neste capítulo, nossa preocupação é com a moral *revelada*, que pressupõe a liberdade interna, e com as relações dessa moral com a Escola Austríaca, que pressupõe a liberdade externa.

Liberdade exterior, liberdade interior, ignorância e fraqueza

Na pessoa humana, há dois tipos de liberdade. O primeiro é uma *liberdade que se vê* ou *exterior*, em que dizemos ser alguém livre quando pode fazer o que sua vontade desejar, sem empecilhos, quando pode ir e vir, quando pode opinar e discordar, torcer por um determinado clube de futebol, etc. A imensa maioria das pessoas define isto simplesmente como liberdade, por serem estas as partes que se vêem. Mas a outra liberdade, *a que não se vê* ou *interior*, é mais importante, sob o ponto de vista moral.

A *liberdade interior* é a liberdade da nossa consciência, pois os impedimentos que enfrenta não estão fora, mas dentro. Uma pessoa é livre interiormente quando pode guiar-se pela luz da sua consciência, sem obstáculos interiores que a impeçam de agir dessa forma. Os obstáculos interiores da liberdade são a ignorância e a fraqueza, pois aquele que não sabe o que tem que fazer só tem a liberdade de errar, nunca a de acertar e aquele que é fraco termina deixando que a desarrumação dos seus sentimentos ou o medo do que "vão dizer" lhe roubem a liberdade, embora muitas vezes não seja nem capaz de perceber isso.

Tanto a *ignorância* quanto a *fraqueza* apagam a voz da consciência, lançando-a na escuridão. De fato, não pode decidir bem quem não tem conhecimento ou base para decidir, o que explica porque as consciências deformadas ou com pouca formação moral sejam incapazes de acertar, bem como de dar demonstrações de liberdade. Por sua vez, quem mostra uma fraqueza, tal como uma paixão desordenada pelos jogos de azar, não consegue decidir bem sobre o que deve fazer cada dia, porque essa paixão tomará a maior parte do seu tempo, assim como quem é preguiçoso não consegue enfrentar as suas obrigações, deixa-as passar, engana-se a si mesmo e esquece-as, ou quem se deixa influenciar pelo que os outros poderão vir a dizer de seus atos torna-se incapaz de qualquer ação que possa ser criticada, mesmo que essa ação seja moralmente correta. Nenhuma dessas pessoas é realmente livre, pois nenhuma delas possui a liberdade de agir bem, apenas a de agir mal.

Portanto, para alcançar a *liberdade interior*, é preciso vencer a *ignorância* e as manifestações de *fraqueza*, para que a consciência funcione bem, para que descubra a verdade e seja capaz de estabelecer uma ordem entre os direitos e os deveres.

LIBERDADE *SITUADA*

Os ensinamentos morais consistem em preceitos negativos, do tipo "não faças isto e aquilo" e em recomendações positivas, como "amarás a Deus sobre todas as coisas e ao próximo como a ti mesmo". Os negativos constituem-se no princípio mínimo da moral, mas os positivos não podem ser cumpridos de uma só vez, são mais objetivos, projetos para toda a vida. Por isso, a moral não se resume apenas a respeitar uma série de proibições, que são o seu limite mínimo, mas também não pode exigir que codifiquemos tudo o que é bom e tudo o que é mau, pois, para isso, temos a nossa consciência. A moral apenas nos indica algo como um portão, que separa o que está fora e o que está dentro. Cada pessoa humana está situada no mundo ou, como na célebre expressão do filósofo espanhol José Ortega y Gasset, "eu sou eu e minhas circunstâncias". São essas circunstâncias que integram nossa moral e situam a nossa liberdade.

Mas nossa liberdade não é absoluta, pois, quando chegamos a este mundo, já o encontramos com suas leis, coisas, pessoas e tudo o mais; apenas viemos ocupar nosso lugar entre elas. Assim, nossa liberdade é condicionada por tudo o que existia antes de nós ou, como Lorda afirma, citando Zubiri, é uma *liberdade situada*. Estamos limitados por nossa natureza, por nossas habilidades ou talentos, inteligência, inclinações e debilidades, estamos condicionados por nossas origens étnicas e geográficas, por nosso ambiente de trabalho e pelas pessoas com quem convivemos. Segue que não podemos construir a vida à margem de todos esses condicionantes: eles são o que são e como são e ponto final.

Por isso, é uma utopia pensar em uma liberdade sem restrições, pois não há ninguém que possa desfrutar dessa condição; todos têm condicionantes à sua liberdade, uns mais, outros menos e devemos encarar essas limitações como as regras do jogo da vida.

As escolhas e os *talentos*

Portanto, cada pessoa humana possui condicionamentos e graus de liberdade próprios e, sendo assim, está em uma situação única perante a vida, o que nos impede de exigir o mesmo de cada uma. Esta verdade, que nos remete ao individualismo metodológico da *economia personalista* e ao *princípio da autodeterminação da pessoa humana* da Doutrina Social, é magnificamente ilustrada pela *parábola dos talentos* (Mt., 25), em que um homem rico, antes de ausentar-se por motivo de viagem, chama seus três servos e distribui entre eles, de forma desigual, os talentos (medida de peso de ouro ou prata), ordenando que cada um os administre da melhor maneira que puderem. Deu cinco ao primeiro, dois ao segundo e um talento ao terceiro. Os dois primeiros empregados conseguiram dobrar os talentos recebidos, mas o terceiro limitou-se a enterrá-lo, para devolvê-lo ao patrão para quando este regressasse. O patrão, ao retornar e após a prestação de contas, elogiou os dois primeiros empregados e repreendeu severamente o terceiro: “Servo mau e preguiçoso!”

Cada um de nós recebe uma dada quantidade de talentos, de inteligência e de habilidades e tem a vida inteira para negociar com esses dons e possui, evidentemente, a liberdade para fazê-lo de maneira moralmente correta ou incorreta. Desses talentos todos, o maior, sem dúvida, é nossa própria vida, um tempo finito e curto perante a eternidade, em que se desenvolve o nosso ser sobre a terra, juntamente com todos os demais talentos e com a fortuna.

Assim, passamos toda a nossa existência neste mundo fazendo *escolhas* e é preciso fazê-las no momento oportuno. Essas escolhas são de natureza moral, econômica e política, boas ou más: Hitler exterminou milhões de judeus, Sabin salvou milhões de crianças da paralisia infantil, Debussy compôs de maneira genial, Lênin matou ou mandou matar milhares de pessoas, Madre Teresa dedicou sua vida aos pobres, Enrico Caruso cantou esplendidamente, Pelé, Garrincha e Rivellino encantaram multidões jogando futebol, Mussolini arrastou a Itália, berço da civilização, para o precipício, Bill Evans e Oscar Peterson tocaram piano como ninguém... Na economia, as escolhas buscam maior eficiência; no terreno moral, devem estar voltadas para a boa administração dos talentos recebidos do Criador.

Os diferentes conceitos de liberdade e virtude

Quando um socialista, mesmo movido pelas melhores intenções, refere-se à *virtude*, está, na verdade, definindo o seu conceito peculiar dessa palavra, derivado da idéia de igualdade absoluta na chegada, ou igualdade de resultados. Para ele, *virtude* é sinônimo daquilo que denomina de “justiça distributiva”. Da mesma forma, quando fala em liberdade, está (mesmo que muitos socialistas não o saibam) inteiramente submerso no conceito de *liberdade positiva* (ou *liberdade para*), isto é, está aceitando a tese de que os cidadãos devem ser livres para fazer apenas aquilo que lhes for permitido fazer (permitido pelo estado, obviamente). Assim, para um socialista – e para a maioria dos que se autodenominam socialdemocratas – o tipo de governo ideal é aquele que, mediante comandos e ordens (*thesis*) interfere permanentemente na economia (*taxis*), com o objetivo de repartir o bolo da riqueza nacional em partes preferencialmente iguais.

Já um liberal da tradição da Escola Austríaca e da *economia personalista*, quando se refere à liberdade, está falando de *liberdade de*, ou *liberdade negativa*, em que os indivíduos, de acordo com o princípio da dignidade da pessoa humana, devem ser livres para realizarem suas escolhas em uma economia caracterizada pela dinâmica do processo de mercado (*cosmos*), limitando-se o estado a garantir os direitos individuais básicos, por intermédio de normas de justa conduta (*nomos*), definidas com base nos usos, costumes e tradições e fundamentadas nos valores éticos e morais aceitos pela maioria das pessoas como *virtudes*, ao mesmo tempo em que voltadas para impedir o que é considerado um *vício*.

Para a tradição da *economia personalista*, cada indivíduo, por definição, é um universo e deve ser livre para escolher os seus próprios objetivos, desde que suas escolhas não venham a prejudicar os direitos de terceiros. Por sua vez, em suas encíclicas denominadas de "sociais", João Paulo II faz questão de enfatizar aquilo que chama de *princípio de determinação da dignidade da pessoa humana*. O homem foi criado para fazer o bem, mas apresenta uma inclinação para o mal, por isso precisa seguir padrões éticos aceitos pela sociedade, o que requer leis. Assim, após os estágios iniciais de nossa civilização, em que se vivia isoladamente, os homens passaram a viver em sociedades, o que – dado o paradoxo definido pelas inclinações para o bem e para o mal – fez surgir a necessidade de normas gerais de justa conduta. Como estas não poderiam ser definidas por nenhuma parte interessada, surgiu o estado, colocado acima dos interesses individuais, mas com o propósito de zelar permanentemente para que estes, quando amparados em valores morais sólidos, fossem respeitados. Portanto, a lei – sua necessidade – é anterior à criação do estado. A definição do que vêm a ser valores morais sólidos não deve nunca ser atributo do sistema político, isto é, do estado, nem do sistema econômico, mas sim do sistema ético-moral-cultural que deve corresponder aos valores, consagrados por séculos de usos e costumes, da tradição judaico-cristã.

Não há virtude sem liberdade

Imaginemos que um suposto governo instituísse algo como um "imposto solidariedade", que retiraria uma parte da riqueza dos mais ricos para distribuí-la aos mais pobres. A própria ideia já mostra que seus mentores definem *virtude* (*solidariedade*, no caso) à sua maneira. Onde estaria a virtude, se a boa ação (distribuir riqueza para os necessitados) não foi voluntária, mas antes compulsória? É mais do que evidente que não haveria *virtude*, não haveria *solidariedade*, o que existiria seria uma forma de extorsão praticada pelo estado que, a partir de uma definição de *virtude* que não corresponde à tradição, suprimiria a *liberdade de escolha* dos cidadãos, obrigando-os a destinar parte da riqueza que geraram para fins definidos pelos ideólogos e burocratas. Por outro lado, se alguém, livre e espontaneamente, distribui parte de seus bens para os mais necessitados, ou se um grupo de ajuda a pessoas carentes, ou um grupo religioso destina parte de recursos voluntariamente arrecadados para ajudar os pobres, temos aí um claro exemplo de *solidariedade*, que é uma *virtude* consagrada pela tradição judaico-cristã e não pelo estado ou pelos partidos mais radicais de esquerda.

Portanto, para que determinada ação humana possa ser classificada como *solidária*, ou enquadrada no conceito de *virtude*, ela precisa, antes de qualquer outra consideração, ser *voluntária*. Isto nos remete à definição de ação de Mises: qualquer ato *voluntário* praticado na expectativa de se passar de um estado menos satisfatório para um estado mais satisfatório. Assim, se alguém resolve destinar, por livre e espontânea vontade, dez por cento de sua riqueza para os pobres, pois isso o deixará mais satisfeito com sua consciência do que se não o fizer, sua atitude é, claramente, de *solidariedade*, é *virtuosa* e deve ser estimulada pelas instituições. Já se essa mesma pessoa for obrigada pelo estado a destinar os mesmos dez por cento de sua riqueza para os necessitados, mesmo que isto não o deixe contrariado, não há aí qualquer indício de *solidariedade* nem de *virtude*, nem por parte dela nem por parte do estado: o que há, claramente, é um vício, que é o de se tentar fazer "solidariedade" à força e, ainda por cima, com o dinheiro dos outros.

Como observou com bastante clareza o presidente do Acton Institute, padre Robert Sirico (*Toward a Free and Virtuous Society*, Occasional Paper no. 9, Acton Institute for the Study of Religion and Liberty, grand Rapids, Michigan, 1997), animais não podem ter comportamentos virtuosos, simplesmente porque lhes falta a faculdade da razão consciente. Apenas a capacidade de reflexão e ação proposital que os humanos possuem é que pode habilitá-los a agir virtuosamente. E o oposto é verdadeiro: ninguém pode ser acusado de agir viciosamente se não tiver capacidade de reflexão moral para efetivar as suas ações. E, ainda: "Se agir com consciência moral significa praticar alguma virtude ou vício, então se deve pressupor a livre escolha. Liberdade, portanto, está intimamente ligada à natureza da pessoa humana, uma vez que a livre escolha depende da razão humana. Qualquer pessoa que falhe ao empregar sua capacidade de raciocinar doada por Deus está agindo abaixo de seu potencial humano" (ibid., p.2)

Portanto, não pode haver *virtude* onde não houver *liberdade de escolha*, onde não existir o direito de se fazer escolhas de natureza moral. A *liberdade* é condição necessária para a *virtude*.

Não há liberdade sem virtude

A *virtude* reflete um padrão de moralidade intrapessoal e, como tal, é algo que não deve caber ao estado impor, mas a indivíduos e instituições não governamentais, particularmente as religiosas. Na verdade, cada pessoa humana possui duas naturezas, a material e a espiritual. Sob o ponto de vista teológico, a *liberdade* torna-se necessária porque cada pessoa tem um destino além da sociedade em que vive neste mundo e só pode realizá-lo sob condições de *liberdade*. Isso significa que cada indivíduo é um fim em si mesmo e jamais deve ser tratado como simples meio para atingir-se determinado objetivo. Tratá-lo assim constitui forte violação à sua natureza – ou, como diria Ortega y Gasset, à sua condição – e à sua dignidade. E, além dessa violação à dignidade humana, quando uma sociedade trata seus cidadãos como meros meios, ela está minando os fundamentos morais da organização civil.

Existe uma conexão entre *liberdade econômica* e *liberdade pessoal* e as supressões à *liberdade econômica* terminam suprimindo a *liberdade pessoal*, assim como o respeito à *liberdade econômica* gera mais *liberdade pessoal*. Por exemplo, tanto faz você dizer a um pianista que ele pode tocar as canções que desejar, mas que ele será proibido de apresentar-se em público, ou então permitir que ele se apresente em qualquer lugar público, mas apenas tocando determinadas canções.

O processo de mercado, conforme definido pelo *personalismo* (*individualismo metodológico*) da Escola Austríaca, tem o efeito de funcionar como uma espécie de indutor ou, como diz Sirico, de "tutor moral" da sociedade, na medida em que consegue incentivar as regras de honestidade, de trabalho duro, de respeito para com os demais, de coragem, de busca, de iniciativa. Para que possam funcionar adequadamente sob o ponto de vista moral, os mercados requerem um comportamento moral correto por parte de seus participantes. Nenhum negócio pode sobreviver por longo tempo sem que os envolvidos nele tenham boa reputação, sem que exista confiança recíproca, civilidade, cortesia. Se uma empresa, por exemplo, lesar sistematicamente seus consumidores, seus negócios acabarão diminuindo e, no longo prazo, desaparecerão. Assim acontece nas economias livres, onde os consumidores têm liberdade de deixar de fazer negócios com as empresas que os lesarem.

Além disso, em uma economia verdadeiramente de mercado, só serão bem sucedidos aqueles empresários que conseguirem satisfazer melhor os desejos dos consumidores, servindo-os e não os explorando ou os enganando. É evidente que, como há pessoas que sucumbem à tendência original para o vício, sempre haverá inescrupulosos em qualquer atividade (não só nas econômicas, ressalte-se), mas para isso exatamente é que deve existir a lei. Claramente, as instituições voluntárias ou ordens espontâneas, das quais o processo de mercado é um exemplo, são mais confiáveis na promoção das tradições, usos, costumes, ética e virtude do que o estado, que busca fazê-lo pela coerção. Por isso, o cientista político e teólogo americano Michael Novak sugere que as sociedades devem buscar o fortalecimento das instituições que representem um meio termo entre o indivíduo e o estado, tais como as famílias, as associações de classes e de empresas e as igrejas, aquilo que ele chama de "economia intermediária". Além disso, cremos que basta observarmos que apenas indivíduos – e não sociedades – podem ter *virtudes*.

Portanto, vemos que também é impossível haver *liberdade* onde não houver *virtude*, definida como escolhas morais corretas. A *virtude* é condição necessária para a *liberdade*. Uma depende da outra.

3
Princípios

O quadro sinóptico seguinte ilustra o conjunto dos princípios, valores e instituições que, em seu conjunto, definem e estimulam o florescimento de uma sociedade – isto é, de um conjunto de indivíduos – livres e virtuosos. Cada um dos atributos que o compõem guarda interdependência com os demais.

Princípios, valores e instituições da sociedade livre e virtuosa

Princípios	Valores	Instituições
• dignidade da pessoa humana • bem comum • solidariedade • subsidiariedade	• verdade • liberdade • justiça	• Estado de Direito • economia de mercado • democracia representativa

Quatro são os princípios que devem reger uma sociedade livre e virtuosa, a saber: o do respeito irrestrito à *dignidade da pessoa humana*, o do *bem comum*, o da *solidariedade* e o da *subsidiariedade*. Tais princípios têm caráter geral e são basilares, uma vez que se referem à realidade social no seu conjunto: das relações entre os indivíduos àquelas que se desenvolvem na ação política, econômica e jurídica, bem como às que dizem respeito aos intercâmbios entre os diferentes povos e nações.

A *dignidade humana*, a *solidariedade*, a *subsidiariedade* e o *bem comum* são princípios imutáveis no tempo e possuem um significado universal, o que os qualifica como parâmetros ideais de referência para a análise e interpretação dos fenômenos sociais, assim como para a orientação da ação humana no campo social, em uma perspectiva ampla, que Mises denominava de *praxeologia* – o estudo da ação humana. Os quatro princípios devem ser analisados em sua unidade, conexão e articulação, cada um deles requerendo a presença dos outros três para que se possa tentar promover uma articulação virtuosa da sociedade, mediante a qual cada consciência é instada a interagir com as demais, sob a égide da liberdade e em total corresponsabilidade com todos e em relação a todos. Possuem um profundo significado moral, por nos remeterem aos próprios elementos ordenadores da vida em sociedade.

A *DIGNIDADE DA PESSOA HUMANA*

O objetivo central da Doutrina Social da Igreja – e que, infelizmente, os "teólogos da libertação" marxistas tentaram deturpar com frequência – sempre foi e ainda é a preservação da dignidade da pessoa humana e dos direitos inalienáveis do homem em sociedade, nas esferas da cultura, da economia, do Direito, da política e das relações internacionais. Cada ser humano deve ser considerado fundamento, fim e sujeito de todas as instituições em que se expressa e realiza a vida social, na realidade daquilo que é e do que deve ser, segundo sua natureza intrinsecamente social e, no plano transcendental, da sua elevação ao seu destino final.

Essa centralidade da pessoa humana se fundamenta na antropologia cristã. A dignidade humana não pode ser limitada por nenhum outro valor terreno, de ordem cultural, científica, política ou econômica, nem, evidentemente, a qualquer ideologia. O respeito à dignidade da pessoa humana é uma condição necessária para o desenvolvimento das sociedades. A concepção cristã de pessoa humana está necessariamente relacionada a uma justa visão da sociedade. Desde a encíclica *Rerum Novarum*, o Magistério Romano tem ressaltado que a sociabilidade do homem não se esgota no estado, mas realiza-se em diversos corpos intermediários, desde a família até aos grupos econômicos, sociais, políticos e culturais. Tais corpos intermediários são os principais garantidores da liberdade individual e do funcionamento das instituições políticas de uma sociedade, conforme demonstrou

Alexis de Tocqueville (1805-1859) na clássica obra *A democracia na América* (1830 / 1835). Tais corpos intermediários são provenientes da própria natureza humana, visto que é uma característica intrínseca do homem se relacionar com seu semelhante e formar diferentes tipos de comunidades, como sabiamente afirmou o monge trapista Thomas Merton (1915-1968): "nenhum homem é uma ilha".

O bem comum

Este princípio é decorrência direta da dignidade, unidade e igualdade de todas as pessoas humanas e, sem ele, é impossível a vida em sociedade encontrar pleno sentido. O bem comum não é o simples somatório, de natureza holista, dos bens particulares; é de todos e de cada um – e, por isso, é comum – porque é indivisível e porque sua consecução, sua conservação e seu aumento exigem atuação conjunta.

A *Gaudium et Spes*, de 1966, define o *bem comum* como "o conjunto daquelas condições da vida social que permitem aos grupos e a cada um dos seus membros atingirem de maneira mais completa e desembaraçadamente a própria perfeição". De fato, uma sociedade que pretenda estar a serviço do ser humano é aquela que estipula como meta prioritária o bem comum, entendido como bem de todos os homens e do homem como um todo.

É evidente que as exigências do *bem comum* variam conforme as condições sociais e econômicas de cada época e devem estar correlacionadas inexoravelmente com o respeito e a promoção integral da pessoa e de seus direitos fundamentais. Exige o empenho de todos os participantes da sociedade e pressupõe que todos têm o direito de usufruir das condições sócio econômicas geradas por sua consecução. O bem comum corresponde às mais elevadas inclinações da pessoa humana, mas é um objetivo bastante difícil de ser alcançado, porque exige a busca permanente do bem de outrem como se fosse o próprio.

A responsabilidade por sua busca não cabe apenas às pessoas como indivíduos, mas também ao estado, já que o bem comum é a própria razão de ser da autoridade política. Um governo ou, mais amplamente, um estado que não se preocupe com sua principal tarefa, que é a de buscar o *bem comum*, a rigor, não se justifica. Para tentar assegurá-lo, o governo deve buscar harmonizar com base na justiça os diversos interesses setoriais, muitas vezes conflitantes. Contudo, o *bem comum* não deve ser visto como um fim em si mesmo, porque seu valor está na busca pelos fins últimos da pessoa e aos de toda a criação. Deus – ensina João Paulo II na *Centesimus Annus* (41) – "é o fim último de suas criaturas e por motivo algum se pode privar o bem comum da sua dimensão transcendente, que excede, mas também dá cumprimento à dimensão histórica".

Uma importante implicação do princípio do *bem comum* é o da *destinação universal dos bens*, que, concretamente, nos convida a cultivar noções da economia e da política inspiradas em valores morais que nos permitam agir sem jamais perder de vista a origem, a forma de produção e de obtenção e a finalidade dos bens econômicos e dos frutos das ações políticas. A *destinação universal dos bens* encerra implicitamente a ideia de esforço comum, com os objetivos de estender a cada pessoa e a cada povo a possibilidade de desfrutar do desenvolvimento integral e de promover um mundo efetivamente humano, em que cada um possa simultaneamente dar e receber e onde o sucesso de uns não seja obstáculo ao sucesso de outros, nem pretexto para sua sujeição. Como podemos depreender isto não tem nada em comum com as políticas assistencialistas tão comuns em alguns países.

A *SOLIDARIEDADE*

O processo de aceleração da interdependência entre os agentes econômicos que hoje presenciamos precisa ser acompanhado de atos concretos, na mesma velocidade, no plano da ética social, por parte dos indivíduos, do estado e dos chamados agentes intermediários, para que os avanços extraordinários experimentados pela atividade econômica não provoquem consequências indesejáveis, como, por exemplo, a exacerbação da distância que separa os ricos dos pobres, tanto em nível individual como no plano das nações, especialmente no provimento de igualdades de oportunidades.

Essa maior interdependência representa de fato várias formas de *solidariedade* e precisa transformar-se em relações que apontem para as exigências morais que devem enfeixar todas as relações humanas. Lembremos que *solidariedade* é uma virtude moral e não um mero sentimento de compaixão pelos necessitados; é uma determinação firme e perseverante de empenho efetivo pelo bem comum e eleva-se ao grau de virtude social ao se colocar na dimensão da justiça, virtude dirigida essencialmente para o bem comum. E mencionemos, ainda, que, como qualquer virtude, ela deve ser interior, ou seja, necessariamente voluntária. Quando um governo tira de João para entregar a Pedro, isto não é solidariedade, é pura extorsão.

A solidariedade possui ligações bastante fortes com o bem comum, com a destinação universal dos bens, com a dignidade da pessoa humana, com a *subsidiariedade* e com a paz no mundo. Implica assumirmos a dívida individual que temos para com a sociedade, já que nos beneficiamos diretamente de uma multiplicidade de condições proporcionadas por essa sociedade, que nos permitem existir, adquirir cultura, trabalhar, construir nosso patrimônio, enfim, de tudo o que a história da civilização nos ofereceu e continua a oferecer.

A *SUBISIDIARIEDADE*

Se você tiver um problema com o seu vizinho de porta, o ideal é resolvê-lo sem recorrer ao síndico. Se a questão é no condomínio, o correto é levá-la ao síndico e não à administração regional de seu bairro. Se o problema for do bairro, recorra-se à administração e não à prefeitura. Caso seja da cidade, para que recorrer ao governador, se existe a figura do prefeito, que ganha para isso? Da mesma forma, se as dificuldades são em um estado, deve-se buscar o governador e não o presidente do país. Estas regras básicas, que são respeitadas em todas as sociedades razoavelmente organizadas, compõem o *princípio da subsidiariedade*, a pedra angular do federalismo, da limitação do poder do estado e da liberdade individual.

O referido princípio baseia-se na ideia de que é moralmente perigoso retirar-se a autoridade e a responsabilidade inerentes à pessoa humana, para entregá-la a um grupo, porque nada pode ser feito de melhor por uma organização maior e mais complexa do que pode ser conseguido pelas organizações ou indivíduos envolvidos diretamente com os problemas. A *subsidiariedade* decorre de três importantes aspectos da própria existência humana.

O primeiro é a *dignidade da pessoa humana*, que é decorrente do fato de termos sido criados à imagem e semelhança do Criador. Assim, remover ou sufocar a responsabilidade e a autoridade individuais equivale a não reconhecer suas habilidades e sua dignidade.

O segundo é a complexa questão *da limitação do conhecimento*, soberbamente analisada por Hayek e outros estudiosos, especialmente os economistas da Escola Austríaca de Economia. Como o conhecimento na sociedade é incompleto e apresenta-se sempre espalhado desigualmente, a negação do *princípio da subsidiariedade*, que ocorre quando as soluções dos problemas são passadas para o estado ou para organizações hierarquicamente superiores, na prática, acarreta uma ilusão de ótica, uma crença em um "olho central" que pode enxergar todas as coisas, conhecer todas as necessidades e demandas individuais, regular os setores envolvidos a contento e solucioná-las da forma socialmente correta. Ora, o planejamento central sempre fracassou e haverá de fracassar exatamente porque esse "olho" não apenas não existe, mas principalmente porque jamais poderá existir.

Por fim, o terceiro aspecto que justifica a prática da *subsidiariedade* é a *solidariedade* com os pobres e menos favorecidos, simplesmente porque essas pessoas são mais do que meramente a sua própria pobreza, por espelharem a imagem divina e a dignidade disto decorrente, a despeito de suas carências materiais. Os programas governamentais de transferências de rendas, mesmo quando bem intencionados e bem gerenciados, só são capazes de enxergar as necessidades materiais. Além disso, os engarrafamentos quilométricos provocados pela burocracia, somados à insuficiência de conhecimento total dos problemas, impedem esses programas de atenderem a todas as necessidades das pessoas humanas. Como a pobreza manifesta-se de várias formas, bastante complexas e às vezes muito distantes da mera falta de bens materiais, quem vive mais perto dos necessitados está necessariamente melhor posicionado, em termos de conhecimento, não apenas para ajudar a resolver as necessidades materiais, mas para dar um tratamento mais adequado às demais.

Nas palavras de Madre Teresa de Calcutá, solidariedade significa que "o rico salve o pobre e o pobre salve o rico", uma vez que ambos tendem a ganhar com sua interação. A erradicação da miséria e o alívio da pobreza, em sua forma correta, não são unidirecionais, porque levam ambos – o que doa e o que recebe – a serem abençoados.

Tais reflexões parecem-nos particularmente importantes, especialmente em países em que prevalece o péssimo hábito – secular e cultural – de cultivar a centralização política, econômica e administrativa.

3
Valores

Existe uma relação de reciprocidade entre os quatro princípios que acabamos de expor e os valores, uma vez que estes expressam o apreço que se deve guardar para com diversos aspectos do bem moral que os princípios objetivam alcançar, servindo como ponto de referência para a estruturação e a ordenação da vida social. Os valores sociais básicos são três, todos inerentes ao princípio da dignidade da pessoa humana, da qual representam o que em economia chamamos de *variável instrumental* e são: a *verdade*, a *liberdade*, e a *justiça*.

A *verdade*

Em nossa tradição judaico-cristã todos os homens estão obrigados, desde Moisés, a tender continuamente para a *verdade*, a respeitá-la e a dela dar testemunho de modo responsável. Viver na *verdade* tem um significado bastante especial nas relações sociais, porque ordena e alimenta a convivência entre as pessoas e povos, de forma condizente com a dignidade pessoal.

Os dias atuais, claramente, exigem de cada um de nós um enorme esforço educativo – podemos dizer, mesmo, um gigantesco empenho

–, no sentido de promover a busca da *verdade* em todos os âmbitos e de sobrepô-la às inúmeras tentativas de relativizar suas exigências e de tentar desmoralizá-la com base em pseudoargumentos vestidos com a fantasia da "modernidade" ou com meros xingamentos do tipo "falso moralismo".

É dever de todas as pessoas de bem, religiosas ou não, inclusive para que possamos preservar nossa própria dignidade, lutar pela busca da verdade, seja no plano da verdade revelada, seja na cultura, na ciência, na economia, na política ou quem qualquer outro ramo das atividades humanas.

A *LIBERDADE*

Já escrevia São Paulo aos coríntios: "*Ubi autem Spiritus Domini ibi libertas*". A liberdade da pessoa humana é um sinal claro da imagem do Criador e, por conseguinte, sinal de sua dignidade. O valor da *liberdade*, como expressão da singularidade de cada ser humano, é respeitado na medida em que se consente a cada membro de uma sociedade realizar sua própria vocação individual, mediante suas próprias escolhas ao longo da vida.

Na seção anterior, discutimos os diversos conceitos de liberdade e mostramos que liberdade e virtude são indissociáveis.

A *JUSTIÇA*

Subjetivamente, a *justiça* se traduz na atitude, determinada pela vontade livre, de reconhecer o outro como pessoa e, objetivamente, no critério determinante da moralidade no âmbito intersubjetivo e social. As formas clássicas de *justiça* são a comutativa, a distributiva e a legal. No que se refere à última, no entanto, há que se fazer uma distinção entre a lei e o direito, uma vez que nem tudo o que é legal é necessariamente justo. Na antropologia cristã, a justiça, na verdade, não é uma simples convenção humana (*thesis*, na linguagem de Hayek), pois aquilo que é "justo" não é determinado por qualquer lei ou legislação formal, mas sim pela identidade profunda do ser humano (cf. *Sollicitudo Rei Socialis, 39)*.

No mundo de nossos dias, a importância da justiça parece maior, porque a sociedade moderna vem mostrando uma tendência a ameaçar o valor, a dignidade e os direitos da pessoa humana, mesmo disfarçando tal inclinação sob proclamações de intentos aparentemente "justos", na medida em que tende a valorizar exclusivamente os critérios de utilidade e de posse. Tal perigo tem se manifestado, entre outros canais, pela chamada "doutrina do direito alternativo", que dá aos magistrados o poder de, em nome do conceito de "justiça" que lhes seja conveniente, promover a "justiça social".

É preocupante quando uma doutrina sustenta que um juiz está acima da lei, submetendo-a a suas preferências ideológicas ou partidárias individuais, sob o pretexto de que seria dever do direito realizar "transformações sociais", uma vez que a lei seria produzida pelos que estão no poder e, portanto, refletiria os interesses da classe dominante (burguesia), em detrimento do "proletariado". A "doutrina do direito alternativo", também denominado de "direito paralelo" e "direito insurgente", repudia os princípios consagrados de neutralidade da lei e de imparcialidade do juiz. A lei não seria neutra porque se origina do poder dominante e o juiz não deveria ser imparcial porque deve julgar os fatos subjetivamente e posicionar-se tendo em vista objetivos "sociais" (ou seja, "revolucionários"), o que lhe aumenta os poderes e lhe permite questionar o conjunto de normais legais vigentes. O magistrado entra dessa forma diretamente na "luta de classes", abandonando sua postura de imparcialidade, que o "aprisionaria" dentro do estrito cumprimento da lei.

É uma visão ideológica do direito, supralegal e inteiramente comprometida com o socialismo distributivista, além de incompatível com a garantia das liberdades individuais. Primeiro, porque ao enfeixar o conceito marxista de "lutas de classes", retira do direito o seu atributo de ciência normativa. Segundo, porque o juiz não pode substituir o legislador. Terceiro, porque se uma determinada lei é "injusta", o correto é que o legislativo a revogue e não que o juiz a modifique de acordo com o que pensa com os seus botões. Quarto, porque defender que juízes não sejam imparciais é uma agressão ao bom senso. Quinto, porque lhes confere poderes exorbitantes, dotando-os de um livre arbítrio que pode ser calamitoso. Sexto, como cada cabeça é uma sentença, abre as portas para jurisprudências contraditórias, ou seja, para a insegurança jurídica. Sétimo, nega o *princípio do devido processo legal*, ou seja, a garantia de que ninguém pode ser atingido em seus bens e direitos sem o competente processo legal que respeite princípios constitucionais diretivos, como o da legalidade, o da isonomia e o do contraditório.

4
Instituições

Três são as instituições básicas de uma sociedade virtuosa, a saber: o *Estado de Direito*, a *economia de mercado* e a *democracia representativa*. Estes três pilares, a partir do final dos anos 1980, vêm, felizmente, se transformando em consenso no mundo ocidental, embora alguns países, em especial algumas repúblicas da América Latina, venham dando preocupantes sinais de recuos.

O *ESTADO DE DIREITO*

Em artigo que está na página do Centro Interdisciplinar de Ética e Economia Personalista (CIEEP) na internet (www.cieep.org.br), Alex Catharino de Souza mostra que o grande desafio da modernidade no campo político é criar regras jurídicas que ao mesmo tempo garantam a autonomia dos indivíduos e limitem a possibilidade de danos perpetrados por terceiros. O ordenamento da sociedade segundo três poderes – legislativo, executivo e judiciário – reflete uma visão realista da natureza social do homem, a qual exige uma legislação adequada para proteger a liberdade de todos. Para tal fim é preferível que cada poder seja equilibrado por outros poderes e outras esferas de competência que o mantenham no seu justo limite. Este é o princípio do Estado de Direito, no qual é soberana a lei, definida como um conjunto de normais gerais, abstratas e prospectivas de conduta, e não a vontade de um indivíduo ou de grupos esparsos de indivíduos. Aliás, a necessidade de regras de justa conduta antecede, na história da civilização, a própria necessidade de um ente para formulá-las e as fazer respeitar, ou seja, o estado.

O *Estado de Direito* é uma solução prática para minimizar os riscos de o estado destruir a liberdade de consciência e de ação da pessoa humana. O objetivo do Estado de Direito é restringir, tanto quanto possível, as tarefas e os poderes do setor público e do processo político, ampliando ao máximo possível a liberdade individual.

É a instituição mais adequada para a implantação da justiça e a única forma de organização jurídica capaz de permitir a convivência livre e harmoniosa das pessoas humanas. Todavia, conforme ressalvamos anteriormente, não é uma mera norma legal, mas uma complexa doutrina metalegal e um profundo ideal político que diz respeito àquilo que o estado e as leis devem ser. No plano prático ele pode ser entendido como o "império da lei", a autoridade da lei em lugar da lei da autoridade, a rigorosa delimitação constitucional dos poderes públicos, a submissão da lei ao princípio da "isonomia" e à eficácia da justiça.

Dentre as características fundamentais do Estado de Direito podemos destacar treze princípios, a saber: (1) supremacia da lei; (2) isonomia; (3) ausência de privilégios; (4) respeito aos direitos individuais; (5) aplicação da justiça; (6) promoção e não transferência da responsabilidade individual; (7) existência de salvaguardas processuais; (8) limitação do poder discricionário; (9) respeito às minorias; (10) constitucionalismo; (11) divisão horizontal dos poderes estatais; (12) divisão vertical dos poderes estatais (de acordo com o princípio da subsidiariedade e (13) garantia da liberdade de entrada nos mercados.

O *Estado de Direito* é a condição necessária para o bom funcionamento da economia de mercado e para a instauração de uma democracia representativa que não se torne despótica. Entretanto, o Estado de Direito não pode ser mantido sem realmente assegurar a efetividade da lei. Logo, a compreensão do verdadeiro significado do Estado de Direito exige o conhecimento doo sentido preciso que damos ao conceito de lei.

A *ECONOMIA DE MERCADO*

A abordagem *austríaca* da ordem de mercado pode ser sintetizada na firme posição de Hayek de que não existe *uma* economia, mas um sistema extremamente complexo formado por miríades de economias interconectadas, que são as famílias, as empresas e os negócios em geral e que a ciência que estuda essas interconexões é a *caláctica* (ou *cataláxia*), que procura analisar as ordens espontâneas produzidas pelo mercado mediante as ações dos indivíduos e baseadas em normas de direito de propriedade, de respeito aos contratos e de obrigações. Uma das características essenciais de uma economia de mercado é a descoberta permanente que proporciona aos participantes, dado que o que constitui o processo de mercado é a ação humana, ao longo do tempo (real ou dinâmico), de milhões de indivíduos (que nem se conhecem), sob condições de incerteza genuína, ou seja, não probabilística.

A relação entre moral e economia é necessária e intrínseca: atividade econômica e comportamento moral se complementam intimamente e a distinção entre ambas não significa separação entre os seus âmbitos, mas uma importantíssima reciprocidade. A dimensão moral da economia transforma em finalidades indivisíveis, não separadas e não alternativas a eficiência econômica e a promoção de um desenvolvimento solidário. João Paulo II nos deixou uma defesa clara e veemente da economia de mercado na *Centesimus Annus*:

> "A atividade econômica, em particular a da economia de mercado, não se pode realizar num vazio institucional, jurídico e político. Pelo contrário, supõe segurança no referente às garantias da liberdade individual e da propriedade, além de uma moeda estável e serviços públicos eficientes. A principal tarefa do estado é, portanto, a de garantir esta segurança, de modo que quem trabalha e produz possa gozar dos frutos do próprio trabalho e, consequentemente, sinta-se estimulado a cumpri-lo com eficiência e honestidade. A falta de segurança, acompanhada pela corrupção dos poderes públicos e pela difusão de fontes impróprias de enriquecimento e de lucros fáceis fundados em atividades ilegais ou puramente especulati-

vas é um dos obstáculos principais ao desenvolvimento e à ordem econômica" (João Paulo II, Carta Encíclica Centesimus Annus, Loyola, São Paulo, 1991, nº 48, pág. 65).

Na vida econômica em particular e na vida humana em geral, a primazia da moral é uma lei demonstrável e fundamental para a prosperidade, é um princípio filosófico e empírico que não pode ser violado. Quando isso ocorre, surgem os vícios morais, como a preguiça, a desonestidade, a corrupção, a coerção, a avareza, a apropriação do estado por máquinas partidárias e tantos outros que, como traças, corroem pouco a pouco a sociedade.

A *DEMOCRACIA REPRESENTATIVA*

Uma verdadeira democracia não se restringe ao mero respeito formal a certas regras nem à "vontade da maioria", mas deve significar o resultado da aceitação dos valores inspiradores dos sentimentos democráticos mais autênticos: a dignidade da pessoa humana, o respeito aos direitos individuais e a assunção do bem comum como fim e critério regente da vida política. Um dos maiores riscos para as atuais democracias consiste no relativismo ético, que induz subjetivamente a negar a existência de critérios objetivos e universais para estabelecer o fundamento e a reta hierarquia de valores. Ora, ao negarmos a existência de uma *verdade* consagrada durante muitos séculos na civilização ocidental – a tradição judaico-cristã – para guiar e orientar a ação humana no campo político, então as ideias e as convicções podem ser facilmente instrumentalizadas e utilizadas para fins de poder. Uma democracia sem valores morais sólidos que a fundamentem pode facilmente converter-se em um totalitarismo aberto ou disfarçado, como a história é farta em demonstrar.

A democracia – como ensina a filosofia política da Escola Austríaca – é um ordenamento da ordem política e social, certamente aquele com menos defeitos que os homens descobriram no processo evolutivo das ordens espontâneas no plano político. Mas ela não pode e não deve ser vista como um fim mesmo, mas como um meio, um instrumento a serviço da *dignidade da pessoa humana* e do *bem comum*. Seu conteúdo moral não é automático, porque depende da sua conformidade ou de sua falta de conformidade com a lei moral, à qual deve estar submetida como, a rigor, qualquer outra forma de ação humana. Isto significa que a democracia depende da moralidade dos fins que busca e dos meios que utiliza para atingi-los.

Uma democracia representativa, no âmbito de uma sociedade virtuosa, deve atender a diversos requisitos, dentre os quais destacamos:

(1) o empenho dos eleitos na busca do bem comum;

(2) a dimensão moral da representação;

(3) o fato de que o estado existe para servir aos cidadãos (e não para servir-se deles);

(4) a punição a qualquer forma de corrupção política, uma das mais graves deformações do sistema democrático, porque ela agride a um só tempo os princípios da moral e as normas da justiça;

(5) o acesso de todos às responsabilidades públicas;

(6) o respeito total à liberdade de informação, em todos os setores da vida social, a saber, o econômico, o político, o cultural, o educativo e o religioso;

(7) o respeito à vontade da maioria, mas com o resguardo da garantia, também, dos direitos da minoria;

(8) a não ideologização do estado e o seu não aparelhamento por representantes do partido que eventualmente ocupa o poder;

(9) a descentralização do poder (subisidiariedade).

6 Conclusões

O homem que age e reage no campo moral é o mesmo homem racional e volitivo que age e reage nos campos da economia, da política e da religião, é o mesmo que age e reage nos campos cultural, esportivo e das artes. A vida de todos nós, – quer o queiramos ou não –, está condicionada à economia que, por sua vez, está condicionada à quantidade e à qualidade dos bens produzidos, os quais, por sua vez, dependem da atividade produtiva, que é o campo cheio de vida e animação em que deve florescer a liberdade interior dos indivíduos, das associações de indivíduos e das relações entre indivíduos, relações essas que se constituem na fonte da responsabilidade e, portanto, da moralidade das *ações humanas*, da *virtude* e do *vício* que existem no mundo.

Nas obras de muitos pensadores em sintonia com a *economia personalista* da Escola Austríaca, percebe-se que não é possível defender a tese que, de tempos em tempos, parece voltar à moda, aquela de uma terceira via ou caminho, intermediário entre o capitalismo e o socialismo. Pelo contrário, nota-se que, sendo o capitalismo uma força natural da história, porque, apesar de seus defeitos – frutos dos vícios humanos, que também continuam a existir, só que, nos sistemas centralizados, de maneira potencializada – ele mostrou claramente ser o sistema que, mediante a livre iniciativa econômica, apresenta maior capacidade de mobilizar virtudes e restringir vícios da melhor forma possível. Trata-se não de encontrar uma terceira via, mas de preocupar-se em proporcionar ao capitalismo, dentro do espírito da liberdade integral e indivisível, a inspiração moral correta.

Uma visão da ação humana assim concebida pode ser capaz de formar uma *novus ordo saeculorum*, em cujo centro deve estar a liberdade integral e indivisível: a democracia ou liberdade política, a economia de mercado ou liberdade econômica e o pluralismo ou liberdade religiosa e de opinião, ressaltando-se que esta última é a primeira das liberdades, porque é a fonte e a síntese das outras duas.

O *personalismo metodológico*, a *liberdade integral e indivisível*, a *falibilidade social* que requer os três poderes e a *subjetividade* criativa da mente humana são elementos suficientes para a defesa de uma práxis política objetiva, em cujo centro está a primazia da pessoa humana e que se coloca como diametralmente oposta a qualquer forma de planejamento central, de monopólio do estado, de intervencionismo e dirigismo econômico, de ceticismo e de relativismo moral.

Um problema prático importante é: como proporcionar à *economia personalista*, dentro do princípio universal da liberdade integral e indivisível, as inspirações morais corretas, de acordo com a tradição judaico-cristã? A resposta mais sugestiva parece ser a adoção do denominado *princípio de subsidiariedade*. Esse importantíssimo princípio – que está em perfeita harmonia com a tradição da *economia personalista*, com a Escola Austríaca, e com a Doutrina Social reta e, portanto, com os fundamentos teóricos que comentamos anteriormente – exorta o estado a abster-se de intervir em todas as questões em que seja demonstrado que os indivíduos, as famílias, os grupos intermediários e as associações possam apresentar soluções superiores no sentido de proverem de modo autônomo as próprias necessidades, tais como escolas livres, empresas privadas, bancos e inúmeras outras instituições econômicas, sob pena de provocar um dano grave e uma deformação na ordem social moralmente correta.

Os erros fundamentais – o *fatal conceit hayekiano* – do estatismo são o de atribuir as atividades produtivas ao estado, em um sistema econômico que sufoca a liberdade de iniciativa privada e o de transferir o capital privado ao estado, fazendo-o operar em setores predefinidos da economia, mediante as chamadas "políticas públicas". A iniciativa privada não precisa esperar pelas benesses que caem do alto como o maná, distribuídas pelos políticos e burocratas – sejam eles democráticos ou totalitários –, pois ela, movida por uma fundamentação moral mais sólida, como analisamos, tem muito mais condições de proporcionar padrões de resultados econômicos mais conformes à dignidade humana do que as ações estatistas mascaradas pelo rótulo politicamente correto de "políticas públicas".

Como afirmou Luigi Sturzo, referindo-se à questão da educação na Itália:

"Finché la scuola in Italia non sarà libera, neppure gli italiani saranno liberi; essi saranno servi, servi dello Stato, del partito, delle organizzazioni private o pubbliche di ogni genere [...] La scuola vera, libera, gioiosa, piena di entusiasmi giovanili, sviluppata in um ambiente adatto, com insegnanti impegnati nella nobile funzione di educatori, non può germogliare nell'atmosfera pesante creata dal monopolio burocratico statale". ("Se as escolas na Itália não são livres, os italianos também não o serão; eles serão servos, servos do estado, do partido, das organizações privadas ou públicas de todos os gêneros {...} A escola verdadeira, livre, alegre, cheia de entusiasmo juvenil, desenvolvida em um ambiente adequado, com professores empenhados na função nobre de educadores, não pode germinar na atmosfera pesada criada pelo monopólio burocrático estatal", tradução nossa).

O raciocínio é rigorosamente o mesmo se, ao invés de escolas, pensarmos em fazendas, indústrias, escritórios, previdência, saúde ou qualquer outra atividade produtiva.

Na base do *princípio da subsidiariedade* repousa uma certeza, a de que entre o estado frio e impessoal e o indivíduo abandonado a si mesmo, existe uma primeira linha de defesa, que é encontrada nos agentes intermediários, nas pequenas células, nos bolsões vitais, como soem ser a família, as empresas, os negócios, as escolas, as associações, as igrejas, cujo próprio agir é indispensável para um desenvolvimento equilibrado da pessoa humana e para uma melhor organização política, econômica e cultural, fundamentada nas noções de liberdade integral e indivisível e de justiça social, esta última entendida como a existência das condições que favorecem a dignidade da pessoa humana e não como o conceito meramente redistributivo de inspiração socialista, tão corretamente atacado por Mises, Hayek e os demais *austríacos*.

Uma interessante aplicação do importante princípio da *subsidiariedade* e que vem representando uma resposta bastante satisfatória ao aparente conflito entre a conciliação de interesses sociais e interesses individuais, em conformidade com a tradição da *economia personalista* dos *austríacos* e com a teoria do livre mercado derivada das encíclicas de João Paulo II é a experiência com as denominadas "economias alternativas", que começaram a germinar a partir do início dos anos noventa no mundo católico. Entre essas experiências, devemos ressaltar a do *Movimento dos Focolares*, criado por Chiara Lubich, chamada de *economia de comunhão*, que vem se estendendo por todo o mundo, inclusive no Brasil. Trata-se de uma experiência com um estilo econômico particular que, sob o aspecto da organização da produção, procura reunir o respeito às regras e valores existentes dentro de cada empresa com outros valores, motivações e objetivos, que podem ser resumidos na expressão *cultura da comunhão na liberdade*. A economia da comunhão não propugna uma nova forma de empresa, diferente das já existentes, nem muito menos perseguir as empresas privadas ou obrigá-las a praticar "solidariedade" à força, mas sim a transformação de dentro para fora das estruturas das empresas, a partir de cada um de seus membros individuais, lançando sobre todos os seus negócios um sentido de vida de comunhão, sempre respeitando os padrões e os valores próprios de cada empresa e do processo de mercado, tão evidenciados por João Paulo II e pelos economistas *austríacos*.

Como vemos, é um conceito muito mais adequado do que o de "responsabilidade social" das empresas que expressa, no fundo, uma atitude de repúdio aos valores da economia de mercado. De fato, uma empresa, quando é aberta, já começa a desempenhar, com sua simples produção, uma função social (sem aspas), uma vez que ela está inserida na sociedade.

Depois de tudo o que escrevemos, podemos concluir afirmando que parecem ser bastante sólidos os liames existentes entre a tradição judaico-cristã, especialmente a formalizada na Doutrina Social da Igreja e a tradição do liberalismo clássico *personalista*, em especial aquele da Escola Austríaca de Economia.

Em resumo: *Civitas propter cives, non cives propter civitatem!* (a cidade deve existir para os cidadãos e não estes para as cidades).

Referências Bibliográficas

ANTISERI, Dario. *Liberi perché fallibili*. Soveria Mannelli: Rubbettino Editore, 1995.

__________ . *Princìpi liberali*. Soveria Mannelli: Rubbettino Editore, 2003.

BÖHM-BAWERK, Eugen von. *Capital and Interest: A Critical History of Economical Theory*. (Translated by William A. Smart). London: Macmillan, 1890.

__________ . *The Positive Theory of Capital*. (Translated by William A. Smart). London: Macmillan, 1891.

CATHARINO, Alex. "Liberalismo". In: BARRETO, Vicente (Org.). *Dicionário de Filosofia Política*. São Leopoldo: UNISINOS, 2010. pp. 307-311.

__________ . "Origens e Desenvolvimento do Liberalismo Clássico". In: GARCIA, Aloísio Teixeira (Org.). *Ensaios sobre Liberdade e Prosperidade*. Belo Horizonte: UNA Editoria, 2001. pp. 57-81.

__________ . "Origens e Evolução da ciência da Riqueza e da Pobreza: Uma análise histórica da filosofia social dos economistas clássicos". In: *Revista Metanóia*, Número 6 (2004): 31-58.

CONSTANTINO, Rodrigo. *Economia do Indivíduo: O Legado da Escola Austríaca*. São Paulo: Instituto Mises Brasil, 2009.

FEIJÓ, Ricardo. *Economia e Filosofia na Escola Austríaca: Menger, Mises e Hayek*. São Paulo: Nobel, 2000.

GARRISON, Roger W. *Time and Money: the Macroeconomics of Capital Structure*. London / New York: Routledge, 2001.

GUERREIRO, Mário A. L. *Ética Mínima para Homens Práticos*. (Apresentação de Alberto Oliva). Rio de Janeiro: Instituto Liberal, 1995.

__________ . *Igualdade ou Liberdade?* Porto Alegre: EDIPUCRS, 2002.

HAYEK, Friedrich August von. *Direito, Legislação e Liberdade: Uma nova formulação dos princípios liberais de Justiça e Economia Política*. (Apresentação e supervisão da tradução de Henry Maksoud; tradução de Anna Maria Capovilla, José Ítalo Stelle, Manoel Paulo Ferreira e Maria Luiza X. de A. Borges). São Paulo: Editora Visão, 1985. 3v.

_________ . *Individualism and Economic Order*. Chicago: The University of Chicago Press, 1984.

_________ . *O caminho da servidão*. (Tradução e revisão de Anna Maria Capovilla, José Ítalo Stelle e Liane de Morais Ribeiro). São Paulo: Instituto Ludwig von Mises Brasil, 6ª edição, 2010.

_________ . *Os Fundamentos da Liberdade*. (Tradução de Anna Maria Copovilla & José Ítalo Stelle). São Paulo / Brasília: Editora Visão / Editora Universidade de Brasília, 1983.

_________ . *The Counter Revolution of Science: Studies on the Abuse of Reason*. Indianapolis: Liberty Press, 1979.

HUERTA DE SOTO, Jesus. *Socialismo, Cálculo Econômico y Función Empresarial.* Madrid: Unión Editorial, 1992.

IORIO, Ubiratan J. *Economia e Liberdade: A Escola Austríaca e a Economia Brasileira*. (Prefácio de Roberto Campos). Rio de Janeiro: Forense Universitária, 2ª edição revista e ampliada, 1997.

KIRZNER, Israel M. *The Meaning of Market Process: Essays in the development of modern Austrian economics*. London / New York: Routledge, 1992.

LEME, Og Francisco. *Entre os cupins e os homens*. Rio de Janeiro: Instituto Liberal / José Olympio Editora, 1988.

MENGER, Carl. *Principles of Economics*. (Foreword by Peter G. Klein; Introduction by F. A. Hayek; Translated by James Dingwall and Bert F. Hoselitz). Auburn: Ludwig von Mises Institute, 2007.

MISES, Ludwig von. *Ação humana: Um tratado de Economia*. (Tradução de Donald Stewart Jr.). São Paulo: Instituto Ludwig von Mises Brasil, 2010.

_________ . *Epistemological Ploblems of Economics*. (Translated by George Reisman; Introduction to the Third Edition by Jörg Guido Hülsmann). Auburn: Ludwig von Mises Institute, 3rd Edition, 2003.

_________ . *Liberalismo: Segundo a tradição clássica*. (Tradução de Haydn Coutinho Pimenta). Rio de Janeiro: José Olympio / Instituto Liberal, 1987.

_________ . *Socialism: An Economic and Sociological Analysis*. (Translated by J. Kahane; Foreword by F. A. Hayek). Indianapolis: Liberty Fund, 2008.

__________ . *The Theory of Money and Credit*. (Translated by H. E. Batson). Irvington-on-Hudson: Foundation for Economic Education, 1971.

__________ . *The Ultimate Foundation of Economic Science: An Essay on Method*. (Foreword by Israel M. Kirzner). Irvington-on-Hudson: Foundation for Economic Education, 2002.

MOREIRA, José Manuel. *Filosofia e metodologia da economia em F. A. Hayek ou a redescoberta de um caminho "terceiro" para a compreensão e melhoria da ordem alargada da interação humana*. Porto: Publicações da Universidade do Porto, 1994.

O'DRISCOLL JR., Gerald P. & RIZZO, Mario J. *The Economics of Time and Ignorance*. London / New York: Routledge, 1996.

OLIVA, Alberto. *Conhecimento e Liberdade: Individualismo X Coletivismo*. (Prefácio de Roque Spencer Maciel de Barros). Porto Alegre: EDIPUCRS, 2ª Edição revista e ampliada, 1999.

__________ . *Entre o Dogmatismo Arrogante e o Desespero Cético: A Negatividade como Fundamento da Visão de Mundo Liberal*. (Apresentação de Og Francisco Leme). Rio de Janeiro: Instituto Liberal, 1993.

ROTHBARD, Murray N. *America's Great Depression*. Kansas City: Sheed & Ward, 1972.

__________ . *An Austrian Perspective on the History of Economic Thought – Volume I: Economic Though Before Adam Smith*. Hants: Edward Helgar Publishing, 1995.

__________ . *An Austrian Perspective on the History of Economic Thought – Volume II: Classical Economics*. Hants: Edward Helgar Publishing, 1995.

__________ . *Man, Economy and State: A Treatise on Economic Principles*. Auburn: Ludwig von Mises Institute, 2001.

__________ . *The Ethics of Liberty*. New York: New York University Press, 1998.

SKOUSEN, Mark. *The Making of Modern Economics: The Lives and Ideas of the Great Thinkers*. Armonk: M. E. Sharpe, 2002.

__________ . *Vienna & Chigago, Friends or Foes? – A Tale of Two Schools of Free-Market Economics*. Washington DC: Regnery Publishing, 2005.

__________ . *The Structure of Production*. New York: New York University Press, 1990.

WIESER, Friedrich von. *Natural Value*. (Edited with a Preface and Analysis by William Smart; Translated by Christian A. Malloch). London: Macmillan, 1893.

_________ . *Social Economics*. (Foreword by Wesley C. Mitchell; Translated by A. F. Hinrichs). London: Routledge, 2003.

ZANOTTI, Gabriel. *Epistemologia da Economia*. (Tradução de Júlio Cezar R. Pereira). Porto Alegre: EDIPUCRS, 1997.